本书获 2014 年度国家社会科学基金青年项目资助、
河南省社会科学院哲学社会科学创新工程试点经费资助

中原学术文库·青年丛书

气候变化与我国粮食主产区
粮食安全研究

THE STUDY ON CLIMATE CHANGE AND FOOD SECURITY IN
THE MAJOR GRAIN PRODUCING AREAS IN CHINA

彭俊杰／著

社会科学文献出版社
SOCIAL SCIENCES ACADEMIC PRESS (CHINA)

表的极端气候事件发生频率和强度也呈增加趋势。尤其是近 20 年来我国由旱灾造成的粮食减产损失为每年 1500 万 ~ 2500 万吨,占全国粮食总产量的 4% ~ 8%,占因灾总损失的 55% 以上。粮食安全始终是关系我国国民经济发展、社会稳定和国家自立的全局性重大战略问题。科学应对气候变化,构建新形势下国家粮食安全战略,提高粮食安全保障能力是我国加强应对全球变化能力建设和推动农业可持续发展的重要任务。本书就此展开相关研究,具有十分重要的理论和现实意义。一方面,有利于揭示气候变化对粮食主产区粮食生产的影响机理及适应机制,因地制宜充分利用气候资源,最大限度地提高粮食生产能力,促进粮食主产区社会经济可持续发展和农民收入的稳定增长;另一方面,利于科学预测未来可能变化所带来的粮食安全问题,定量评估气候变化对粮食生产、经济和社会的影响以及适应和减缓气候变化的路径优化、政策选择,在粮食安全框架下进一步加强应对全球变化的顶层设计。

本研究综合运用问卷调查、数据分析、模型构建、实证分析、归纳演绎等方法,对影响粮食生产的主要限制因素、农户和政府两大实施主体对气候变化的行为感知、粮食安全政策等方面进行分析探讨,并结合气象数据,综合运用 SPSS、GIS 等软件分析气候变化对粮食单产、土地利用、水资源利用等影响的内在机制和传导机制,建立统计模型、计量经济学模型,开展气候变化对粮食生产的影响机制的研究,最后在影响分析与效益分析的基础上,提出粮食主产区减缓气候变化策略的优先序和路径选择。本书分为十三章,主要包含气候变化与粮食安全的理论探讨,气候变化与粮食生产的研究现状分析,农业生产应对气候变化的国际比较与经验借鉴,粮食主产区气候变化对粮食产量影响的机理分析,粮食主产区农民适应气候变化的行为偏好及影响因素,粮食主产区粮食生产适应气候变化的路径选择和政策建议七大部分,最后选取东北农区、黄淮海农区、中部地区、辽宁省和河南省具体研究对象以及气候灾害等,多维度、更加详细地研究粮食生产对气候变化的响应与适应机制,以及人们所采取的应对策略。

在分析我国粮食主产区气候变化对粮食产量影响的相关机理时,本研究运用了改进的气候和作物生产数据集来研究粮食主产区 1980 ~ 2010 年各县作物生长期的气候趋势,及气候趋势对三大主要作物(水稻、小麦、玉米)产量的影响。研究发现,1980 ~ 2010 年粮食主产区的区域性气候变暖

前　言 | 003

的趋势明显，主要表现在温度升高方面。这种变暖趋势在空间分布上对粮食作物产量产生十分重要的影响。从整个粮食主产区来看，从 1980 年到 2010 年期间气候变化的趋势导致小麦、玉米产量分别减少 1.27%、1.73%，同时导致水稻产量增加 0.56%。气候变化趋势作为一个整体，导致小麦和玉米产量分别减少 3.60×10^5 吨和 1.53×10^6 吨，水稻产量增加 7.44×10^4 吨。

在分析我国粮食主产区农民适应气候变化的行为偏好及影响因素时，本研究基于在粮食主产区 80 个产粮大县的实地调查数据分析，结果表明，有 85% 的农户采取了适应性策略，并以打机井、购买水泵、维持水渠畅通、增加灌溉次数、改变作物生产投入和改变作物种植类型等适应性行为为主。对气候变化信息源的获取时间、政府是否提供技术和经济等支持政策、农作物类型、地形因素、水分可获得性、农民受教育程度以及家庭的社会资本是影响粮食主产区农民适应气候变化的行为选择偏好的主要因素。

在分析气候变化对我国东北农区粮食产量的影响时，本研究选取东北农区 58 个气象观测站 1961～2010 年的日平均温度、降水、日照时数和相对湿度，115 个作物产量观测站（44 个玉米产量站、42 个水稻产量站和 29 个小麦产量站）1961～2010 年玉米、水稻、小麦的产量数据以及 1981～2010 年玉米、水稻及小麦作物物候记录（播种期、开花期、成熟期）的数据（主要来自 40 个玉米站、17 个水稻站以及 11 个小麦实验站的大田观测数据），采用混合线性模型来评估气候变化对玉米、水稻和小麦三大粮食作物在不同时期产量的影响。1961～2010 年，各种作物的最低温度在作物生长阶段显著升高，各种作物的热量持续时间在开花期均表现为显著增加的趋势，玉米和水稻的热量持续时间在开花后期表现为显著增加。与此同时，小麦的热度指数在开花前期表现为显著增加。大豆、小麦和玉米三种作物的平均太阳辐射量在开花期表现为显著下降的趋势。

在分析气候变化对黄淮海农区粮食生产的影响时，本研究选取六个数据集，包括 1990～2010 年遥感图像，1980～2010 年土壤质量水平的空间数据集，2000 年的农作物灌溉区空间数据集，1978～2010 年水文数据和 1950～2010 年气象数据以及 1978～2010 年粮食产量、播种面积、化肥使用和有效灌溉面积的统计数据集，对黄淮海农区粮食生产进行综合评估。研究结果表明，在黄淮海平原地区，过去 30 多年来气候资源发生很大的变化，区域性降水量呈下降特征，暖干化趋势明显，气候带移动特征明显，向北移动了 3 个纬度。在 1990 ~ 2000 年和 2000 ~ 2005 年，耕地面积减少造成了粮食生产损失分别为 4.30×10^4 吨和 2.63×10^4 吨。由于经济快速发展和城市化扩张，基本农田面积发生大幅度下降。

在分析中原城市群气候变化、新型城镇化与粮食安全的关系时，本研究选取 1951 ~ 2015 年的气象资料，采取距平、滑动平均法、Mann-Kendall 检验对中原城市群区域年平均温度、最高温度、降水、干旱指数四个气象要素的变化特征进行分析，并将这四个要素与地区生产总值、城镇化率、城乡居民收入差距、全社会固定资产投资、粮食生产总量、小麦产量、粮食播种面积、乡村从业人数、耕地面积、灌溉面积等城镇发展综合指标进行相关性分析。结果表明，年平均温度、年最高温度升高，年降水量、年干旱指数呈减小趋势，且年平均温度、年干旱指数变化趋势比较明显。各气象要素的变化倾向率分别为 0.21℃/10a、0.09℃/10a、- 6.72mm/10a、- 0.35/10a，并且各气象要素均发生气候突变。年降水量减少趋势不明显。并且 20 世纪 70 ~ 80 年代为气温、降水和干旱指数发生突变的主要时期。从周期来看，温度表现出显著的 2 ~ 4 年的变化周期。地区生产总值、城镇化率、城乡居民收入差距、全社会固定资产投资、粮食生产总量、小麦产量、粮食播种面积、乡村从业人数、灌溉面积等各发展指标对年平均温度具有显著的正响应，对年降水量和年干旱指数的响应不显著。

在分析气候变化对辽宁省玉米产量的影响时，本研究选取辽宁省 25 个典型气象站 1957 ~ 2013 年的气象资料和 1981 ~ 2012 年的玉米生产资料，分析辽宁省玉米生长季的干旱风险时空变化和周期变化特征，计算其标准化降水蒸散指数（Standardized Precipitation Evapotranspiration Index，SPEI），并验证了其与玉米减产率的相关关系。结果表明，SPEI 能够较好地反映辽宁省历史干旱变化的时空特征和玉米产量的变化情况；从干旱发生频率来看，孕穗、抽穗期 > 成熟期 > 生育前期，孕穗、抽穗期是玉米生长季干旱发生的主要阶段，同时在生育前期春旱发生相对频繁；从空间分布特征来看，玉米不同生长季干旱频率和干旱程度存在空间差异，总体上从东南到西北递增，干旱最为严重的是辽西北的清源、朝阳、建平等地区；从周期特征来看，生育前期干旱具有 2 ~ 5 年的周期，孕穗、抽穗期和全生育期干旱具有 10 年左右的周期。

　　根据以上分析和结论，我们提出粮食主产区粮食生产适应气候变化的六大路径：一是充分利用气候资源，调整作物播种期。二是科学应对气候暖干化与病虫害影响，选育高产优质抗逆性强的作物品种。三是采用小麦节水栽培模式，科学应对麦区冬春连旱。四是调整作物复种指数，提高耕地资源利用效率。对于东北平原地区，北部地区可适当种植早熟的玉米、大豆、水稻，辽宁南部地区可适当种植冬小麦—水稻（玉米、大豆等）一年两熟作物，在辽宁中西部可适度发展小麦玉米间套种植或小麦后茬种植蔬菜和早熟豆类。对于黄淮海平原地区，应兴建农业用水基础设施和提高农业水资源利用效率，积极调整作物种植结构，优化种植制度组合。对于长江中下游地区，调整北部地区由晚稻早熟和中熟品种类型改种为晚稻中熟和晚熟类型，冬小麦可由目前的弱冬性类型为主改为以春性类型为主。五是调整作物种植面积与品种布局。六是科学调整主要农区生产管理方式。最后，提出积极应对气候变化、保障粮食安全的政策建议：一是调整农业结构，控制温室气体排放；二是加强水资源管理和设施建设；三是提高生态脆弱地区适应能力；四是提高农民适应气候变化的思想意识和行为意识；五是加强防灾减灾体系建设；六是完善不同区域应对气候变化政策；七是健全气候变化激励约束机制；八是强化农业应对气候变化的科技支撑；九是深化国际交流与合作。

目　录

第一章　气候变化与粮食安全的理论基础

近百年来，气候变化受到全世界范围内的普遍关注，全球气候变暖的趋势十分显著。特别是 19 世纪中期以来，大气中 CO_2 浓度含量从 280ppm 上升到当前的 400ppm（ppm 表示大气中的二氧化碳浓度，单位是百万分之一）。由 CO_2 等温室气体引起全球地表温度上升了 0.85℃，预计到 21 世纪末全球地表温度可能还要上升 0.3~4.8℃。在气候变暖背景下，各国开始通过寻求合作、气候谈判等方式来共同应对威胁和挑战，从 1992 年共同签署的《联合国气候变化框架公约》，到 1997 年在日本通过的《京都议定书》，到 2010 年 12 月在墨西哥通过的《坎昆协议》一揽子解决方案，再到 2015 年 11 月在法国巴黎通过的《巴黎协定》、2017 年波恩气候谈判会议，取得了一系列卓有成效的成果，重塑全社会共同应对气候变暖的决心和勇气。

粮食安全是国家生存和发展的重要基石，是保障国家安全不可或缺的组成部分。联合国粮农组织将粮食安全的内涵表述为"所有人在任何时候都能在物质、社会和经济上获得充足、安全和富有营养的粮食，以满足其积极和健康生活的膳食需求和食物偏好"。自 2013 年以来，我国实施了"以我为主、立足国内、确保产能、适度进口、科技支撑"的新国家粮食安全战略，明确提出确保"谷物基本自给、口粮绝对安全"的国家粮食安全新目标，其重心就是统筹协调粮食作为私人属性和安全作为公共属性之间的矛盾问题，这个矛盾突出表现在生产、消费、流通、贸易等领域。气候变化是一个复杂的非线性系统，不仅影响粮食作物赖以生存的水肥气热，还会影响粮食生产的各个环节，因此，粮食安全对气候变化非常敏感。全球气候变化已经给粮食生产带来了巨大挑战，严重危及粮食安全。科学把握全球气候变化的成因及发展趋势，分析全球气候变化与粮食安全的研究现状，深入理解我国气候变化的特点及影响，准确分析我国粮食主产区气候变化与粮食安全面临的严峻形势，对于科学应对气候变化，构建新形势下国家粮食安全战略，提高粮食安全保障能力具有十分重要的理论价值和现实意义。

第一节　气候变化的基本事实

气候变暖，并且温度升高的趋势非常明显，已经成为不可否认的事实。自 20 世纪 50 年代以来，世界各国科学家及国际组织开始对全球气候系统的变化进行观测。其观测到的结果表明，全球气候正在变暖，大气和海洋温度已经升高，降雪量和结冰量开始出现下降，两极冰川融化速度加快，海平面上升趋势明显，温室气体浓度显著增加。

一　观测到的气候变化

（一）温度升高

根据政府间气候变化专门委员会（The Intergovernmental Panel on Climate Change，简称 IPCC）发布的第五次评估报告，全球 1880～2012 年温度升高了 0.85℃（0.65℃～1.06℃）。1850～1900 年以及 2003～2012 年两个时期的年均温总的上升了 0.78℃（最低上升 0.72℃，最高上升 0.85℃）。对于北半球来说，1983～2012 年可能是过去 1400 年中最暖的 30 年（见图 1 - 1）。由于降水分布的不均匀性，在很多地方尤其是高纬度的北方地区，降水在长时间序列上表现为减少的趋势，加上温度升高的共同作用，全球大部分地区暖干化趋势比较明显（见图 1 - 2）。

（二）两极冰川融化速度不断加快

近 20 年来，由于气候变暖的影响，格陵兰岛和南极冰川的冰量在不断减少，并且几乎所有的冰川都在融化和消退，特别是漂浮在北极上的海冰和在北半球区域内春季地面积雪的范围也在不断地缩小。据不完全统计，1971～2009 年，全世界冰川的冰量损失平均速率为每年 226 Gt（91 Gt～361 Gt）（Gt 是重量单位，代表 10^9 吨，其中，100Gt/年的冰损失大约相当于海平面每年上升 0.28 毫米），1993～2009 年全世界冰川的冰量损失平均速率为每年 275 Gt（140 Gt～410 Gt）。从 1950 年以来，北半球区域内春季积雪的范围在不断地缩小。据观测记录，1967～2012 年 53 年的时间里，整个北

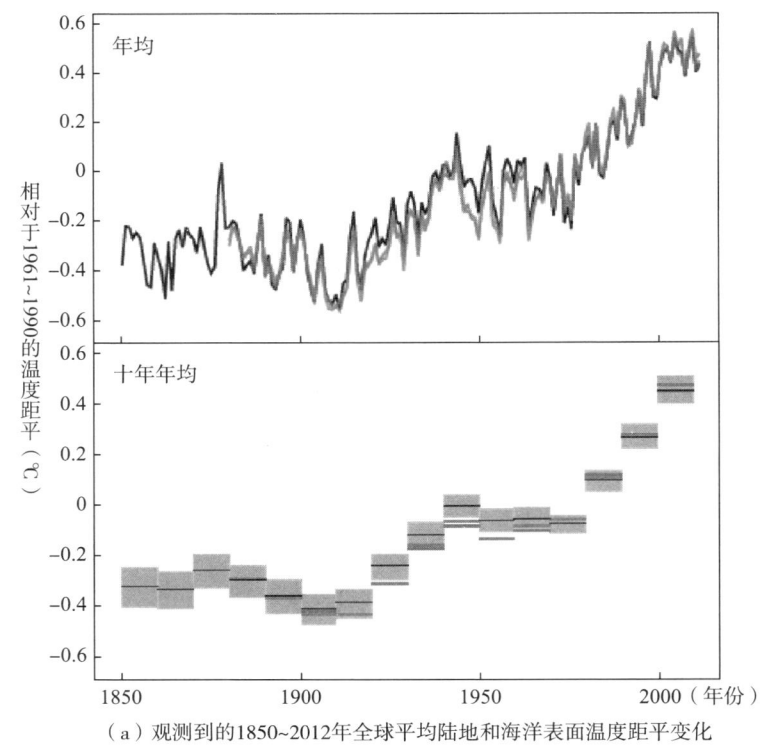

（a）观测到的1850~2012年全球平均陆地和海洋表面温度距平变化

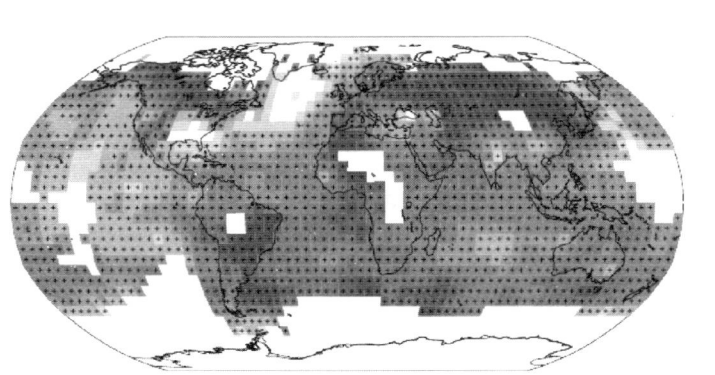

-0.6 -0.4 -0.2　0　0.2　0.4　0.6　0.8　1.0　1.25　1.5　1.75　2.5（℃）

（b）观测到的1901~2012年全球地表温度变化

图 1-1　观测到的全球平均陆地和海表温度距平（1850~2012 年）
资料来源：IPCC 第五次评估报告。

半球地区 3~4 月份的积雪覆盖面积平均每 10 年缩小了 1.6%，6 月份的积雪覆盖范围平均每 10 年缩小了 11.7%。两极冰川融化速度的不断加快和北

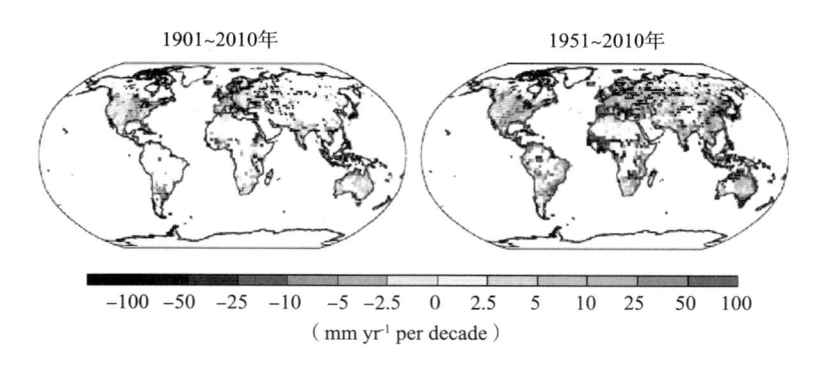

图1-2 观测到的1901～2010年和1951～2010年的降水变化
资料来源：IPCC第五次评估报告。

半球积雪量的不断减少，造成海平面上升趋势明显，1901～2010年，一百多年来全球平均海平面上升了0.19米（见图1-3）。

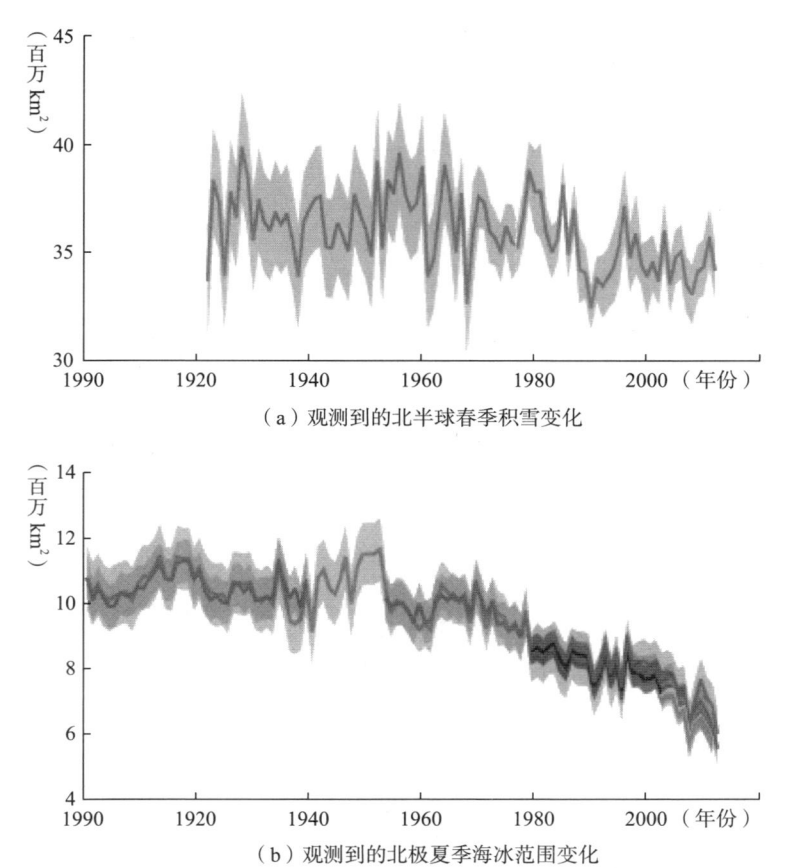

（a）观测到的北半球春季积雪变化

（b）观测到的北极夏季海冰范围变化

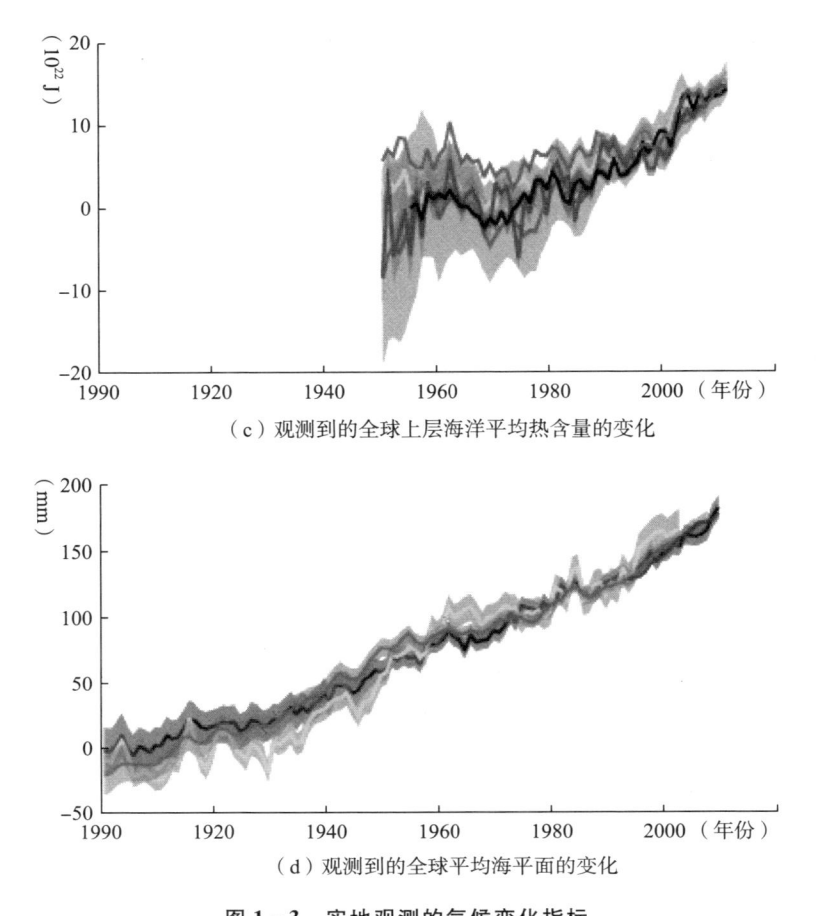

（c）观测到的全球上层海洋平均热含量的变化

（d）观测到的全球平均海平面的变化

图 1-3 实地观测的气候变化指标

资料来源：PCC 第五次评估报告。

（三）温室气体浓度显著增加

温室气体主要是指大气中的一些气体，如 H_2O、CO_2、氟利昂等，它们不仅可以吸收从地面反射回来的太阳辐射，而且自身可以重新发射一些辐射，这些辐射最大的作用是加温地球，使地球表面变得相对温暖，相当于温室大棚，能够使里面的空气被加热，温度高于室外正常温度。这种温室气体加热地球表面的现象被称为"温室效应"。一般来说，水蒸气（H_2O）、二氧化碳（CO_2）、一氧化二氮（N_2O）、氟利昂、甲烷（CH_4）是大气中最主要的温室气体。自 18 世纪中期以来，由于人类剧烈活动的影响，大气中

CO_2、CH_4和N_2O等温室气体的含量明显增加。据观测记录，当前大气中的CO_2、CH_4和N_2O的浓度分别达到391 ppm、1803 ppb和324 ppb（ppm、ppb是表示大气中所含液体浓度的符号，单位分别是百万分之一、十亿分之一），比工业革命前大气温室气体含量分别增加了40%，150%和20%（见图1-4）。

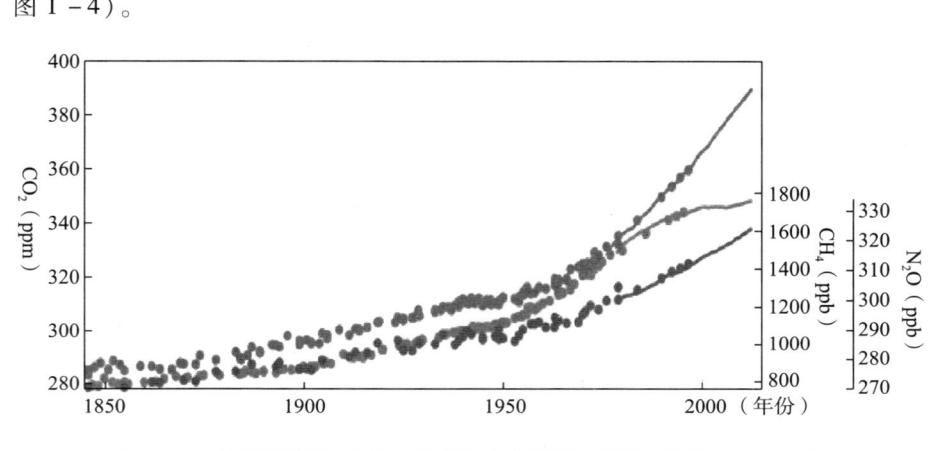

图1-4 从冰芯资料（点）和直接大气测量（线）的 CO_2（ppm）、CH_4（ppb）和 N_2O（ppb）的含量

资料来源：IPCC 第五次评估报告。

二 全球气候变化的成因分析

关于全球气候变化的原因，一直是气候变化研究中争论的焦点问题，存在很多争议。一般来说，影响气候变化的因素很多，归根到底还是自然因素和人为因素。气候变化是气候自身变化的固有特性，还是人类外力加剧了这一进程，这种争论一直是科学家关注的焦点，同时也是发展权争夺的焦点。

（一）自然因素

从自然因素来看，太阳黑子活动、火山爆发以及大气气候系统自身的波动等都会引起全球或者区域气温的普遍升高或者降低。另外，海陆相互作用、海气相互作用也会对全球或区域温度产生显著的影响。例如，厄尔尼诺现象、北大西洋涛动、太平洋涛动等低频变化和周期变化都会在不同程度上引起全球或区域性干旱、海表温度异常以及降水等。还存在一种争议是，当前的气候变暖在历史上曾经多次出现，并且增温的幅度不亚于现在，例如恐龙时代的暖期、小冰期等。美国科学家曼恩也提出，北半球气温在过去1000年中呈下降趋势，自1900年开始显著上升。并且指出，20世纪是过去1000年中最暖的一个世纪，20世纪90年代是过去100年中平均温度最高的十年，1998年是过去10年中最温暖的一年，他所提出的这个观点被形象地称为"过去千年气候变化的曲棍球曲线"，受到大家的广泛关注（见图1-5）。

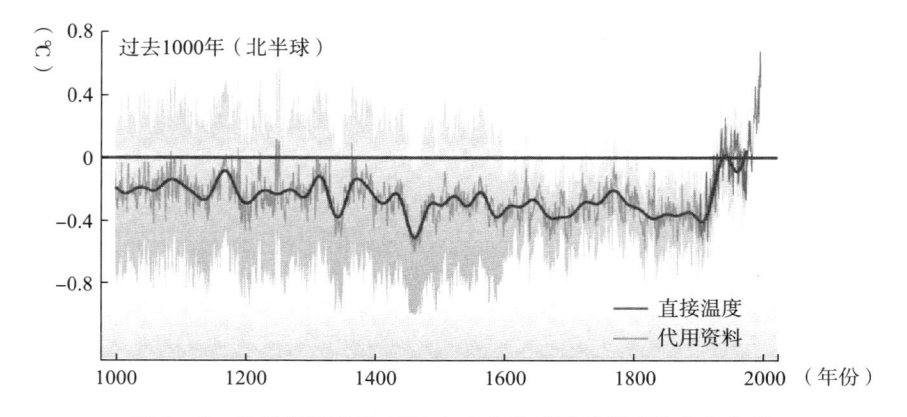

图1-5 曼恩提出的近1000年来北半球地球温度的变化曲线
资料来源：IPCC第三次评估报告。

（二）人为因素

尽管气候变化本身存在自然变率的固有规律，但是自工业革命以后，随着人类活动的不断增强，人口和城市规模的不断扩张，人类活动对气候变化的影响日益凸显。IPCC第四次评估报告认为，有关人为影响的证据有所增加，人类活动产生的温室气体浓度的升高是造成观测到的20世纪中叶以来变暖的主要原因。自从工业革命以来，人为温室气体排放已经使大气中的二氧化碳（CO_2）、甲烷（CH_4）和一氧化二氮（N_2O）浓度出现了大幅增加（见图1-6）。1750年至2011年间，人为排放到大气中的累积 CO_2 为 2040 ± 310 GtCO$_2$。这些排放中的约40%留存在大气中（880 ± 35 GtCO$_2$），剩余的 CO_2 从大气中移除，储存在陆地（植物和土壤）和海洋中。其中，海洋大约吸收了35%的人为排放 CO_2，导致了海洋的酸化。1750年至2011年间约一半的人为 CO_2 排放是在最后40年间产生的（见图1-7）。

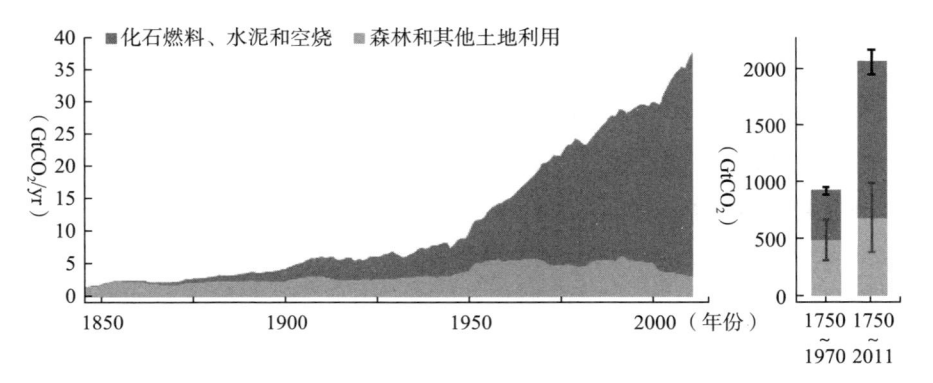

图 1-6 森林和其他土地利用、化石燃料燃烧、水泥生产和空烧造成的全球人为 CO₂ 排放
资料来源：IIPCC 第四次评估报告。

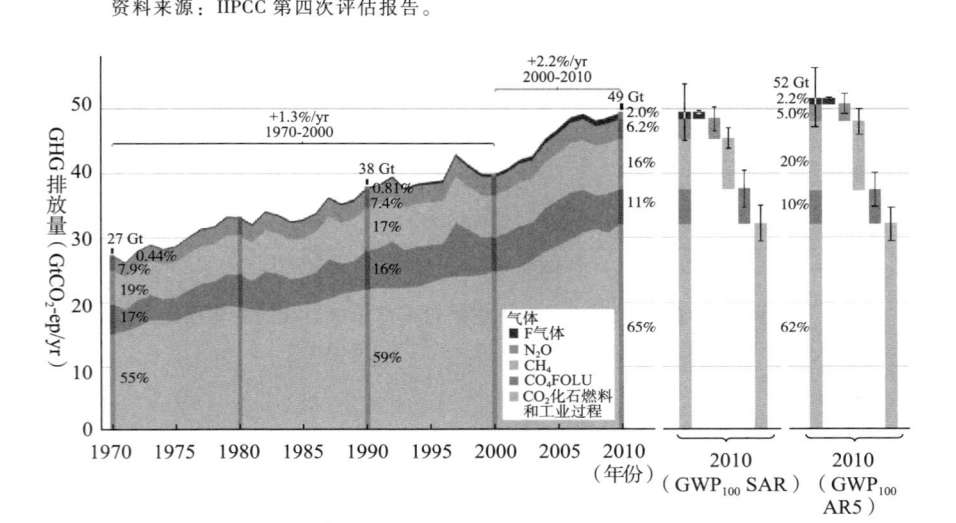

图 1-7 1970 年至 2010 年间不同气体的人为温室气体（GHG）年度总排放量 GtCO₂
当量每年（GtCO₂eq/yr）。右边为 2010 年的排放量，根据 IPCC 第二次
评估报告和第五次评估报告的数值交替使用了 CO₂ 当量排放量加权。
使用第五次评估报告中最近的 GWP100 数值（右侧竖条）时，
由于甲烷的作用增加，会造成较高的年度温室气体排放总量
（CO₂eq. yr⁻¹），但不会明显改变长期的趋势。
资料来源：IPCC 第五次评估报告。

　　1970～2010 年，人为温室气体排放总量持续上升，尽管气候变化减缓政策的数量不断增加，2000～2010 年的绝对增加量有所提高。2010 年，人为温室气体排放量达到 49 ±4.5GtCO₂/年。1970～2010 年化石燃料燃烧和工业过程的 CO₂ 排放量约占温室气体总排放增量的 78%，与 2000～2010 年增量的百分比贡献率相近。从全球来看，经济发展和人口增长仍然是推动化石燃料燃烧造成 CO_2 大量排放的主要动力。据世界银行测算，2000 年至 2010 年 10 年间，人口增长的速度基本保持在 30 年前的水平，但经济发展的贡献率急剧上升，人们大量使用煤炭等化石燃料来推动经济的高速增长。人类剧烈活动最终影响了自 1960 年以来的全球水循环，并导致了 20 世纪 60 年代以来的冰川退缩和 1993 年以来的格陵兰冰盖表面加大融化。人为影响也很可能导致了 1979 年以来北极海冰的损耗，而且很可能已对观测到的 20 世纪 70 年代以来全球海洋上层（0～700 米）热含量增加以及全球平均海平面的上升起到了重要作用。

第二节 全球气候变化与粮食安全的研究现状

如何定量研究历史和未来的气候变化对粮食产量的影响，一直是世界范围内普遍关心的科学问题。本节综述了近年来有关气候变化对粮食产量影响研究领域的状况，讨论气候变化对粮食产量影响的机制、程度和范围，并介绍了应用综合评估模型对全球领域的粮食生产进行影响评估，结果指出有 32%～39% 的地区表现出玉米、水稻、小麦、大豆的产量波动与气候变化呈现出显著的相关关系。不同地区的粮食产量受到温度、降水以及它们之间的耦合作用的影响不同。这为我们进一步提出减缓气候变化对未来粮食产量影响的对策与建议提供参考。

以气候变暖为标志的全球环境变化已经发生，并将持续到可预见的将来。主要表现为温度升高、降水变异的不确定性增加，以及极端气候事件出现的频次、强度和范围也在不断地增强。如此剧烈的气候变化单独或和社会经济因素结合在一起已经并将继续影响农业生产，甚至危及粮食安全（周广胜，2015）。如何定量研究历史和未来的气候变化对粮食产量的影响一直是世界范围内普遍关心的科学问题（Butler 和 Huybers，2013）。尽管如此，气候变化对粮食生产的影响如何，以及气候变化对粮食生产的影响程度怎样，其变化范围有多大，却很少得到重视（Chen 等，2013）。通过对这些科学问题的研究既有助于我们理解气候和粮食产量之间的关系，也能保障未来国家的粮食安全。

一 气候变化对粮食产量影响的研究

近 30 年来，国际科学家研究气候变化对粮食生产的影响机制及内在机制，达成这样一个共识：建立气候因子与粮食产量的定量关系并不是一件容易的事情。一方面，气候变化不是影响粮食生产的唯一因素。影响粮食生产的是一系列因素，这些因素包括太阳辐射、风速、表面臭氧浓度、热量胁迫、干湿交替时序以及土壤湿度，还包括农业投入、土壤管理、灌溉、社会经济条件和政治因素影响等；另一方面，粮食生产这一行为就是一个相互协作的复杂过程，它不仅表现在粮食作物产量变化上，还表现在粮食作物的类型和空间分布上，而且类型不同、区域差异的粮食生产活动对气候变化的响应方式和影响程度都可能不同。尽管现存的一些研究也证明，在不考虑极端气候灾害的情况下，气候变化对生态脆弱区粮食作物的影响具有正效应、负效应和不确定性（Wheeler 和 von Braun，2013），以及在短期内高 CO_2 浓度下粮食作物表现出光合作用速率和 CO_2 的同化效率增加的趋势，这些增进了人们对粮食生产与气候变化关系的理解（Roy 等，2012）。但是，因为研究尺度、研究方法、空间分布等原因，上述的研究观点没有引起大家的重视。比如，用于模拟气候变化影响粮食产量模型的模块和参数设置太过简化，尺度较小，保障粮食安全的政策制定也没有充分考虑气候因素。

针对我国丰富的农业资源和独特的气候特点，我国学者也进行了卓有成效的研究，主要集中在以下四个方面：（1）气候变化对粮食生产的影响途径分析。气候变化主要通过温度、降水、CO_2 浓度和极端气候四个方面来影响我国的粮食产量，且区域性差异显著，利弊共存。例如，刘颖杰和林尔达（2007）认为过去 20 年间温度升高对东北地区粮食增产有明显促进作用，对华北、西北和西南地区粮食增产有一定的抑制作用，对华东、中南地区的粮食增产的影响不明显。（2）气候变化对粮食产量影响的控制试验研究。主要利用控制温室环境、开顶式测定箱（OTC）和自由 CO_2 施肥实验（FACE）观测研究温度、降水、CO_2 浓度和主要粮食作物的生长发育、光合作用的相互关系（林而达等，1997）。（3）气候变化对粮食产量影响的模拟研究。邓祥征等（2011）以部门均衡理论为基础构建模型，预测了在华北地区发生不同程度旱灾情景下的全国主要农产品市场价格变化。（4）气候变化对粮食安全的影响评价研究。部分学者结合气候变化的区域特点，不断探讨更为科学有效的粮食安全评价方法，提出了建立粮食安全预警体系的政策建议（周力和周应恒，2011）。

二 气候变化对全球粮食产量的影响

一般来说，气候变化的不同方面（包括温度、降水和两者的共同作用）将会不成比例地影响粮食生长和粮食产量。分类研究温度、降水或者二者耦合作用的正常或极端情况与粮食产量相关关系显得至关重要。从全球范围来看，有32%~39%的地区表现出玉米、水稻、小麦、大豆的产量波动与气候变化呈现出显著的相关关系。具体换算成产量来说，每单位的气候变化大约分别能解释2200万吨玉米、300万吨水稻、900万吨小麦、200万吨大豆产量的变化。通过气候变化与粮食产量波动的空间分析表明，不同的空间分布受到温度、降水以及它们之间的耦合作用的影响不同。在过去三十年间，全球玉米产量的平均波动量在0.9吨/公顷/年（标准差），占全球玉米总产量波动的22%。波动较大的区域主要出现在玉米种植带核心的外围区域，包括巴西东北部，非洲、印度、墨西哥东北部和美国东南部等部分地区。全球平均水稻产量的波动量在0.5吨/公顷/年，占全球水稻产量波动的13%。波动较大的区域主要分布在一些水稻主产区边缘，例如巴西东北部、印度中部。全球平均小麦产量的波动量在0.4吨/公顷/年，占全球小麦产量波动的17%。波动较大的区域主要分布在全球重要的小麦主产区，例如澳大利亚、美国大平原等地区。在主要的大豆产区，如美国中西部地区和拉丁美洲国家，变异系数相对较低（见图1-8）。

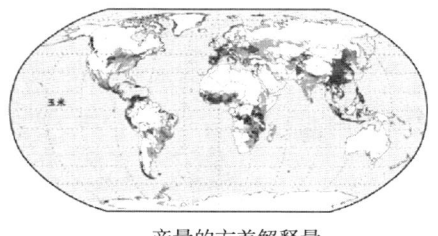

产量的方差解释量

0 0.05 0.1 0.15 0.2 0.25 0.3 0.35 0.4 0.55 0.5

a

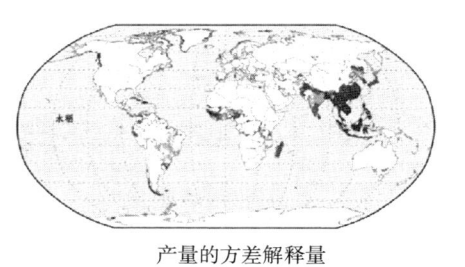

产量的方差解释量

0 0.05 0.1 0.15 0.2 0.25 0.3 0.35 0.4 0.55 0.5

b

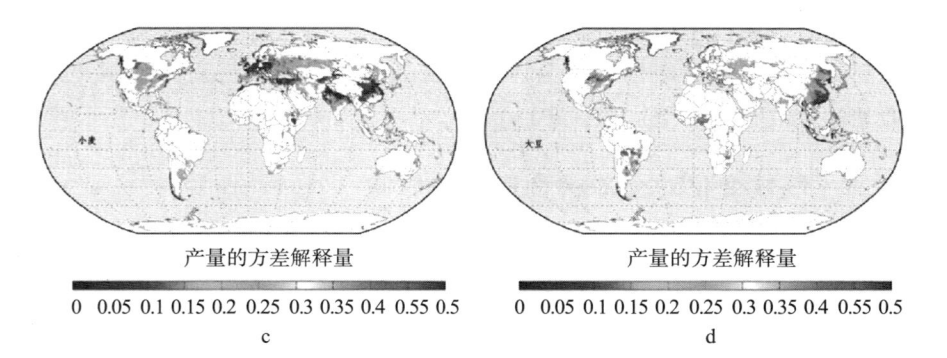

图1-8　全球范围内粮食产量的方差解释量。(a) 玉米,
(b) 水稻,(c) 小麦,(d) 大豆

注：样本量为13500个行政单元×30年的粮食产量数据。

三　气候变化对全球不同类型粮食产量的影响

(一) 对玉米产量的影响

全球大约75%的玉米产量都集中在57%的玉米种植区域,主要包括美国中西部地区、墨西哥中部、巴西南部、中国和阿根廷玉米种植带、西欧和南非的部分地区,印度和印度尼西亚部分地区。在这些主要的玉米种植带,有大约41%的产量年际波动可以被气候的年际波动所解释。全球约50%的玉米生产主要集中在31%的高产玉米带,主要包括美国中西部玉米种植带和中国玉米种植带,并且这两个地区的气候变化可以解释产量波动的42%。在这些玉米主产区的一些具体的行政区域,气候变化可以解释产量波动的60%以上,主要包括美国中西部各州,以及中国的山西、河北、山东等省份(见图1-9a)。在全球十大玉米生产国家中,在美国、法国和意大利观察到的41%~49%玉米产量的变化可以用气候变异来解释,而在南非为50%,在阿根廷和中国分别为32%和44%。

(二) 对水稻产量的影响

全球大约75%的水稻产量来自中国、印度和印度尼西亚。全球范围内,年际气候波动变化可以解释水稻产量变化的32%(见图1-9b),在南亚地区更多地表现为降水变化的影响,在东亚和东南亚更多地表现为温度变化

的影响。在一些重要的水稻主产区，气候变化的影响尤为重要：日本80%
的水稻收获区都表现出与气候变化统计的显著性。在印度、中国、印度尼
西亚、泰国、巴西、柬埔寨、秘鲁、西班牙，表现出气候变化解释产量波
动的25% ~ 38%。

（三）对小麦产量的影响

全球大约75%的小麦产量来自美国、加拿大、阿根廷、欧洲、北非、
印度、中国和澳大利亚。在这些高产小麦带，气候变化可以解释36%的小
麦产量的年际波动（见图1-9c）。在美国、加拿大、英国、土耳其、澳大
利亚和阿根廷等国，气候变化解释小麦产量波动达34% ~ 45%。

在一些具有较高生产力的国家和地区，气候变化对产量波动的解释甚
至更高。在澳大利亚小麦高产带，气候变化解释总量的43%产量波动及在
西澳大利亚的部分地区气候变化解释大于60%。在西欧的英国、法国、德
国、西班牙和意大利，气候变化解释31% ~ 51%小麦产量的变化。在俄罗
斯、乌克兰、哈萨克斯坦和匈牙利，气候变化解释23% ~ 66%小麦产量的
变化，并且正常和极端温度变化的影响非常重要。在全球最大的两个小麦
生产国印度和中国，分别发现71%的小麦种植区和32%的小麦产量变化，
以及62%的小麦种植区和31%的小麦产量变化与气候变化具有显著关系，
都可以被气候变化来解释。在中国主要表现为降水变化的影响，在印度，
温度和降水影响同等重要。从全球平均来看，气候变化可以解释35%的小
麦产量变化。

（四）对大豆产量的影响

全球大约50%的大豆产量来自美国、巴西和阿根廷这三个国家42%
的大豆种植面积。再加上中国和印度，大约能占全球生产区域的75%。
一般来说，在阿根廷大豆的产量波动与气候变化的关系最高（与气候变化
相关性显著的区域达到43% ~ 47%）；其次是美国，相关性显著的区域达
到36%。巴西、印度和中国气候变化的解释量为26% ~ 34%（见图1-
9d）。

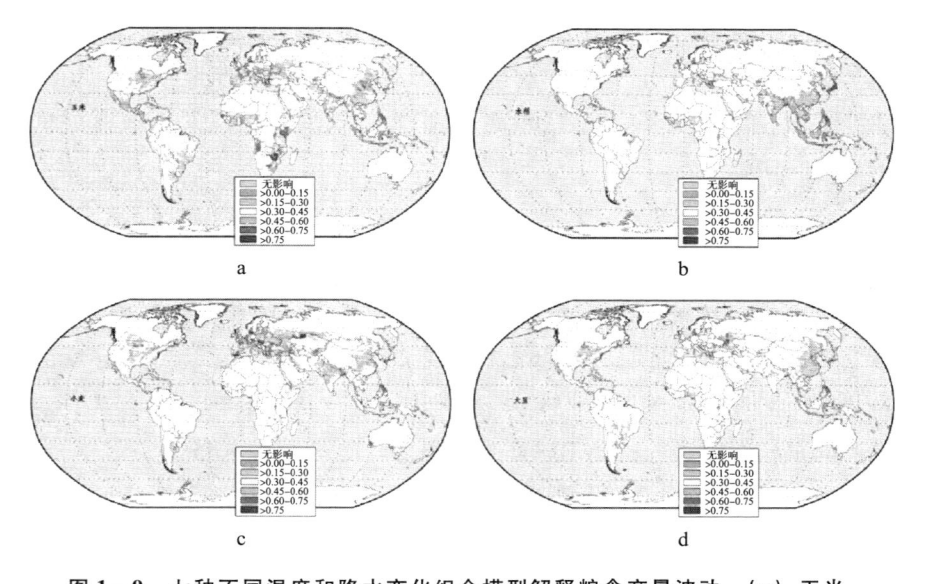

图1-9 七种不同温度和降水变化组合模型解释粮食产量波动。(a) 玉米，
(b) 水稻，(c) 小麦，(d) 大豆。

四 小结

确保国家粮食安全和农民稳定增收是当前亟待解决的重大课题。全球较低的粮食储备加之农业生产的波动，导致粮食价格居高不下。具有较高粮食产量波动性的地区，尤其是它还不是粮食主产区，这种效应的影响会更加明显。即使这些地区具有较低的粮食产量，但是受气候变化影响的产量波动效应，也会对该地区的粮食安全造成极大的威胁。研究发现有很多地区的气候变化能够解释60%以上的玉米、水稻、小麦和大豆的产量变化。这些地区很多都是全球粮食高产区，如美国中西部地区、中国玉米种植带、西欧和澳大利亚小麦产区。

综上所述，气候变化可以解释全球粮食产量波动中32%～39%的产量变异。例如，气候变化可以解释全球玉米产量39%的波动，按照0.6吨/公顷/年的损失，将会造成每年2200万吨玉米波动。与此同时，气候变化每年驱动300万吨水稻、900万吨小麦和200万吨大豆的产量波动。这些产量的平均波动相当于许多拉丁美洲和非洲国家的玉米总产量，一些亚洲国家的水稻总产量以及一些东欧国家的小麦总产量。在某些情况下，贫困地区粮食产量受气候变化的影响更显著，例如巴西东北部的玉米和印度中部的水稻。然而，即使在粮食高产的地区如西欧的小麦和美国中西部地区的玉米，气候变异对产量波动的影响非常大。

在我国的华北平原地区（主要包括河北、河南、山东、山西等地区），粮食作物属于灌溉作物，水分的获得性是主要影响因素。在这一区域，玉米属于夏季作物，河流和地下水灌溉的来源主要是夏季季风降水，在这一时期普遍存在生长季节高温现象。因此，在华北平原，温度和降水是影响玉米产量波动的主要因素。并且在华北平原西部，黄土高原地区的干旱程度更加严重，玉米生长对干旱环境的适应策略，以及生长后期对水分的需求，是来解释甘肃、宁夏大部分地区以及陕西全部地区玉米产量与温度变化显著相关的最好佐证。这是因为极端温度能够控制土壤水分的需求和蒸腾速率，从而更好地反映玉米产量的变化。相反，小麦是冬季作物，在高度依赖灌溉的华北平原地区，降水是影响小麦产量波动的主要因素，这可能是由于降水能够直接影响灌溉所需地表水的可获得性。然而，在中国东北地区（黑龙江、吉林、辽宁等省份），玉米和大豆都没有得到广泛而有效的灌溉，降水的影响相对比较重要，而水稻得到人们的重视和积极的灌溉，温度的影响显得更加重要。

在非洲多数国家，降水的变化对玉米产量波动的影响最为明显，这与厄尔尼诺－南方涛动（ENSO）的变化有关，该地区玉米产量的波动与海表温度变化有关。在南亚，玉米主要生长在高海拔地区，西部的环境主要以干旱为主，东部环境主要以湿润为主。并且在西部干旱环境下降水变化是主要影响因素，在湿润环境下的东部温度变化是主要影响因素。除南亚西部高海拔干旱地区外，气候变化可以解释大于60%的高海拔地区的玉米产量变化。在美洲地区，尤其是美国中西部地区，气候变化对玉米产量的影响尤为重要。在中西部上游地区主要表现为温度变化的影响，在中西部的中部地区主要表现为降水的影响。在内布拉斯加州、美国大平原西部，温度变化对玉米产量的影响相对重要。

在墨西哥，只有玉米收获面积46%的作物产量变化受气候变化的影响（气候变化的解释量为27%）。总体来说，降水变化是影响的主要因素，但在锡那罗亚州和格雷罗州雨养玉米的分布区，温度变化是主要影响因素。在美洲中部的大多数地区，温度变异解释玉米产量变化。在巴西南部，降水变化显得更加重要。尽管温度和降水变化共同能够解释 23% 的巴西玉米收获面积的产量变化，但是在特定地区如巴西马托格罗索州，由于处于湿润气候带，温度变化的影响比较重要。在阿根廷，气温和降水变化同等重要，但在具体地区，对于雨养玉米来说，温度变化的影响将会更加重要。

总之，气候变化对粮食产量的影响是客观存在的，且以不利影响为主。这种影响不但在农作物品质、农业种植制度、农民适应策略等不同环节产生不同程度的影响，而且对将来有效控制二氧化碳等温室气体的排放、减缓和适应气候变化具有重要作用。虽然气候因子只是影响气候变化的众多因素之一，但温度、降水等气候因子与经济发展、技术进步、人民收入水平等其他经济社会因素协同作用，共同影响粮食产量。因此从稳定农民收入、保障国家粮食安全的角度出发，都应该考虑气候变化对粮食生产带来的不利影响。并且在将来情景下，如果气候变化的趋势没有得到有效缓解，特别是在那些对气候变化敏感的地区，更应该高度重视并采取积极有效措施，保障国家粮食安全和预防未来粮食价格上涨。

第三节　我国气候变化的特点

我国是受气候变化影响最为显著的国家之一。我国《第三次气候变化国家评估报告》指出，近百年来我国陆地气温增加了 0.9℃，幅度高于全球 0.85℃ 的平均水平。气候变暖以及日益频发的极端天气气候事件已经对我国粮食安全、水安全、生态安全和城市安全等造成严重威胁。据统计，21 世纪以来，气象灾害已造成全国平均每年 2000 人死亡，累计直接经济损失超过 4.5 万亿元；气候变暖导致的海平面抬升、沿海灾害风险加剧、物候期变化、土地退化和荒漠化等，已逐渐影响我国沿海城市发展、农业生产以及青藏高原、黄土高原、西南喀斯特地区、北方农牧交错带等脆弱生态区生态系统功能的提升。为了详细分析我国气候变化的特点及空间变化特征，为保持数据的一致性和完整性，本节选取 1961 ~ 2010 年全国 601 个地面气象台站（剔除数据缺失的站点）的年份、月份平均气温、最高气温、最低气温、降水量和日照时数等实际观测数据，采用线性拟合、趋势分析、空间分析等方法来研究我国近 50 年来气候变化的事实。

一　1961～2010 年温度变化

（一）温度年际变化

1961～2010 年，全国年均气温、年均最高气温和年均最低气温均呈波动式上升趋势，且最低气温较最高气温增加趋势更为明显。1961～2010 年，全国年均气温为 10.3℃～12.3℃，平均气温为 11.2℃，波动幅度为 2.0℃，呈明显增长趋势（0.275℃/10 年，p＜0.001）；年均最高气温为 16.2℃～18.3℃，平均为 17.1℃，波动幅度为 2.1℃，呈明显增长趋势（0.216℃/10 年，p＜0.001）；年均最低气温为 5.3℃～7.6℃，平均为 6.3℃，波动幅度为 2.3℃，呈显著的增长趋势（见图 1-10）。

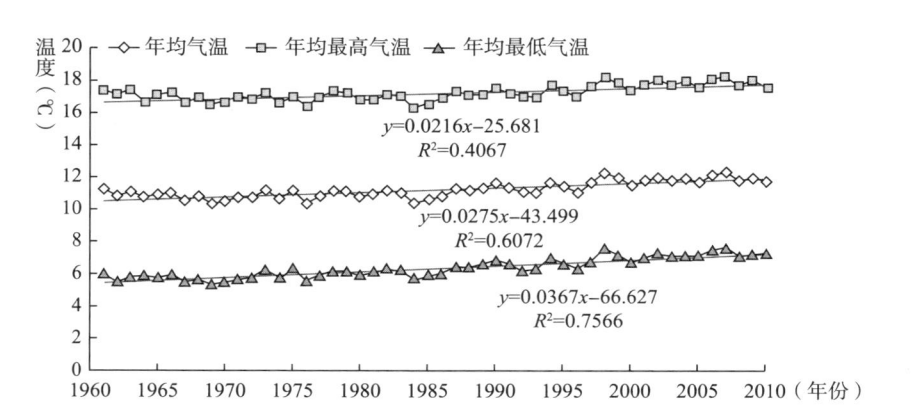

图 1-10　1961～2010 年全国年平均温度、年最高温度、
年最低温度变化及线性拟合趋势

（二）温度的季节变化

1961～2010 年，全国春季（3～5 月）、夏季（6～8 月）、秋季（9～11 月）和冬季（12～2 月）的年均气温、年均最高气温和年均最低气温均呈增长趋势，但增长幅度略有差异，冬季增长趋势最为明显，春季增长幅度最小（见图 1-11）。

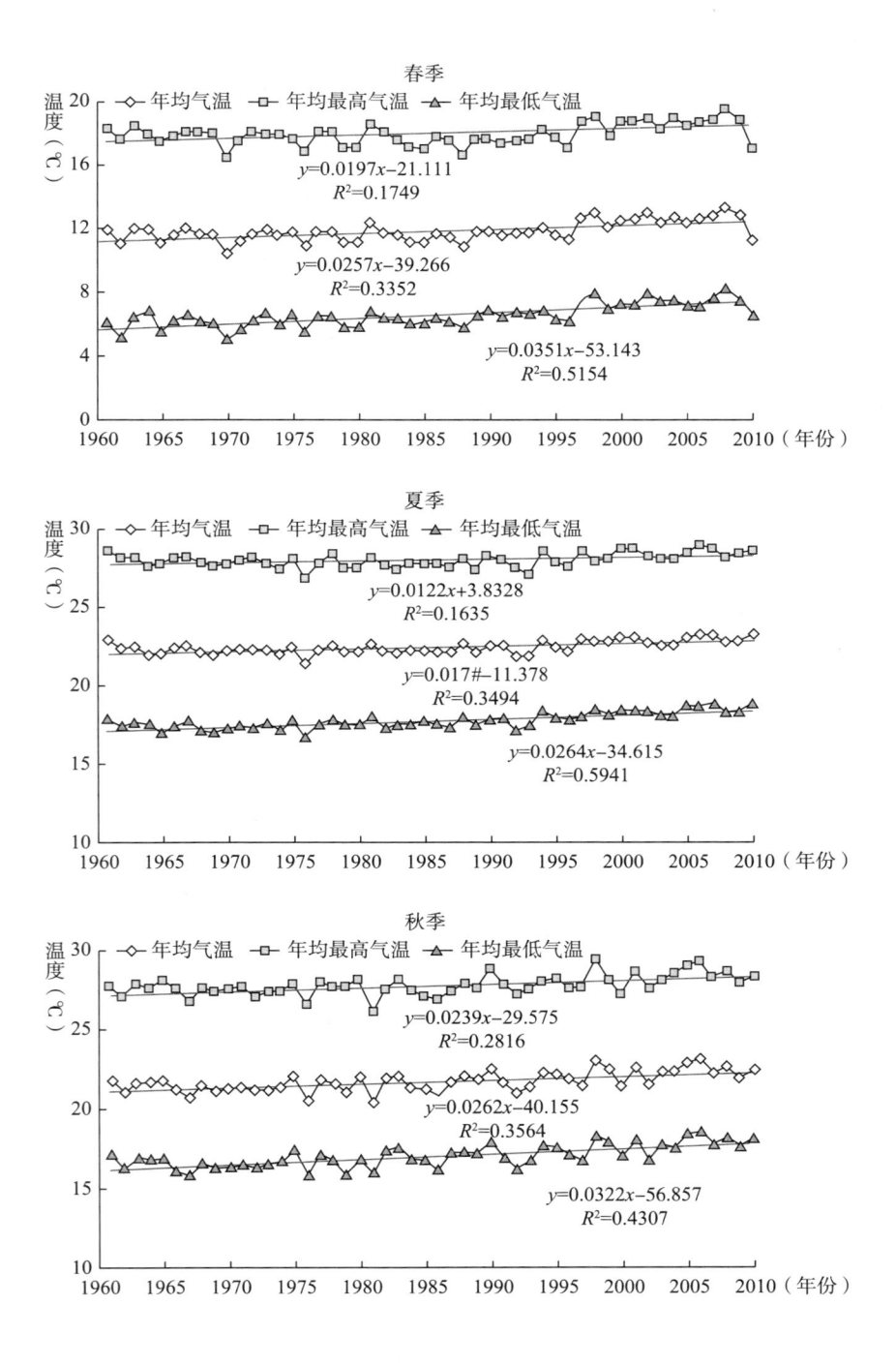

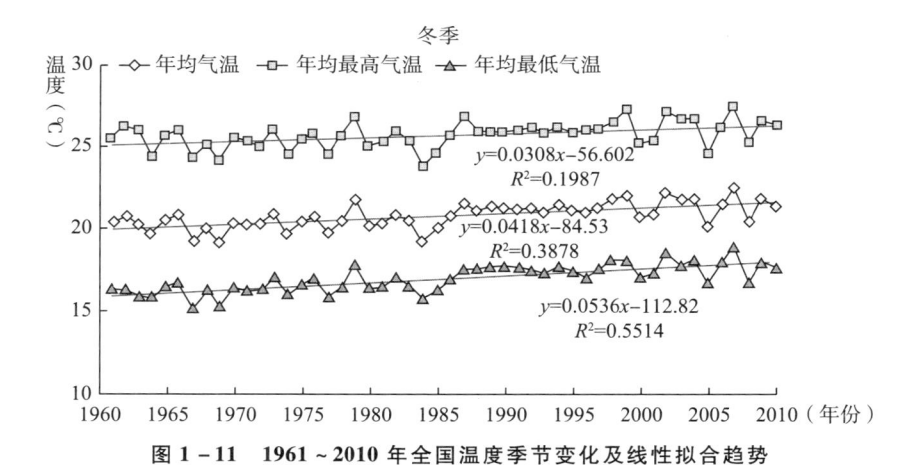

图 1-11 1961~2010 年全国温度季节变化及线性拟合趋势

（三）温度的空间分布

1961~2010 年，全国年均气温为 -5℃~30℃，空间分布呈东南向西北降低趋势。除新疆的南疆盆地外，沿华北北部、山西中部、陕西中部、四川中部和云南北部一线东南部区域的年均气温在 10℃ 以上，西北部区域在 10℃ 以下。

1961~2010 年，全国年均最高气温的空间分布与年均气温相似，呈东南向西北降低趋势。年均最高气温在西南局部为 30℃~35℃，华南大部、西南部分为 25℃~30℃，华东中南部、华中大部、西南中东部、新疆局部为 20℃~25℃，华北大部、黄土高原中东部、西南西部、新疆大部为 15℃~20℃，东北地区南部、内蒙古中东部、新疆北部、青藏高原边缘为 10℃~15℃，黑龙江、内蒙古东北部、青藏高原中部、新疆局部在 10℃ 以下，其中黑龙江北部、内蒙古东北部和青藏高原中部的局部地区为 2℃~5℃。

1961~2010 年，全国年均最低气温的空间分布也与年均气温相似，呈东南向西北降低趋势。华南南部年均最低温度为 20℃~25℃，华南大部及西南和华东的局部为 15℃~20℃，华东和华中中南部、西南中东部为 10℃~15℃，华中和华东的北部、华北大部、黄土高原东南部、西南西部、新疆局部为 5℃~10℃，东北南部、内蒙古中东部、新疆大部为 0℃~5℃，东北中北部、内蒙古中东部大部、青藏高原大部、新疆东部在 0℃ 以下，尤其是黑龙江北部、内蒙古东北部、青藏高原局部、新疆局部等地的最低气温低于 -5℃。

二 1961～2010 年降水变化

（一） 降水年际变化

1961～2010 年，全国平均年降水量呈波动式变化趋势。全国平均年降水量为 747.5～927.6mm，平均为 814.6mm，波动幅度为 180.1mm，全国平均年降水量变化趋势不显著（0.254mm/10 年，p < 0.001）（见图 1－12）。

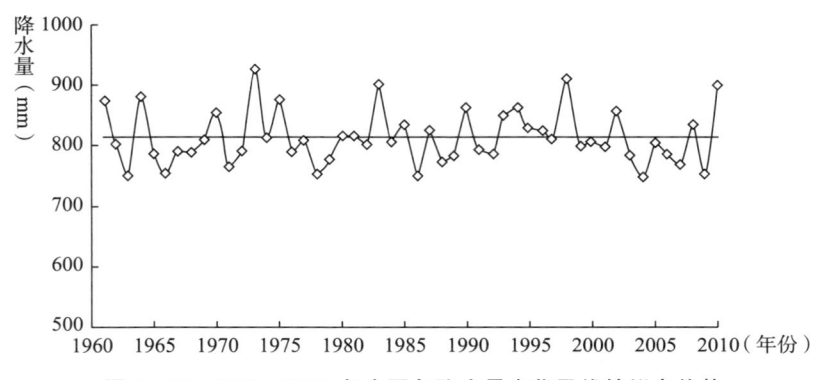

图 1－12　1961～2010 年全国年降水量变化及线性拟合趋势

（二） 降水季节变化

1961～2010 年，全国春季（3～5 月）降水量基本不变，夏季（6～8 月）和冬季（12～2 月）降水量均呈弱增加趋势，但增加幅度略有差异，夏季最大，冬季最小；秋季（9～11 月）则与其他季节的变化趋势相反，呈下降趋势（见图 1－13）。

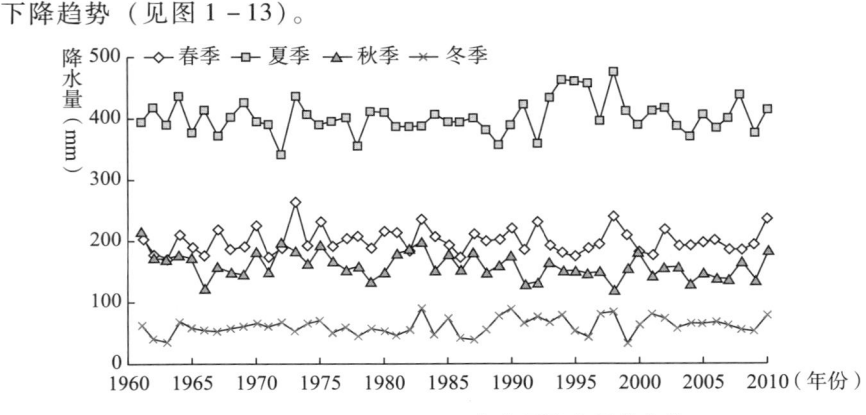

图 1－13　1961～2010 年全国降水季节变化

（三）降水的空间分布

1961～2010 年，全国年降水量为 15～2700mm，空间分布基本呈东南向西北减少趋势。华南南部局部年降水量可达 2100mm 以上，华南和华中局部为 1800～2100mm、大部为 1500～1800mm，华中和华东的南部为 1200～1500mm，华中和华中中部、华南中东部为 900～1200mm，东北南部和中部局部、华中和华东的北部、西南西部为 600～900mm，东北大部、内蒙古中东部、华北大部、黄土高原地区、西北东部及青藏高原南部为 300～600mm，西北大部、内蒙古中西部的年降水量在 300mm 以下，年降水量最少的地区仅有 15mm。

三 1961～2010 年日照时数变化

（一）日照时数年际变化

1961～2010 年，全国年日照时数呈波动下降趋势。年日照时数为 2185.1～2494.9 小时，平均为 2303.4 小时，波动幅度为 309.8 小时，年日照时数呈明显的下降趋势（−45.014 小时/10 年，p＜0.001）（见图 1−14）。

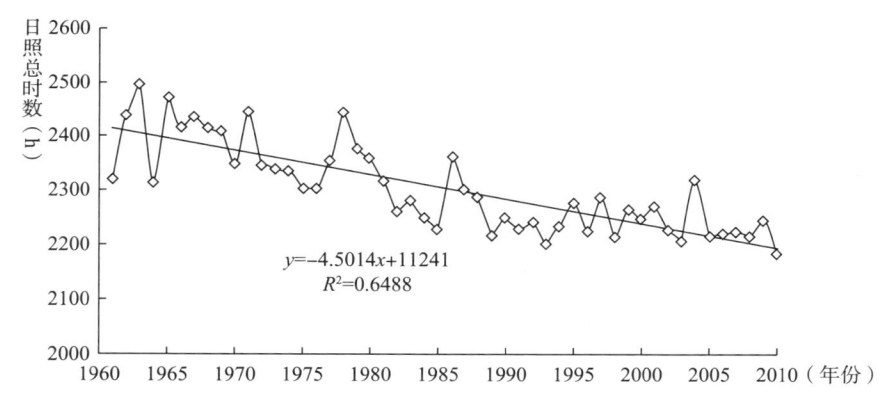

$$y = -4.5014x + 11241$$
$$R^2 = 0.6488$$

图 1−14 1961～2010 年全国日照时数年际变化及线性拟合趋势

（二）日照时数季节变化

1961～2010 年，全国春季（3～5 月）、夏季（6～8 月）、秋季（9～11 月）和冬季（12～2 月）的日照时数均呈明显下降趋势，夏季下降幅度最大，冬季、秋季次之，春季最小（见图 1 – 15）。

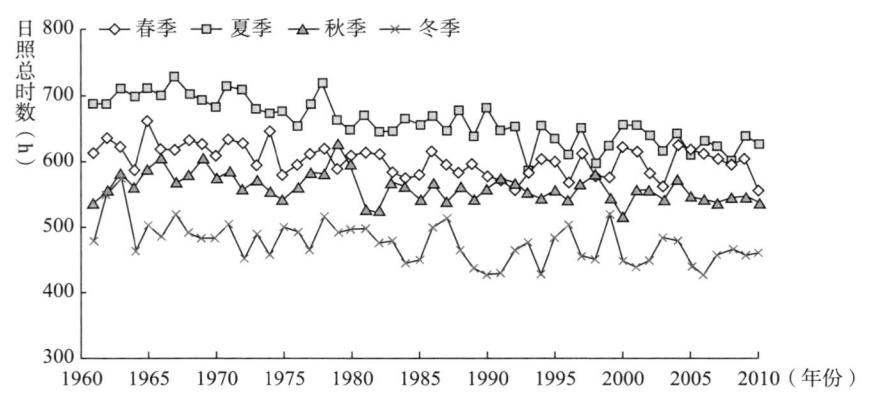

图 1 – 15　1961～2010 年全国日照时数季节变化

（三）日照时数空间

　　1961～2010 年，全国日照总时数平均为 1000～4000 小时，空间分布基本呈从南向北增加趋势。西南地区中东部日照时数为 1000～1500 小时，西南地区东北部、华南大部、华中南部为 1500～2000 小时，华东中部、华中北部、西北南部和华南局部为 2000～2500 小时，华东北部、华北大部、东北大部、西北南部和西部为 2500～3000 小时，内蒙古大部、西北中东部和西南部为 3000～3500 小时，局部可达 3500 小时以上。

第四节　我国粮食主产区气候变化与粮食安全的形势分析

　　粮食主产区是国内学术界针对我国粮食生产的特殊情况提出的一个术语，一般是根据粮食播种面积、粮食产量和商品粮数量及其稳定性等因素，特指那些具有较高的粮食综合生产能力和商品粮输出能力，以粮食生产为主、为保障国家粮食安全做出较大贡献的区域。

　　传统意义上的"粮食主产区"主要指黑龙江、辽宁、吉林、内蒙古、河北、江苏、安徽、江西、山东、河南、湖北、湖南、四川等 13 个省份。而事实上，目前这 13 个省份中，粮食净调出省份只有 5 个，即黑龙江、吉林、内蒙古、河南、安徽。《国家粮食安全中长期规划纲要（2008～2020年）》尤其是《全国新增 1000 亿斤粮食生产能力规划（2009～2020 年）》将全国粮食生产区划分为核心区、非主产区产粮大县、后备区和其他地区四类地区，其中的核心区是指分布在东北、黄淮海和长江流域 13 个粮食主产省（区、市）的 680 个县（市、区、场），非主产区产粮大县是指分布在华东及华南地区、西南地区、山西及西北地区的 11 个非主产省（区、市）中的 120 个产粮县（市、区），后备区是指吉林西部等适宜地区，其他地区为上述地区以外的产粮县（市、区）。根据该规划，并结合本研究的实际，除特别注明外，本研究中的粮食主产区，均既包括目前国家所确定的 13 个粮食主产省份中的产粮大县，也包括其他非粮食主产省份中的产粮大县，只要能达到一定的生产量和调出量、能为保障所在区域粮食安全做出应有贡献的县（市、区），都视同粮食主产区。

粮食主产区是提供商品粮源、保障粮食安全的重要基地，与粮食主产区相对应的是粮食主销区，是指那些人多地少、粮食自给率低、粮食产需缺口较大的地区，其一般表现为：耕地资源短缺，粮食增产潜力小，粮食缺口大；粮食供给的对外依存度高，市场风险加大；市场机制在配置粮食资源中的基础性作用越来越大；粮食储备量少且品种较为单一；储备粮库设备、仓型落后且管理水平不高；粮库布局亟待优化，规模亟须扩大；城市化进程中流动人口的增加，进一步加大粮食安全的压力。

一　粮食主产区的气候变化

根据各地区不同的自然条件与社会经济条件、农业资源和农业生产特点，结合农业地域分异规律和《中国综合农业区划》，本研究将粮食主产区划分为东北农业区、黄淮海农业区和长江中下游农业区。其中，东北农业区主要包括内蒙古、黑龙江、东北、吉林、辽宁等大部分地区的 304 个县；黄淮海农业区主要包括北京、天津两大直辖市和安徽、河北、河南、江苏、山东五个省份，面积为 7800 万公顷，其中 3500 万公顷用于农业生产；长江中下游农业区主要包括湖北、湖南、江西、四川四个省。

（一）东北农业区

1961～2010 年，东北地区的年均气温、年均最高气温和年均最低气温均呈波动式上升趋势，最低气温增加趋势较最高气温更为显著，增长幅度分别为0.343℃/10年、0.224℃/10年和0.489℃/10年，增温幅度均高于全国平均值；年均气温为3.3℃~6.7℃，平均为5.1℃，波动幅度为3.4℃；年均最高气温为9.5℃~12.8℃，平均为11.3℃，波动幅度为3.3℃；年均最低气温为-2.4℃~1.4℃，平均为-0.4℃，波动幅度为3.8℃。年降水量和年日照总时数则呈波动式下降趋势，分别为-4.448mm/10年和-41.856小时/10年。年降水量为478.2~771.4mm，平均为599.7mm，波动幅度为293.2mm；年日照总时数为2330.5~2762.8小时，平均为2555.6小时，波动幅度为432.4小时（见图1-16）。

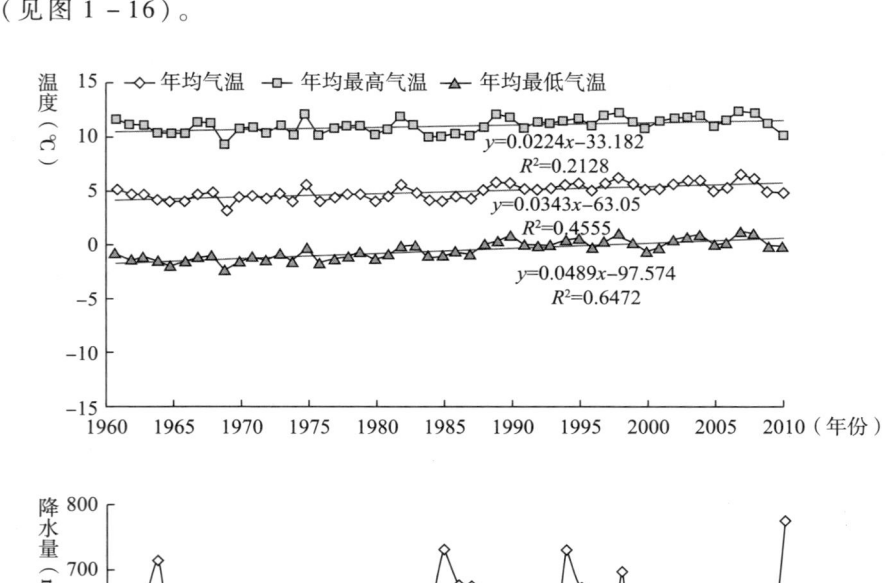

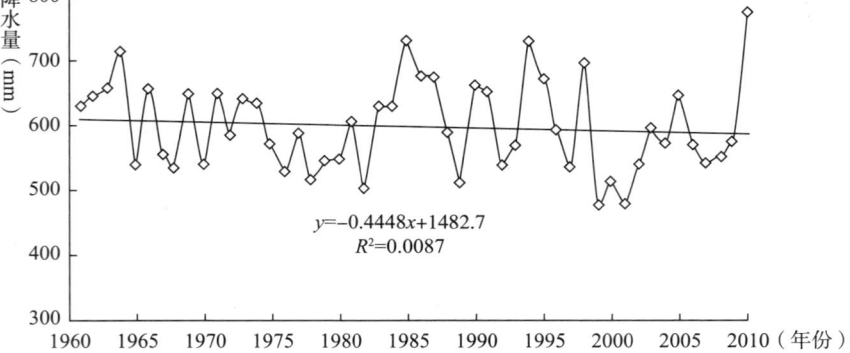

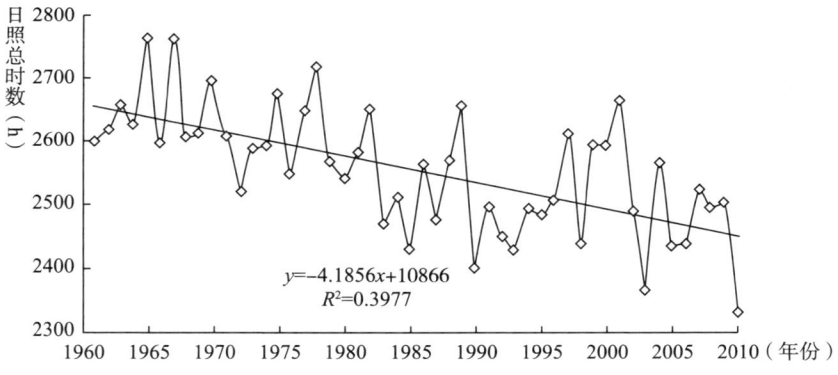

图 1-16　1961～2010 年我国粮食主产区东北农区气候变化及线性趋势

（二）黄淮海农区

1961～2010 年，黄淮海地区的年均气温、年均最高气温和年均最低气温亦均呈波动式上升趋势，最低气温增加趋势较最高气温更为显著，升温幅度分别为 0.254℃/10 年、0.173℃/10 年和 0.376℃ /10 年，年均气温、年均最高气温增加幅度低于全国平均值，而年均最低气温增加趋势高于全国平均值。年均气温为 11.0℃ ～ 13.4℃，平均为 12.3℃，波动幅度为 2.4℃；年均最高气温为 16.5℃ ～ 18.9℃，平均为 17.9℃，波动幅度为 2.4℃；年均最低气温为 6.1℃ ～9.0℃，平均为 7.5℃，波动幅度为 2.9℃。年降水量和年日照时数呈波动式下降趋势，下降幅度分别为 -12.074mm/10 年和 -91.162h/10 年，下降幅度均高于东北农业区。年降水量为 457.7 ～ 1030.7mm，平均为 646.4mm，波动幅度为 573.0mm；年日照时数为 2042.5 ～ 2823.4 小时，平均为 2441.4 小时，波动幅度为 780.9 小时（见图 1-17）。

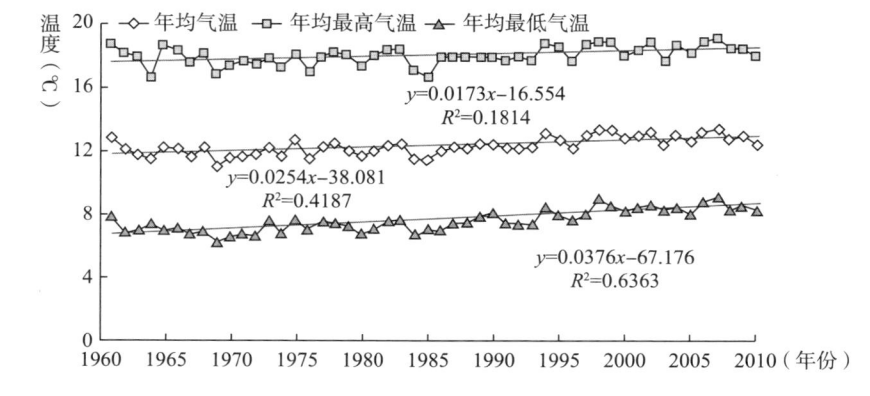

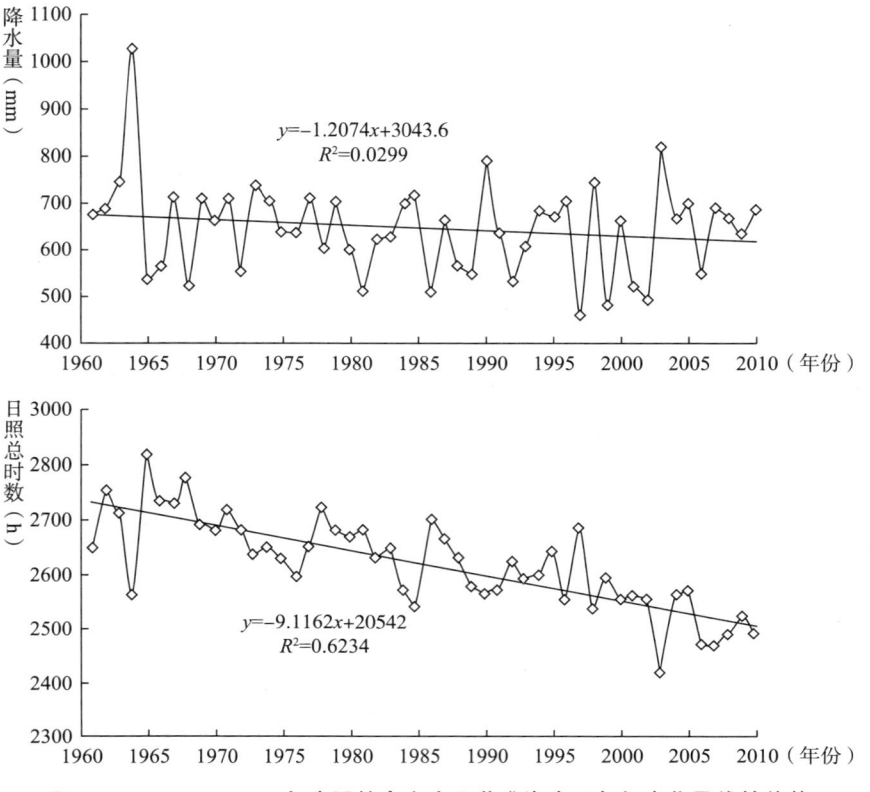

图 1 - 17　1961~2010 年我国粮食主产区黄淮海农区气候变化及线性趋势

(三) 长江中下游农区

　　1961~2010 年，长江中下游地区的年均气温、年均最高气温和年均最低气温亦均呈波动式上升趋势，且最低气温增加趋势较最高气温更为显著，增加幅度分别为 0.221℃/10 年、0.189℃/10 年和 0.276℃/10 年，增温幅度均低于全国平均值。年均气温为 15.6℃~17.6℃，平均为 16.4℃，波动幅度为 2.0℃；年均最高气温为 19.9℃~22.2℃，平均为 21.0℃，波动幅度为 2.3℃；年均最低气温为 12.1℃~14.2℃，平均为 12.9℃，波动幅度为 2.1℃。年降水量呈波动式增加趋势，但年日照时数下降幅度明显，分别为 12.437mm/10 年和 -68.377h/10 年。年降水量为 975.0~1595.0mm，平均为 1322.6mm，波动幅度为 620.0mm；年日照总时数为 1569.7~2176.9 小时，平均为 1802.7 小时，波动幅度为 607.2 小时 (见图 1 - 18)。

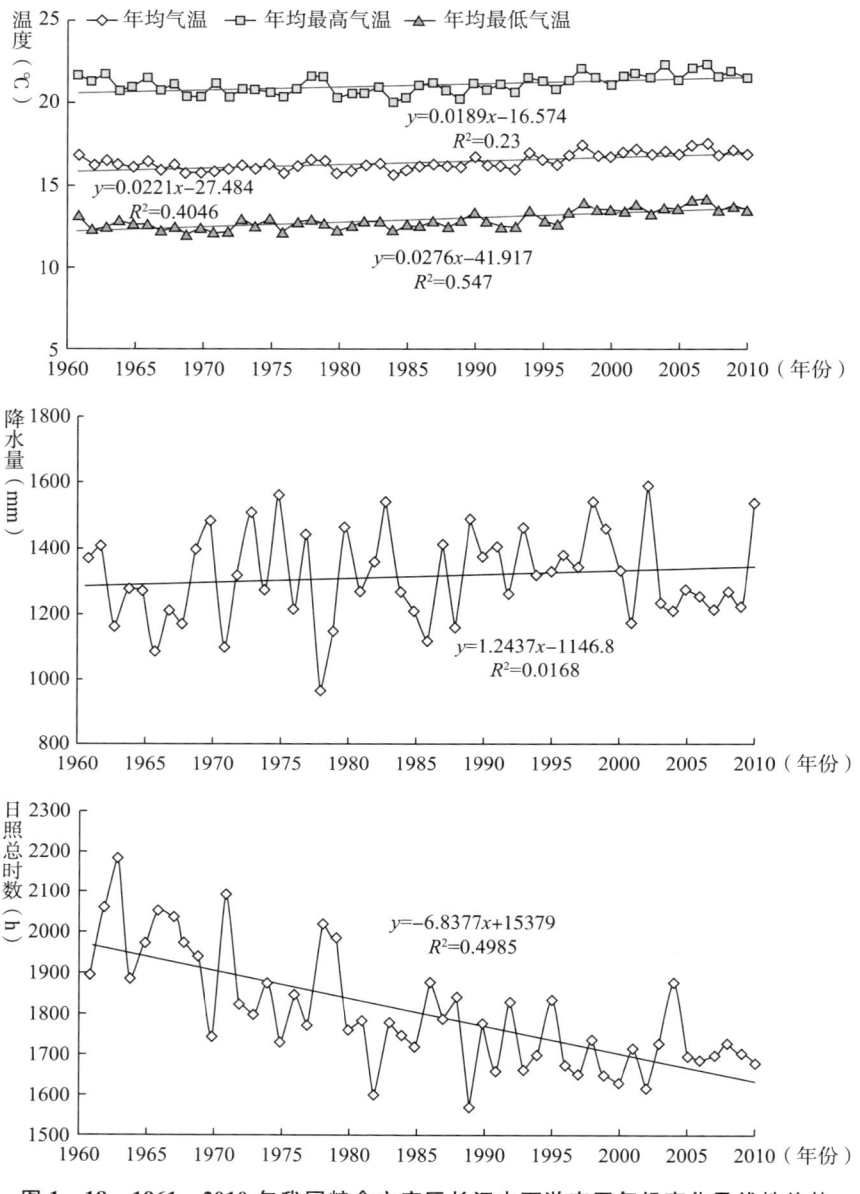

图 1 - 18 1961~2010 年我国粮食主产区长江中下游农区气候变化及线性趋势

二 粮食主产区的粮食安全形势分析

粮食生产是粮食需求的重要基础。我国人口众多，粮食安全首先应立足于国内粮食生产。从全国来看，2004~2015 年，我国实现了粮食总产量的"十二连增",并且产量增速在波动中呈现放缓趋势,2016 年粮食总产量首次出现负增长。具体来说,我国粮食产量在 2003 年仅有 43069.5 万吨,2015 年增加到 62143.5 万吨,12 年间增加了 19073.8 万吨,平均每年增长 1589.5 万吨,年均增长 2.6%。2016 年粮食总产量为 61623.9 万吨,比 2015 年减少 519.6 万吨,减少 0.81%。其中以稻谷、小麦和玉米为代表的谷物产量由 2003 年 37428.7 万吨增加到 2015 年的 57225.3 万吨,年均增长 3.0%。2016 年谷物产量首次出现负增长,达到 56516.5 万吨,比 2015 年减少 708.8 万吨,减少 1.22%。尤其是在经济新常态背景下,这种放缓趋势将长期存在,除了受人口增加的刚性需求影响,还受资源、气候、技术、效益等多重因素的影响。因此,保障粮食主产区的粮食安全显得更加重要。本节选取十三个粮食主产区 1978~2015 年粮食总产量,水稻、小麦和玉米三大粮食作物产量来分析粮食主产区粮食生产的总量特征、结构特征和空间分布特征,以期对我国粮食主产区粮食生产提供参考和借鉴。

(一) 总量特征

自改革开放以来,我国粮食主产区的粮食生产有了长足发展,粮食总产量由 1978 年的 20658.75 万吨增长到 2015 年的 47585.69 万吨,增长了一倍多,年均增长 2.41%。由于粮食生产受气候、经济、技术、政策等因素的影响,粮食主产区粮食产量呈现出明显的阶段性波动变化态势。如图 1-19 所示,1978~2015 年粮食主产区粮食产量共分为以下五个阶段。第一阶段:快速增长期 (1978~1983 年),由于改革开放的不断深入和实行农村家庭联产承包责任制,极大地调动了农民的生产积极性,因此迎来了第一个粮食快速增长期,粮食产量由 1978 年的 20658.75 万吨增加到 1983 年的 26584.9 万吨,增长了 5926.15 万吨。第二阶段:徘徊波动期 (1984~1994 年),由于过度重视工业生产而忽视了农业生产,耕地面积不断下降,再加上自然灾害等因素的影响,使得这一时期粮食产量徘徊在 30000 万吨左右。第三阶段:突破增长期 (1995~1998 年),这一阶段国家实施粮食省长负责制,地方政府纷纷采取措施促进粮食生产,粮食产量连续四年实现增长,粮食产量由 1995 年的 34976.4 万吨增加到 1998 年的 36765.13 万吨,增长了 16.72%,并且粮食种植面积出现恢复性增长。第四阶段:快速下降期 (1999~2005),随着国内农产品市场供求关系的深刻变化,农业生产结构

的优化调整以及自然灾害等多重影响，粮食产量出现下降，由 1999 年的
36893.58 万吨减少到 2005 年 36183.6 万吨，减少了 709.98 万吨，减少了
1.2%。第五阶段：恢复增长期（2005～2015 年），从 2004 年开始，国家出
台一系列强农惠农政策诸如取消农业税、对种粮农民实施补贴等恢复粮食
生产，并连续十二年出台 "一号文件"，极大地调动了农民从事粮食生产的
积极性，我国粮食主产区粮食产量出现恢复性增长。粮食产量由 2005 年的
36183.6 万吨增加到 2015 年的 47585.68 万吨，增加了 11402.08 万吨，粮食
增产实现 "十二连增"（见图 1－19）。另一方面，粮食主产区的粮食总产
量占全国粮食总产量的比重也呈波动式增长，1978～2015 年粮食主产区粮
食产量占全国粮食总产量的 72.12%，是全国重要的粮食生产基地。如图
1－20 所示，1978～2015 年粮食主产区粮食产量占全国的比重变化也表现出
快速增长—徘徊波动—突破增长—快速下降—恢复增长五个不同阶段。

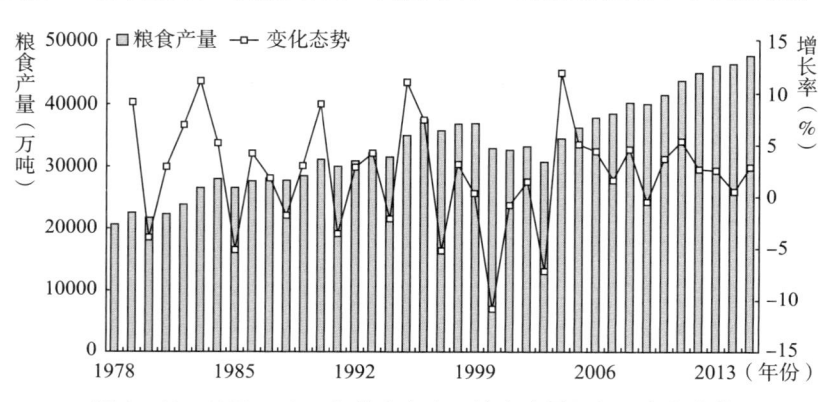

图 1－19　1978～2015 年粮食主产区粮食产量及年际变化态势

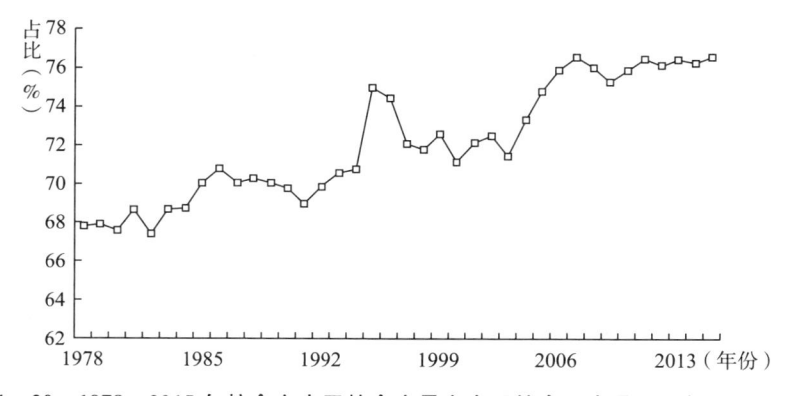

图 1－20　1978～2015 年粮食主产区粮食产量占全国粮食总产量比重年际变化态势

（二）结构特征

以水稻、小麦和玉米三大粮食作物为例，1978～2015年粮食主产区三大粮食作物产量都表现出在波动中不断增长的趋势。其中，水稻产量从1978年的8483.95万吨增加到2015年的15490.44万吨，增长了近1倍，年均增长1.7%；小麦产量从1978年的4171.58万吨增加到2015年的10980.64万吨，年均增长2.9%；玉米产量从1978年的4197万吨增加到2015年的17784.52万吨，年均增长4.5%（见图1-21）。并且在2011年以前主要表现为水稻产量最高，2011年以后主要表现为玉米产量最高。

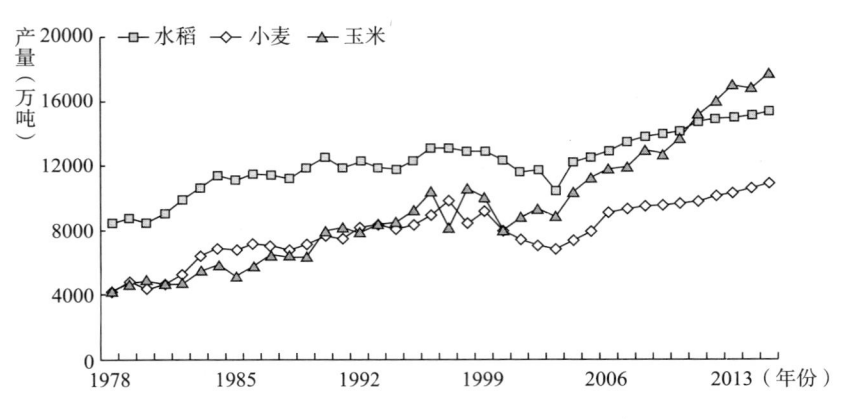

图1-21　1978-2015年粮食主产区三大粮食作物产量的年际变化态势

从水稻、小麦和玉米三大粮食作物占全国水稻总产量、小麦总产量和玉米总产量的比重来看，粮食主产区水稻的占比呈增加趋势，从1978年的61.96%提高至2015年的74.39%；小麦的占比也呈增加趋势，但是不显著，从1978年的77.48%提高至2015年的84.35%；玉米的占比表现出在波动中有升有降，在1994年以前主要表现为增长趋势，从1978年的75.02%提高至1994年的86.06%，在1994年以后主要表现为下降趋势，从1994年的86.06%下降至2015年的79.17%（见图1-22，表1-1）。

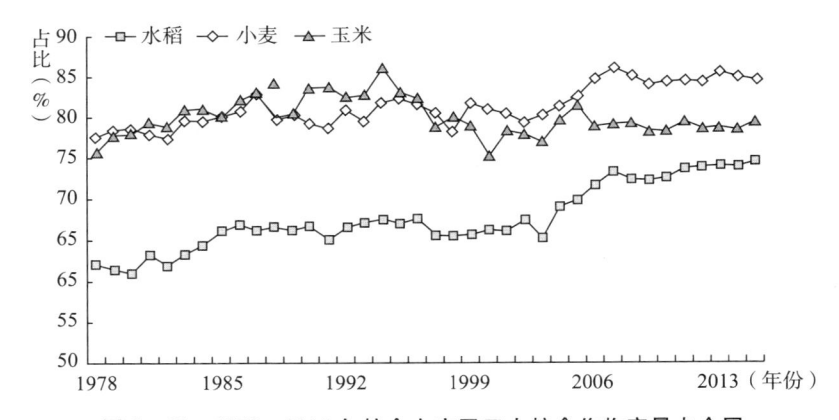

**图 1 - 22　1978～2015 年粮食主产区三大粮食作物产量占全国
三大粮食作物总产量比重的年际变化态势**

表 1 - 1　1978～2015 年粮食主产区三大粮食作物产量占全国比重

单位：%

年份	水稻	小麦	玉米	年份	水稻	小麦	玉米
1978	61.96	77.48	75.02	1997	65.55	80.52	78.47
1979	61.56	78.31	77.58	1998	65.28	78.09	79.86
1980	61.05	78.48	78.04	1999	65.68	81.60	78.67
1981	63.22	77.86	79.27	2000	66.11	80.90	75.01
1982	61.74	77.11	78.63	2001	66.03	80.34	78.18
1983	63.22	79.51	80.69	2002	67.63	79.24	77.78
1984	64.28	79.41	81.11	2003	65.32	80.06	76.76
1985	66.09	80.06	79.99	2004	68.98	81.21	79.70
1986	67.02	80.38	81.81	2005	69.82	82.55	81.22
1987	66.09	82.85	82.95	2006	71.68	84.73	78.52
1988	66.66	80.11	84.01	2007	73.18	85.96	79.17
1989	66.20	79.58	80.47	2008	72.28	85.10	79.01
1990	66.57	79.12	83.56	2009	72.20	83.88	78.12
1991	64.94	78.67	83.57	2010	72.61	84.33	78.05
1992	66.52	80.82	82.48	2011	73.81	84.30	79.22
1993	67.11	79.37	82.38	2012	73.59	84.30	78.27
1994	67.29	81.73	86.06	2013	74.08	85.43	78.46
1995	67.04	82.18	82.94	2014	73.90	84.85	78.49
1996	67.54	81.49	82.10	2015	74.39	84.35	79.17

(三) 空间特征

为考察不同时期粮食主产区不同省份粮食总产、三大粮食作物产量在全国的分布特征,以及粮食主产区内部不同省份之间的差异,我们选取1985年、1990年、1995年、2000年、2005年、2010年和2015年7个典型年份来分析时空动态变化特征。对于粮食主产区的粮食总产量来说,随着时间的推移,产量最高的地区逐渐从四川、河南、山东、江苏转移到黑龙江、河南、山东。其中,四川省、山东省的粮食总产量占全国的比重逐渐减少,从1995年以前的占全国比重的9%以上降低到2015年的不到7%;黑龙江省的粮食产量占全国的比重逐渐增加,从1985年以前的占全国比重的不到5%增加至2015年的9%以上,位居全国第一位。

对于粮食主产区的水稻产量来说,随着时间的推移,产量最高的地区逐渐从四川、湖南、湖北、江苏转移到黑龙江、江苏、湖南、江西,其次是四川、湖北、安徽。其中,四川、湖北的水稻占全国的比重逐渐减少,从2000年以前的占全国比重的9%以上降低到2015年的不到9%;黑龙江省的水稻产量占全国的比重逐渐增加,从1985年以前的占全国比重的不到3%增加至2015年的9%以上,达到10.56%。

对于粮食主产区的小麦产量来说,随着时间的推移,产量最高的地区基本上没有发生改变,还是集中在华北平原地区,主要分布在河南、河北、山东、江苏、安徽。其中,小麦产量最高的地区是河南,占全国比重平均为21.3%;随着时间的推移,增加的趋势比较明显,从1985年的16.12%增加到2015年的26.89%。

对于粮食主产区的玉米产量来说,随着时间的推移,产量最高的地区逐渐从吉林、河北、山东、河南、四川转移到内蒙古、黑龙江、吉林、辽宁、河北、河南、山东。其中,四川省的玉米产量占全国的比重逐渐减少,从1985年以前的占全国比重的9%以上降低到2015年的3.41%;黑龙江省的玉米产量占全国的比重逐渐增加,从1985年以前的占全国比重的7.58%增加至2015年的19.93%,跃居玉米产量第一大省。

第二章　我国气候变化与粮食生产的研究现状分析

气候变化如何影响农业生产，是以正效应为主，还是以负效应为主；是没有直接影响，还是两种效应都存在，一直是学术界争论的焦点。尽管如此，不可否认的是气候变化已经对我国的农业生产产生了显著的影响（IPCC，2007）。更重要的是，由于我国是世界上重要的粮食生产和贸易大国，气候变化对我国的影响很可能会通过国际贸易对世界上其他国家产生影响。例如，联合国政府间气候变化专门委员会 IPCC 得出结论，在最糟糕的气候变化情景下，在将来 20～80 年间，温度升高和降水减少将会导致我国雨养地区水稻、小麦和玉米产量降低 20%～36%（IPCC，2007）。相反，棉花产量将会增加（IPCC，2007）。这些数字可能高估产量的变化，因为它们没有考虑到采用新技术或改变政策来应对气候变化。

在国内，气候变化伴随经济的快速增长将迫使不同区域寻找新的办法来开展合作，共同研究其发生的变化，并寻求有效的政策或措施以应对其相应变化。近年来，我国政府高度重视应对气候变化工作，并将积极应对气候变化问题上升到国家战略中（Wang 等，2010）。早在 1990 年，我国政府就设立了国家气候变化协调小组，1998 年改名为国家气候变化对策协调小组，指导参加有关国际谈判，制定和协调应对气候变化的政策措施。在 2007 年，成立了以温家宝总理为组长的国家应对气候变化及节能减排工作领导小组，在 2013 年，又成立了以李克强总理为组长的国家应对气候变化及节能减排工作领导小组。党的十七大报告提出，加强应对气候变化能力建设，为保护全球气候做出新贡献。党的十八届五中全会也指出，贯彻落实五大发展理念"创新、协调、绿色、开放、共享"，推动建立绿色低碳循环发展产业体系，积极承担国际责任和义务，积极参与应对全球气候变化谈判。党的十九大报告也提出，要坚持环境友好，合作应对气候变化，保护好人类赖以生存的地球家园。我国先后宣布到 2020 年单位国内生产总值二氧化碳排放比 2005 年下降 40% ~ 45% 、二氧化碳排放 2030 年左右达到峰值并争取尽早达峰；到 2030 年单位国内生产总值二氧化碳排放比 2005 年下降 60% ~ 65% 、非化石能源占一次能源消费比重达到 20% 左右、森林蓄积量比 2005 年增加 45 亿立方米左右等目标。低碳发展任务十分繁重，全球应对气候变化和气候治理正在进入新的历史时期。

基于此，本章主要综述了气候变化对我国粮食生产的可能影响以及政府和农民为积极应对气候变化做出的努力。通过综述表明，气候变化对我国粮食生产的影响十分严重，特别是对粮食产量的影响最为明显。气候变化对粮食生产影响的程度主要取决于粮食作物的种类、大气 CO_2 浓度的施肥效应以及粮食作物对气候变化的适应能力。未来一个时期，随着气候变暖趋势的不断加强，由气候变化引起粮食产量波动的市场效应将会减缓对粮食生产的影响。在适应方面，政府主要采取开发新技术推广农业节水栽培模式、改良新品种选育高产优质抗逆性强的作物品种、合理调整作物复种指数和品种熟性，提高耕地资源利用效率等措施。与此同时，农户也会根据自己的经验判断和区域气候变化规律，自觉选择作物类型，调整播种周期和作物种植比例来适应气候变化。

第一节　气候变化对我国粮食产量的影响

一　基于历史证据的气候变化对粮食产量的影响

气候变化对粮食产量的影响分析通常是基于历史统计数据或作物模型来研究和预测气候变化对现在或未来粮食产量可能造成的影响。统计分析是根据历史数据来进行的，对小麦、玉米和水稻产量的影响结果如表 2-1 至表 2-3 所示。尽管使用相似的统计分析方法，但是不同的地区其结果也不完全相同。总体来说，现有的研究结果显示，历史上长期的气候变暖趋势（大于 20 年）对小麦和玉米产量产生不利影响（见表 2-1、表 2-2），但是对水稻产量产生有利影响（见表 2-3）。例如，陶福禄等（2008b）研究表明，1979 ~ 2002 年，由于气候变暖（主要是生长季节气候变暖），我国的小麦产量呈下降趋势（见表 2-1），小麦总产量每年减少 1.2×10^5 吨。在区域尺度上，除了江苏、河南和天津，气候变暖对小麦产量的影响都是负效应（见表2-1）。对于玉米来说，除了黑龙江省，不管是在全国尺度上还是区域尺度上，玉米产量与生长季温度升高呈负相关关系（Tao等，2008；Zhang and Huang，2012）（见表2-2）。对于水稻来说，气候变暖与水稻产量呈正相关关系（见表2-3）。但是在区域尺度上，水稻产量与温度的关系变得比较复杂，并且很难得到一致的结论（见表2-3）。一个有意思的发现就是在较短时期内（10年）气候变化对粮食产量的影响与较长时期内（20年）的影响正好相反。例如，Xu（1999）研究发现，1990~1999年，气候变化对小麦和玉米产量有积极作用，对水稻产量产生不利影响，然而在更长的时期，对小麦和玉米产量产生不利影响，对水稻产量有积极作用。

　　除了气候变暖的影响，一些研究还分析了降水变化对粮食产量的影响。一般来说，在水分相对充足的地区（例如浙江、福建和广东），降水与小麦产量呈负相关关系（见表2-1）。也就是说，在水分充足的地区，降水增加将会导致小麦产量降低。在水资源缺乏的地区（例如新疆和关中平原地区），降水增加有助于小麦产量的增加（见表2-1）。Zhang and Huang（2012）研究发现，总体上来说，小麦产量的增加与降水增加密切相关（见表2-2）。对于水稻来说，在大多数地区（特别是华南地区），降水与水稻产量负相关（见表2-3）。例如，Zhang等（2010）和Tao等（2008）研究发现，在中国18个省份（其中15个省份在南方地区）中水稻产量与降水呈负相关。对于北方地区的一些省份来说，降水增加有利于水稻产量增加。

表2-1　气候变化对小麦产量的影响

研究区域	时间段	对产量的影响	参考文献
正效应			
中国	1990~1999年	气候变化→产量（↑）	Xu等（1999）
江苏	1951~1980年	在 CO_2 浓度加倍情景下	Zheng等（1998）
		温度（↑）→产量（↑）	
河南	1971~2004年	温度（↑）→产量（↑）	Chen等（2006）
新疆	1979~2002年	降水（↑）→产量（↑）	Tao等（2008b）
天津	1979~2002年	温度↑（1℃）→ 产量↑（4.2-12.0%）	Tao等（2008b）

续表

研究区域	时间段	对产量的影响	参考文献
负效应			
中国	1979～2002 年	气候变化→产量（↓）	Tao 等（2008b）
江苏	1979～2002 年	降水（↑）→产量（↓）	Tao 等（2008b）
甘肃和河南	1981～2000 年	温度（↑）→产量（↓）	Tao 等（2006）
关中平原	1949～1999 年	温度（↑）→产量（↓）	Zhang and Yan（2003）
江苏和山东	1951～1980 年	降水（↓）→产量（↓）	Zheng 等（1998，1997）
浙江、福建和广东	1981～2000 年	降水（↑）→产量（↓）	Tao 等（2008b）
海河平原下游和河北	1985～2004 年	温度↑（>1.2℃）→产量（↓）	Hao 等（2007）
	1975～2006 年		Shi 等（2008）
辽宁、湖北和湖南	1979～2002 年	温度↑（>1℃）→产量（↓）	Tao 等（2008b）

表 2－2　气候变化对玉米产量的影响

研究区域	时间段	对产量的影响	参考文献
正效应			
中国	1980～2008 年	降水（↑）→产量（↑）	Zhang and Huang（2012）
中国	1990～1999 年	气候变化→产量（↑）	Xu 等（1999）
黑龙江	1981～2000 年	温度（↑）→产量↑（271.1 公斤每公顷每年）	Tao 等（2006）
负效应			
中国	1979～2002 年	温度（↑）→产量（↑）	Tao 等（2008b）
中国	1980～2008 年	温度（↑）→产量（↓）在 50% 的省份	Zhang and Huang（2012）
河南	1981～2000 年	温度（↑）→产量↓（168.8 公斤每公顷每年）	Tao 等（2006）
中国	1980～2008 年	最高温度（↑）→产量（↓）；正常温度（↑）→产量（↓）	Zhang and Huang（2012）
9 省份（辽宁、天津、陕西、甘肃、山西、安徽、江苏、贵州和新疆）	1979～2002 年	最高温度（↑）→产量（↓）	Tao 等（2008b）

表 2 - 3 气候变化对水稻产量的影响

研究区域	时间段	对产量的影响	参考文献
正效应			
中国	1951 ~ 2002 年	气候变化→产量（↑）	Tao 等（2008b）
12 省份（宁夏、黑龙江、辽宁、安徽、江苏、河南、浙江、福建、豫南、广西、广东、湖北）	1981 ~ 2005 年	温度（↑）→产量（↑）	Zhang 等（2010）
黑龙江、云南、广西	1980 ~ 2008 年	正常温度（↑）→产量（↑）	Zhang 等（2010）
广西、宁夏	1980 ~ 2008 年	最高温度（↑）→产量（↑）	Zhang and Huang（2012）
宁夏、吉林、上海、黑龙江、辽宁	1950 ~ 2002 年	最高温度↑（1℃）→产量↑（3.1% ~ 9.0%）	Tao 等（2008b）
		正常温度（↑）→产量（↑）	
7 省份（天津、山东、河北、河南、山西、陕西、湖南）	1981 ~ 2005 年	降水（↑）→产量（↑）	Zhang 等（2010）
负效应			
中国	1990 ~ 1999 年	气候变化→产量（↓）	Xu 等（1999）
9 省份（安徽、天津、山东、河南、山西、陕西、四川、江西、贵州）	1981 ~ 2000 年	温度（↑）→产量（↓）	Zhang 等（2010） Tao 等（2006）
18 省份（宁夏、黑龙江、辽宁、安徽、湖北、湖南、吉林、江苏、浙江、福建、云南、广西、广东、上海、湖北、四川、江西、贵州）	1981 ~ 2005 年 1981 ~ 2000 年	降水（↑）→产量（↓）	Zhang 等（2010）； Tao 等（2008b）
贵州	1950 ~ 2002 年	最高温度↑（1℃）→产量↓（1.3% ~ 5.8%）	Tao 等（2008b）
		正常温度（↑）→产量（↓）	
陕西	1980 ~ 2008 年	正常温度（↑）→产量（↓）	Zhang and Huang（2012）
河北、江西、四川、陕西	1980 ~ 2008 年	最高温度（↑）→产量（↓）	Zhang and Huang（2012）

二 基于作物生长模型的气候变化对作物产量影响的模拟研究

为了评价未来气候变化对粮食产量的影响，作物生长模型被认为是研究未来气候变化影响的理想工具。但是，作物模型最主要的一个缺点是对二氧化碳的施肥效应的估算不精确。二氧化碳施肥效应是二氧化碳浓度增加对植物生长的助长作用，二氧化碳浓度上升对粮食作物产量产生的影响将直接关系到气候变化背景下的全球粮食供应安全及人类适应对策，是陆地生物圈—大气中的碳系统中二氧化碳浓度升高对提高自然生态系统生产力的反馈作用。已有的研究表明，如果不考虑二氧化碳的施肥作用，气候变化对作物产量的影响是负效应；如果在模型中考虑二氧化碳的施肥作用，气候变化对作物产量的影响将会变成正效应（见表 2 - 4 至表 2 - 8）。现在我们面临的一个最主要的问题是，在将来二氧化碳浓度升高是否真正对作物产量产生促进作用呢？在众多文献研究中，对二氧化碳的施肥效应依然存在不确定性。为了解决这个问题，很多科学家开始进行在自由空气中增加二氧化碳浓度的实验（Free-Air CO$_2$ Enrichment，FACE 实验）。我们希望，在未来通过 FACE 实验和其他相关研究能够解决当前是否真正具有二氧化碳的施肥效应的问题。除了二氧化碳的施肥作用，气候变化对粮食产量影响结果的模拟还取决于气候变化情景的设定（A2 或者 B2 情景）、适应策略的选择以及经济社会的发展。

在不考虑二氧化碳施肥作用的情况下，未来气候变化对三种主要粮食作物产量的影响是负相关，其影响程度取决于不同情况的假设。首先，现有的研究显示气候变化对粮食产量的影响在 A2 背景下要高于 B2 背景。例如，在山东省如果不采取任何适应策略，Yuan and Xu（2008）研究指出在 A2 背景下到 2080 年小麦产量将减少 5.7%，在 B2 背景下到 2080 年小麦产量将减少 1.6%（Yuan and Xu，2008，见表 2 - 4）。对玉米和水稻产量的影响也不难被发现（Lin 等，2005，见表 2 - 7、表 2 - 8）。第二，气候变化对灌溉地区作物的影响（见表 2 - 5）要低于对雨养地区作物的影响（见表 2 - 6）。例如，在 A2 背景下，到 2020 年气候变化对雨养地区小麦的不利影响将达到 18.5%（Lin 等，2005，见表 2 - 6），这种影响比灌溉地区小麦要高很多（5.6%，见表 2 - 5）。Tao and Zhang（2011b）研究表明，温度增加 1℃，气候变化对灌溉地区玉米的影响在 1.4% ~ 10.9%，这比对雨养地区地区玉米的影响要高得多（见表 2 - 7）。与此同时，我们发现对水稻的影响也表现出相似的变化（见表 2 - 8）。第三，在不同的时间段，气候变化对粮食产量的影响不同。例如，在 B2 背景下，水稻产量从 2050 年降低 0.9% 到 2080 年降低 2.5%（Lin 等，2005，见表 2 - 8）。最后，我们还发现了适应策略对模型模拟的重要性。例如，在没有采取任何适应策略的情况下，Wu 等（2008）研究发现气候变化对华北平原地区小麦产生不利影响。但是，如果采取一些适应策略（例如，改变作物种植制度），华北平原地区的小麦产量的增长率将会从 2020 年的 18.6% 上升至 2080 年的 34.4%（见表 2 - 4）。

当在模型模拟中考虑二氧化碳的施肥效应的时候，气候变化对粮食产量影响的负效应就会得到抵消。例如，Ye 等（2012）研究表明，在考虑二氧化碳的施肥效应的情况下，不管是否采取技术进步的适应策略，气候变化对小麦、玉米和水稻产量的变化都是积极的（见表 2 - 4、表 2 - 7 和表 2 - 8）。整体来说，如果考虑二氧化碳的施肥效应，小麦产量将会增加。除了二氧化碳对作物产量的施肥效应，其他假设的影响（如 A2 和 B2 情景，灌溉地区和雨养地区条件或对作物产量的适应措施）是否一致已经在前面讨论过。例如，与 B2 情景相比，在 A2 情景下的小麦产量将会更高（在 A2 情景下小麦产量增加 20.3%，在 B2 情景下增加 16.2%，见表 2 - 4）。在不考虑二氧化碳的施肥效应的时候，气候变化对雨养地区作物的不利影响要高于对灌溉地区作物的不利影响。当考虑二氧化碳的施肥效应的时候，气候变化对雨养地区作物的积极作用要高于对灌溉地区作物的积极作用（见表 2 - 4 至表 2 - 8）。Ye 等（2012）研究表明，如果采取的技术进步能够实现，在 A2 情景下，到 2050 年小麦产量将提高 15%；如果不考虑技术进步，小麦产量将提高 9%（见表 2 - 4）。

尽管二氧化碳的施肥效应能够促进气候变化对粮食产量的有利影响，但是依然存在一些争论。例如，Tao and Zhang（2011）研究表明即使考虑到二氧化碳的施肥效应以及采取相关的适应策略（主要是改变种植制度），当温度升高的时候，雨养地区玉米和灌溉地区玉米产量都将会降低（见表 2 - 7）。事实上，Lin 等（2005）也指出气候变化对灌溉地区玉米产量的不利影响。对水稻来说，也有证据表明，如果考虑二氧化碳的施肥效应，气候变化对其产量的影响也是不利的（见表 2 - 8）。

表 2 - 4 气候变化对中国小麦产量的影响

假设情景				
CO_2施肥效应	适应策略（A）和社会经济背景（S）	研究区域	对产量的影响（相对于 1961 ~ 1990 年的水平）	参考文献
积极影响				
考虑 CO_2 施肥效应	A^a + S	中国	相对于 2009 年水平（基准线） 不考虑适应策略：A2 - 产量（↑）从 2020 年的 0% 增加至 2050 年的 13% B2 - 产量（↑）从 2020 年的 0% 增加至 2050 年的 9% 考虑适应策略：A2 - 产量（↑）从 2020 年的 4% 增加至 2050 年的 15% A2 - 产量（↑）从 2020 年的 9% 增加至 2050 年的 15%	Ye 等（2012）
	A^b	山东	不考虑适应策略：A2 - 产量（↑）2080 年 20.3% B2 - 产量（↑）2080 年 16.2%	Yuan and Xu（2008）
	A^c	华北平原	在 A2 和 B2 背景下： 考虑适应策略：降低产量波动，稳定粮食产量 不考虑适应策略：到 2080 年产量增加 10%	Xiong 等（2005）
	A^d	华北平原	考虑适应策略：产量从 2020 年的 37.7% 增加至 2080 年的 87.2%	Tao and Zhang（2011a）
	无	中国	温度升高 0.9℃ ~ 3.9℃，对产量没有负面影响	Xiong 等（2007a）
不考虑 CO_2 施肥效应	A^d	华北平原	考虑适应策略：产量从 2020 年的 18.6% 增加至 2080 年的 34.4%	Tao and Zhang（2011a）
不利影响				
不考虑 CO_2 施肥效应	无	中国	到 2070 年产量下降 20%	Ju 等（2005）
	无	中国	在 CO_2 浓度倍增情况下（结果基于 1970 年至 1990 年）：温度升高降水增加引起很多地区的产量下降	Zhang 等（2000）
	A^b	山东	考虑适应策略：2080 年气候变化对临沂小麦产量的不利影响将减弱 不考虑适应策略：A2 背景下 2080 年产量将降低 5.7% B2 背景下 2080 年产量将降低 1.6%	Yuan and Xu（2008）

续表

无	华北	基于 1960～1990 年的数据：当气候变得较糟糕时，产量将降低	Wu 等（2008）
无	中国	如果温度增加超过 2.5℃，产量将降低	Xiong 等（2007a）

注：A 表示适应策略：a 代表技术进步；b 代表推迟播种时间，改变种植制度；c 代表农业水资源利用、降低土壤水分损耗、技术进步；d 代表不同的种植制度。S 表示社会经济背景：与 A2 和 B2 估算的社会经济背景相类似。

表 2 - 5　气候变化对中国灌溉地区小麦产量的影响

假设情景				
CO_2 施肥效应	适应策略（A）和社会经济背景（S）	研究区域	对产量的影响（相对于 1961～1990 年的水平）	参考文献
积极影响				
不考虑 CO_2 施肥效应	无	甘肃	在 A2 和 B2 背景下到 2080 年安徽产量分别升高 3.38% 和 4.09%	Tian 等（2006b）
		安徽	在 A2 和 B2 背景下到 2080 年安徽产量分别升高 15.2% 和 8.5%	
考虑 CO_2 施肥效应	无	中国	在 A2 背景下到 2020 年产量升高 13.3%，2080 年产量升高 40.3% 在 B2 背景下到 2020 年产量升高 11.0%，2080 年产量升高 25.5%	Lin 等（2005）
	无	华北平原	在 A2 和 B2 背景下到 2100 年产量增加	Tian 等（2006a）
	无	中国	在 A2 和 B2 背景下到 2070 年产量分别升高 4.0% 和 3.5%	Ju 等（2005）
	无	甘肃	在 A2 和 B2 背景下到 2080 年甘肃产量分别升高 36.3% 和 36.7%	Tian 等（2006b）
	无	安徽	在 A2 和 B2 背景下到 2080 年安徽产量分别升高 34.7% 和 30.5%	
不利影响				
不考虑 CO_2 施肥效应	无	中国	在 A2 背景下到 2020 年产量降低 5.6%，2080 年产量降低 8.9% 在 B2 背景下到 2020 年产量降低 0.5%，2080 年产量降低 8.4%	Lin 等（2005）
	无	华北平原	保持当前的水平	Tian 等（2006a）

续表

A[a]	中国	相对于 2000 年的水平（基线）到 2070 年： 不考虑适应策略：东北地区、长江中下游地区以及黄土高原部分地区产量下降 考虑适应策略：大约 2/3 的灌溉播种区产量下降	Sun 等（2005）
无	中国	到 2070 年在 A2 和 B2 背景下产量分别下降 20.2% 和 19.4%	Ju 等（2005）
无	中国	在 CO_2 浓度加倍的背景下（1970 ~ 1990 年）雨养地区冬小麦产量下降 7.0%；春小麦产量下降 17.7%	Zhang 等（2000）

注：A 表示适应策略：a 代表调整作物种类、改变种植结构和技术进步。S 表示社会经济背景：与 A2 和 B2 估算的社会经济背景相类似。

表 2 - 6　气候变化对中国雨养地区小麦产量的影响

假设情景				
CO_2 施肥效应	适应策略（A）和社会经济背景（S）	研究区域	对产量的影响（相对于 1961 ~ 1990 年的水平）	参考文献
积极影响				
不考虑 CO_2 施肥效应	无	甘肃	在 A2 和 B2 背景下到 2080 年甘肃产量分别升高 1.91% 和 0.18%	Tian 等（2006b）
		安徽	在 A2 和 B2 背景下到 2080 年安徽产量分别升高 11.5% 和 5.43%	
考虑 CO_2 施肥效应	无	中国	在 A2 背景下到 2020 年产量升高 15.4%，2080 年产量升高 23.6% 在 B2 背景下到 2020 年产量升高 4.5%，2080 年产量升高 12.7%	Lin 等（2005）
	无	华北平原	气候变化促进产量增加	Tian 等（2006a）
	无	甘肃	在 A2 和 B2 背景下到 2080 年甘肃产量分别升高 43.8% 和 37.7%	Tian 等（2006b）
	无	安徽	在 A2 和 B2 背景下到 2080 年安徽产量分别升高 52% 和 52.9%	
不利影响				
不考虑 CO_2 施肥效应	无	中国	在 A2 背景下到 2020 年产量降低 18.5%，2080 年产量降低 20.4%	Lin 等（2005）
	无	华北平原	小麦产量降低	Tian 等（2006a）

续表

A^a + S	中国	相对于 2000 年的水平（基线）到 2070 年： 不考虑适应策略：东北地区、长江中下游地区以及黄土高原部分地区产量下降 考虑适应策略：大部分地区产量增加	Sun 等（2005）
无	中国	在 CO_2 浓度加倍的背景下（1970～1990 年）雨养地区冬小麦产量下降 7.7%；春小麦产量下降 31.4%	Zhang 等（2000）

表 2 - 7　气候变化对中国玉米产量的影响

假设情景			
CO_2 施肥效应	适应策略（A）和社会经济背景（S）	研究区域	对产量的影响（相对于 1961～1990 年的水平）	参考文献
积极影响			
考虑 CO_2 施肥效应	A^a + S	中国	相对于 2009 年（基线）： 在 A2 背景下，产量增长从 2020 年的 2% 提高至 2050 年的 9% 在 B2 背景下 2020 年增加 4%，2040 年增加 6%，2050 年增加 4% 考虑适应策略：在 A2 背景下，产量增长从 2020 年的 6% 提高至 2050 年的 13% 在 B2 背景下，产量增长从 2020 年的 11% 提高至 2050 年的 9%	
	无	中国	在 A2 背景下，雨养地区产量增长从 2020 年的 9.8% 提高至 2080 年的 20.3% 在 B2 背景下，雨养地区产量增长从 2020 年的 1.1% 提高至 2080 年的 10.4%	
不考虑 CO_2 施肥效应	无	中国	在 B2 背景下，2020 年灌溉地区产量增长 0.2%	
不利影响			
考虑 CO_2 施肥效应	A^b	中国	在灌溉条件下考虑适应策略 温度升高 1℃，产量下降从 1.6% 至 7.8% 温度升高 2℃，产量下降从 10.2% 至 16.4% 在雨养条件下考虑适应策略 温度升高 1℃，产量下降从 −10.8% 至 0.7% 温度升高 2℃，产量下降从 5.6% 至 18.1%	
	无	中国	在 A2 背景下，灌溉地区产量下降从 2020 年的 0.6% 降至 2080 年的 2.8% 在 B2 背景下，灌溉地区产量增长从 2020 年的 0.1% 降至 2080 年的 2.2%	

续表

无	中国	在灌溉条件下： 在 A2 背景下 2080 年产量下降 6.6%；在 B2 背景下产量下降 4.8% 在雨养条件下： 在 A2 背景下 2080 年产量下降 0.1%；在 B2 背景下产量下降 0.7%	
不考虑 CO$_2$ 施肥效应	A^c	山东	在考虑适应策略下，玉米产量从 2020 年减少 9.1% 到 2080 年减少 25.5%
		河南	在考虑适应策略下，玉米产量从 2020 年减少 9.7% 到 2080 年减少 24.7%
	A^b	中国	在灌溉条件下考虑适应策略 温度升高 1℃，产量下降从 1.4% 至 10.9% 温度升高 2℃，产量下降从 9.8% 至 21.7% 在雨养条件下考虑适应策略 温度升高 1℃，产量下降从 1.0% 至 22.2% 温度升高 2℃，产量下降从 7.9% 至 27.6%
	无	中国	在灌溉条件下： 在 A2 背景下玉米产量从 2020 年减少 5.3% 到 2080 年减少 14.4% 在 B2 背景下玉米产量从 2050 年减少 0.4% 到 2080 年减少 3.8% 在雨养条件下： 在 A2 背景下玉米产量从 2020 年减少 10.3% 到 2080 年减少 36.4% 在 B2 背景下玉米产量从 2050 年减少 11.3% 到 2080 年减少 26.9%
	无	中国	在灌溉条件下： 在 A2 背景下玉米产量从 2020 年减少 6.6% 到 2080 年减少 10.1% 在 B2 背景下玉米产量从 2050 年减少 4.6% 到 2080 年减少 7.6% 在雨养条件下： 在 A2 背景下玉米产量从 2020 年减少 11.4% 到 2080 年减少 15.8% 在 B2 背景下玉米产量从 2050 年减少 9.5% 到 2080 年减少 11.4%

注：A 表示适应策略：a 代表技术进步；b 代表不同品种；c 代表转移种植窗。S 表示社会经济背景：与 A2 和 B2 估算的社会经济背景相类似。

表 2 - 8　气候变化对中国水稻产量的影响

假设情景				
CO_2 施肥效应	适应策略（A）和社会经济背景（S）	研究区域	对产量的影响（相对于 1961 ~ 1990 年的水平）	参考文献
积极影响				
考虑 CO_2 施肥效应	A[a] + S	中国	相对于 2009 年（基线）： 在 A2 背景下，产量增长从 2020 年的 6% 提高至 2050 年的 18% 在 B2 背景下，产量增长从 2020 年的 9% 至 2050 年的 8% 考虑适应策略：在 A2 背景下，产量增长从 2020 年的 11% 提高至 2050 年的 21% 在 B2 背景下，产量增长从 2020 年的 17% 至 2050 年的 12%	Ye 等（2012）
	A[b]	中国	考虑适应策略 温度升高 1℃，产量变化从 - 10.1% 至 3.3% 温度升高 2℃，产量变化从 - 16.1% 至 2.5%	Tao 等（2008a）
	无	中国	在 B2 背景下：灌溉区产量下降	Yao 等（2007）
	无	中国	在灌溉条件下： A2 背景下 2020 年产量增加 3.8%，2080 年增加 7.8% A2 背景下产量从 2020 年的 2.1% 至 2080 年的 4.3% 在雨养条件下： B2 背景下在 2020 年产量增加 0.2%	Lin 等（2005）
不利影响				
没有考虑 CO_2 施肥效应	A[b]	中国	考虑适应策略： 温度升高 1℃，产量下降从 6.1% 至 18.6% 温度升高 2℃，产量下降从 13.5% 至 31.9%	Tao 等（2008a）
	A[c] + S	中国	考虑适应策略： A2 背景下 2050 年产量降低 8.6%，2080 年降低 26.2% B2 背景下 2020 年产量降低 4.9%，2080 年降低 18.4%	Xiong 等（2009a）

续表

无	中国	在灌溉条件下： A2 背景下 2020 年产量降低 8.9%，2080 年降低 16.8% B2 背景下 2020 年产量降低 1.1%，2080 年降低 12.4% 在雨养条件下： A2 背景下 2020 年产量降低 12.9%，2080 年降低 28.6% B2 背景下 2020 年产量降低 5.3%，2080 年降低 15.7%	Lin 等 （2005）
无	中国	在 B2 背景下灌溉地区水稻产量将升高	Yao 等 （2007）
考虑 CO_2 施肥效应	A[b]	中国	考虑适应策略： 温度升高 1℃，产量变化从 −10.1% 至 3.3% 温度升高 2℃，产量变化从 −16.1% 至 2.5%	Tao 等 （2008a）
无	中国	在 B2 背景下：灌溉地区水稻产量 2020 年降低 0.4%，2080 年降低 4.9%	Lin 等 （2005）
无	中国	在 B2 背景下：灌溉地区水稻产量 2050 年降低 0.9% 至 2080 年降低 2.5%	Lin 等 （2005）

注：A 表示适应策略：a 代表技术进步；b 代表改变种植时期、灌溉和施肥；c 代表农业水资源利用和技术进步。S 表示社会经济背景：与 A2 和 B2 估算的社会经济背景相类似。

三 气候变化对粮食生产系统的影响

已有的研究表明，我国的粮食生产系统正在经历着气候变化对其影响的中等程度的变化。在本书中，我们突出强调两种不同的变化，一是作物的生长和收获时间都是随气候变化而发生变化的，例如，当温度升高时，长江北部（主要在中纬度和高原地区）的作物的播种期会提前。另外，收获期将会推后以及整个生长期将会延长（Lin 等，2006）。最终，在这些地区的生产者能够改变一熟制模式，向一年两熟、一年多熟方向转变。二是种植面积将会增加。基于几种全球气候模型模拟结果显示，到 2050 年温度将增加 1.4℃，降水将减少 4.2%（Deng 等，2006）。在这一假设背景下，估计一年一熟的种植面积将扩大 23.1%。与此同时，华南地区一年三熟的种植面积将会增加。引起这种种植面积增加的原因是温度升高，改变了以前寒冷地区不适宜种植作物的地方环境，使其适宜种植。更为有趣的是，一年两熟的种植面积只是发生了略微增加,从 24.2% 增加到 24.9%。这并不意味着一年两熟的面积不受气候变化的影响。根据 Li and Wang(2010)得出的结论,一年两熟制将会向中部地区扩展(中部地区目前主要是一年一熟)。

四　未来气候变化对粮食产量的影响

在不同的气候变化背景下,不同地区以及不同的研究时间段,气候变化对粮食产量的影响结果也不同。如果在模型中没有考虑这些研究假设就讨论气候变化对粮食产量的影响是没有意义的。例如,Lin 等(2006)和 Xiong 等(2009b)同时研究气候变化对粮食产量的影响,但是其影响结果有着显著的不同。Lin 等(2006)指出在 CO_2 浓度加倍和不采取任何适应措施的情况下,到 2030 年产量将降低 5% ~ 10%。Xiong 等(2009b)指出当把气候变化、水资源利用、农业耕地保护等因素考虑在内时,到 2040 年在中低 CO_2 排放背景下(B2)粮食产量将降低 9%,在中高 CO_2 排放背景下(A2)粮食产量将降低 18%。值得注意的是,利用自然科学的手段在评估气候变化对农业生产影响时没有考虑任何市场变化的影响。事实上,市场调节可以通过生产者和消费者以及农产品价格等因素影响作物产量和种植面积(或熟制)的变化。因此,如果不考虑市场的调节可能会过高估算气候变化实际影响农业生产的结果。

第二节　气候变化与农业生产、农产品价格、农业贸易和农民收入的相互影响

一般来说,在社会科学研究领域,利用经济学的方式通常把气候变化的影响分成两个部分,一个是气候变化的直接影响,包括气候变化对作物产量或粮食生产的影响;另一个是气候变化的间接影响,主要通过影响市场变化来实现。另外,经济学角度上将自然科学研究的气候变化对农业生产的直接影响结果用于经济学模型(例如,局部均衡或一般均衡模型)来进一步研究市场反应等对农业的间接影响。虽然国内利用经济学手段对气候变化对农业的影响的研究与评估不多,但是现有的一些研究也提供了一些有价值的结果,这些结果包括气候变化与农业生产、农产品价格、农业

贸易和农民收入的相互影响。

一 气候变化与农业生产的相互影响

通常情况下,通过对气候变化影响农业生产的评估表明,总体影响将小于那些由自然科学家研究发现的结论。因为人们对食物的需求是刚性的,气候变化的直接影响所引起的粮食产量减少可以导致农产品价格上涨和激励农民将更多的劳动力和资本投入农业生产。因此,在一定程度上可以缓解气候变化的不利影响(Zhai 等,2009;Wang 等,2009b;Li 等,2011)。例如,通过使用 AGLINK 全球一般均衡模型,Zhai 等(2009)指出到 2080 年气候变化引起中国粮食总产量略微降低 0.2% ~ 0.5%。通过使用局部均衡模型(CAPSiM)和一般均衡模型(GTAP),Wang 等(2009b)研究指出,在不考虑 CO_2 施肥效应的背景下,到 2030 年水稻、小麦和玉米的产量将分别减少 5.6%、5.0% 和 5.1%。这将会比自然科学预测的直接影响低 3 ~ 5 个百分点。更为甚者,如果考虑到气候变化对其他国家的影响的话,气候变化对中国农业生产的负面影响将缓解 1% 左右。这是因为从经济分析角度来说,可以通过改变农业贸易流量和价格来缓解本国气候变化的压力。

二 气候变化对粮食价格和贸易的影响

由于气候变化的影响,将来所预期的农产品价格的变化会比其产量的变化更加显著(Wang 等,2009b)。例如,Wang 等人(2009 b)研究表明,在我国如果气候变化的影响被认为是唯一的情况下,在 A2 背景下并且不考虑 CO_2 的施肥作用,到 2030 年水稻、小麦和玉米的价格分别上升 14.4%、12.5% 和 6.9%。当气候变化的影响被认为是全球范围内的情况下,同样在 A2 情景下,中国三大作物的价格将分别上升 17.6%、15.9% 和 10.9%(Wang 等,2009b)。与此相反,如果考虑 CO_2 施肥效应对粮食生产的积极作用时,谷物价格将显著下降。

我国农产品贸易将随着气候变化的影响而发生变化,这是因为由气候变化所引起的农作物产量的比较优势发生了变化。例如,Zhai 等(2009)研究发现,我国整体农产品出口将上升,因为气候变化在中国比在世界其他地区的负效应相对弱一些。在粮食生产方面,Wang 等(2009b)研究发现，在不考虑 CO_2 施肥效应的前提下，由于国内粮食产量在下降，商品价格预计将增加。根据这一结果进行分析表明，我国的出口额将下降，而为了稳定国内市场，进口额将会增加（Wang 等，2009b）。另一方面，当考虑到气候变化对其他地区影响的时候，这一变化的影响相对较小，这与 Zhai 等人的研究结论一致。相比之下，如果考虑 CO_2 施肥效应，我国的贸易平衡将被改善（Wang 等，2009b），这是因为 CO_2 施肥效应可以引起国内粮食产量的增加和价格的降低。

三　气候变化对农民收入的影响

研究发现，农村居民对气候变化的反应非常敏感，特别是在极端天气事件，比如干旱和冰雹的情况下（Tol，1995；IPCC，2007）。在我国西部的干旱地区，如宁夏，近年来随着降雨量的减少和干旱的增加，当地居民的农业活动和收入都受到了明显的影响（Ju 等，2008）。尽管如此，经济学家的分析表明，由气候变化等外部冲击所引起的粮食产量的下降，并不是导致农民收入下降的必要条件，这是因为增加的农产品价格的影响可能会比产量下降的影响大得多。例如，Wang 等（2009b）预计，如果不考虑 CO_2 施肥效应，气候变化对黄淮海地区农民收入的总体影响将是积极的，因为在价格上增加的影响将是产量降低影响的大约两倍。与此相反，由 CO_2 施肥效应引起的粮食产量的增加不会使农民的收入获得相应增加。尽管粮食产量将与 CO_2 施肥效应的积极贡献有关，但是市场价格下跌的影响将会更显著。

利用经济学手段通过使用 Ricardian 模型基于家庭的数据来研究气候变化对农民收入的影响。该模型采用计量经济学方法来直接估算气温和降水对农民净收入变化的影响，但它不能把这种对农作物的产量和价格的影响单独区别开来。例如，应用 Ricardian 模型，利用 28 个省份的 8405 个农村家庭收入数据，Wang 等（2009c）实证分析气候变化（温度和降水）对农民净收入的影响，结果表明，温度对雨养农业和灌溉农业的影响不同。一般来说，较高的温度对农民的作物净收入的平均影响是负面的，而降水增加使平均净收入增加。当分别分析气候变化对灌溉和雨养地区农民收入的影响时，研究发现，升温能够增加灌溉地区的农民收入，而雨养地区的农民收入更加敏感。较高的降水对灌溉和雨养地区农民收入的影响基本一致。

当分别分析不同季节温度和降水的影响时，研究发现，秋季和春季的升温对灌溉地区农民收入是负效应，而夏季和冬季的升温的影响是正效应。春、夏、秋季升温对雨养地区农民收入的影响是负效应。冬季降雨量增加对灌溉地区和雨养地区的农民收入的影响都是正效应的，但是春季和秋季降雨量增加的影响是负效应。夏季降雨量增加将会引起灌溉地区农民纯收入的增加、雨养地区农民纯收入的减少。当分析不同区域产生的影响时，Wang等（2009c）表明，对于灌溉地区农业来说，气温升高对提高东南和西南地区的农民收入更有利，这是因为这些地区有丰富的水资源。在中部地区，气温升高对灌溉地区的农民收入的影响是中等程度的。对于雨养地区来说，气候变暖可能会有助于提高寒冷地区农民的收入，但是在我国其他地方，这种影响是消极的，尤其是在偏远的南方地区，那里的气温升高将引起水分的严重消耗。

四　粮食生产对气候变化的响应策略

估算未来气候变化对我国农业的影响程度取决于 CO_2 的施肥效应和所采取的适应措施。事实上，如何实现假定 CO_2 施肥效应在很大程度上与它的适应策略有关。未来情况下，如果不采取适应措施，例如调整作物品种或改善管理策略，那么潜在的 CO_2 施肥效应就可能不会真正地变成实际产生的积极效果。提升农业部门适应气候变化的能力，不仅需要政府采取措施诸如提高农业灌溉基础设施建设以及提高种植技术或管理措施（Xiong等，2005；Ye等，2012），也需要农民做出相应的应对措施（例如，改变播种期，改变作物品种或作物类型）。如果这些应对措施都能够充分发挥并应用于实践，它可能将气候变化的不利影响转变为有利条件。

一是提高农业基础设施保障能力。加强政府对基础设施的投资可以促进农业生产对气候变化的适应能力。首先，政府正在考虑加强大型节水灌溉农业配套基础设施建设。与此同时，也要致力于建立新的小规模灌溉和排水基础设施建设项目。另外，还将控制中等和较低生产率农业区的蔓延，加强退化农田的恢复。例如，在当前盐碱化地区，加强土壤改良可以使它们更有效率地应对升温和降水变化。在山区和沙漠地区更要有计划地加快蓄水工程建设和提高水资源的利用率。

二是加强对新技术的研究与投入。加强对小农户经营、缺乏大型的私人农业种子公司投资制度的研究和开发。具体来说，政府一方面要继续并扩大育种计划，以鼓励并促进对干旱、水涝、高温、病虫害等气候变化的抗性性状的种子品种的研究。另外，政府还需要加强对气候变化的形成机制、影响程度以及影响结果等方面的研究。对于已经开发的新技术，政府需要建立相应的转移转化措施来实现，更好地向农民推广应用。

尽管许多适应性措施现在还处于规划和探索阶段，但是我们一直在努力地推动各项工作取得积极的进展。并且毫无疑问的是，全球大多数国家，包括中国在内，都将气候变化适应战略纳入农业发展规划。未来这方面的研究将会更加全面、更加详细。还有一个值得注意的例子就是政府努力增加对气候变化研究的公共投入，特别是已经建立了适应气候变化的资金安排。早在 2007 年，我国就已经建立了第一个类似的项目（Zhang 等，2008）。作为该计划的一部分，一些省份已经开始了关于气候变化研究的技术投资，在四川、西藏和新疆地区，利用播撒分散物质如干冰或碘化银进行人工增雨。在宁夏，当地科技管理部门还计划投资改善气候预警预报系统，当地农业部门发起对农业适应的研究，包括改良作物品种和生态移民。另一方面，将作物和牲畜纳入农业保险。自 20 世纪 20 年代中期以来，农业保险作为一种积极的手段，帮助农户有效应对气候变化以及自然灾害造成的风险。根据 2012 年中国保险监督管理委员会的数据，由保险业赚取的收入在 2006 年后快速增长，2007～2011 年年均增长达 80% 以上，到 2011 年，营业收入达到 174 亿人民币。

五　农民对气候变化的响应策略

除了政府部门积极应对气候变化，农民也在积极主动地适应气候变化，根据气候变化的影响程度来自觉调整作物的播种期，选择作物品种以及采取相应的应对措施。

一是作物的选择。Wang 等（2009c）基于在我国 28 个省份 8405 农户的实证分析结果表明，较温暖的地方农民更容易种植棉花、小麦、油料作物和玉米，一般不会种植水稻、大豆、蔬菜、马铃薯和糖类作物。这些结果表明，他们已经开始根据当地的气候条件改变农作物种植倾向。在雨量充沛的地方，农民更可能种植水稻、大豆、油料作物、糖、蔬菜、棉花，一般不会种植玉米、马铃薯和小麦。在单一省份的实地研究结果显示，当地农民也会出现类似的行为。Ju 等（2008）研究表明，在宁夏，农民面临着干旱的威胁，更倾向于选择耐旱性强，多功能和高收益的农作物品种，例如玉米、马铃薯和向日葵。

二是增加灌溉。Wang 等（2010b）研究表明，在雨量充沛的地区，农民不大可能选择灌溉等方式。在某种程度上，这是因为他们能够获得足够的水分，不会额外产生灌溉的费用。然而，分析还表明，气候变化对灌溉选择的边际效应取决于季节性降雨和温度的分布，这样一来，灌溉选择将因地而异。

三是增加灌溉基础设施的投资。对于北方地区来说，政府需要加大对灌溉基础设施的投资力度，这是因为获取地表水越来越困难，这不一定与气候变化有关。在这些地区，农民纷纷转向利用地下水来维持或提高农业生产率（Wang 等，2009a）。在北方地区，利用地下水灌溉的比例不到30%，在 20 世纪 70 年代初上升到近 70%。在过去的三十年里，农民个人纷纷自建机井用于灌溉，其中个体机井的比例从 20 世纪 80 年代初不到10% 提高到 2000 年的 80% 以上。研究人员还发现，在干旱地区，农民还积极投资于雨水收集设施的建设，如水箱、水窖（Ju 等，2008）。

四是节水技术的应用。对于我国北方六省来说，Blanke 等（2007）研究发现，当面临着越来越大的水资源短缺（这将是在气候变暖以后），农民将采取节水技术来积极应对。据调查数据，20 世纪 80 年代初不到 10% 的村庄使用了节水技术，到 2004 年这个比例增加到了 42%，并且他们采用多种不同类型的以家庭为基础的节水技术，如塑料布、耐旱品种、保留茬或者采用低耕方法和表面级塑料灌溉管。

五是新品种的选用。为了减少气候变化所引起的水资源日益匮乏的风险，农民已经表示愿意种植优良的作物品种来较好地抵御恶劣天气。2007年全球环境基金/气候变化特别基金河北项目报告指出，在河北省沧州市，农民选择抗旱作物品种（包括小麦、棉花和玉米新品种）来响应降水减少的风险。此外，在江苏选择种植一定的冬小麦品种。

第三章 农业生产应对气候变化的国际比较与经验借鉴

长期以来，围绕农业生产应对气候变化，许多国家已经形成了一套比较完善的政策体系。虽然由于经济社会背景不同和资源禀赋差异，不同国家和地区农业应对气候变化所面临的问题和侧重点有所差异，政策的目标和手段也在不断变迁和创新之中，但各国在粮食生产应对方面表现出很多共同之处，其思路和做法值得我国在建立健全气候变化响应及适应机制方面进行参考和借鉴。

第一节 国外农业生产应对气候变化的总体考察

一 欧盟

欧盟于 2000 年 6 月启动了欧盟气候变化计划，旨在保证欧盟制订相应的办法，从而可以有效地减少温室效应，这样能够体现《京都议定书》的宗旨。不断整合欧洲各个国家实施节能减排的情况，在实施的过程中主要基于欧盟委员会，另外联合如下组织：（1）欧盟各行业；（2）非政府组织；（3）各个国家的专家等。与此同时，配合实施欧盟的相应规划，如"共同体环境行动计划""欧洲研发框架计划""欧盟可持续发展战略"等，共同促进欧盟范围内应对全球气候变化整体进程。为了能够更好地保护全球粮食的总产量，促进自然的可持续发展，不断促进农村地区的发展，现在欧盟提出了促进农业改革的计划，农业使用了大部分的土地和水资源，与此同时在欧洲拥有 4/5 的土地，其中包括以下两部分：农业用地、林地，其中农业可以有效地改善环境变化，维护生物的多样性的特点，由此看来农民的劳动可以有效地改善气候的状况。因此，欧盟在改善环境问题的过程中，应该逐渐突出农业的作用。而在 2003 年，欧盟已经把环境问题纳入农业政策之中，在这次改革的过程中，更加凸显发展保护性农业的理念，因此将其当作将来应对环境问题的重要环节。另外，欧盟在获得农业补贴的过程中，一般需要旅行环保方面的约束。在促进农村发展的过程中，还应该体现公共产品的理念，其中主要包括如下几个方面：空气、生态多样性以及相应的水资源等。欧盟在进行改革时一般增加补贴，这样可以激励从事农业的积极性，因此在秋季收获之后立即播种，进而能够保证冬季覆盖率，另外还可以保证生物的多样性。

二 美国

尽管美国政府高度重视气候变化，但是对气候变化所持的态度一直在发生转变。在老布什政府时代，美国就已经意识到气候变化的威胁，但是并没有将其提升到战略高度。克林顿政府虽然采取了积极的应对气候变化政策，签署了《京都议定书》，但是始终没有采取行动。小布什政府时代对气候变化的态度也在变化，从开始的漠视到进行适度的调整，但基本上是持自由放任的态度。到奥巴马政府时代，极力主张采取一系列措施减少温室气体排放，构建绿色经济。但是在气候外交上始终不愿意承诺减排目标，反对其应该履行的减排责任。到了特朗普政府时代，正式宣布退出《巴黎协定》。但是，不可否认的事实是，美国也是世界上最大的粮食出口国，占全球玉米出口的一半、大豆出口的四成以及小麦出口的三成，气候变化对美国的影响十分严重。据美国《科学》杂志 2017 年 6 月 29 日发表的一项最新研究，气候变化会让美国农业平均产出减少约 9%，全球平均温度每增加 1℃，美国每 10 万人中的死亡人数会增加约 5.4 人，美国国内生产总值将平均减少 1.2%。在农业应对气候变化过程中，美国政府一方面以信息化支撑农业发展，出面构建规模和影响力较大的涉农信息数据中心。例如集中处理农业信息收集发布系统、农业驾驭科研推广系统、可以达到集科研生产推广于一体的公司系统；农场民间自我服务组织系统。可以综合运用全球定位、遥感监测、地理信息、专家决策、农业智能装备、环境感知、技能培训等诸多集成化、网络化系统，对农作物的生长状况、营养状况等进行精细化管理，并根据作物需求自适应进行喷水、施肥以及洒药，减少碳排放。另一方面，建立区域气候中心，帮助农民应对气候变化。作为美国总统奥巴马采取行政措施应对气候变化行动的一部分，农业部决定建立7个区域"气候中心"，并与其他联邦政府部门、大学和非政府组织合作，加强对当地旱灾、洪涝、入侵性害虫等农业灾害的研究，以及气候变化对农作物生产的风险分析，帮助农民主动采用现代技术，有效减轻气候变化影响农、林业生产。

三　英国

英国政府坚定不移地相信国内采取行动对于减排温室气体有着十分重要的作用。一方面，为了对环境问题进行有效的控制，政府部门可以开展更多应对环境问题的探究，对应一些问题进行量化处理，使用更加完善的控制机制，逐步提高模拟的精度，探究恶劣天气对农业的威胁程度。高分辨率全球气候模式的运行、经济模型的开发、"粮食震荡"的传播动态及其影响的跟踪研究、作物模型的开发，能更好地整合植物面对极端生长条件的各种反应。另一方面，不断构建气候风险管理机制。通过探究现有的理论知识，不断体现政府以及公司的作用。另外对于紧急突发事件，应该制定相应的应急预案，构建相应的预警系统。其次，逐步健全国家市场管理机制。一般情况下，粮食等价格往往容易受到以下两个方面的影响：生产损失、市场参与者的行为，而以下几个方面可以促进粮食价格急剧提高：（1）供不应求；（2）较低的市场透明度等。最后，发展能够适应气候的农业类型，由于全球气候的逐渐改变，极端天气开始逐渐增多，因此改善农业生产力不能忽视全球粮食机制的恢复能力。在应对气候变化的过程中，应该逐步实现农业生态系统的可持续发展，可是其又遇到如下三个方面的问题：第一，怎样才能有效控制农产品产量下降的问题；第二，逐渐降低农业对生态造成的影响；第三，不断维护发展中国家的实际收益以及缩小可持续可实现收益率两者之间的差距。英国为了有效地处理这些问题，通过颁布各种有效的措施，逐步引导从事农业的部门实施积极的应对办法。

四　印度

2008年印度印发《气候变化国家行动方案》，该方案主要包括太阳能计划、不断提高能源利用效率计划、推进生活环境可持续发展计划、实施水资源保护计划、建立喜马拉雅山保护生态计划、实施绿色印度发展计划、推进可持续农业发展计划、构建气候变化战略应对知识的载体平台计划等八大全国性发展计划。自 2008 年起，印度每年继续在全国和各省份实施农业适应气候变化项目。在该国不同地区，提高适应气候变化的能力，包括改进农作物和作物多样化、保护土壤、发展流域、管理灌溉用水以及通过防旱防洪等措施改进灾害管理。比如，社区流域项目，旨在开发低成本水源保护方案，帮助印度安得拉邦（Andhra Pradesh）Kothapally 社区在干旱时增加庄稼收成。此长期项目是由国际半干旱热带作物研究所应安得拉邦政府要求而设立，社区参与设计并由社区管理。近期一项研究显示，该项目的水资源管理，提高了土壤渗透性和增加保水能力，可用水资源增长 10% ~ 30%，并提高了作物产量。大规模实施农业水资源干预方案，可大幅提高农业产量，提高农民收入。气候变化预计将进一步威胁农业产能，故应开展更多工作，以提高印度农业体系的适应力。有效使用水资源、推广生态环保技术、转变种植模式、实施农业保险等其他适应策略也应予以考虑，适应气候变化和缓解气候变化影响已经成为国家农业战略的主要内容。

第二节 我国农业生产应对气候变化的政策

我国政府对于环境问题进行长期的关注，并且把环境问题放到经济发展的突出地位，逐步突出生态文明建设，实施各种有效的办法，对全球环境问题做出了突出贡献。在 2009 年，我国政府就向世界宣布了一系列的管理机制：到我国全面实现小康的时间（2020 年）GDP 二氧化碳排放要远远低于 2005 年，其下降的范围为 40% 到 45%，逐渐降低不可再生燃料的使用量，非化石能源使用比率可以达到 15%，与 2005 年相比，森林的覆盖面积要增加 4000 万公顷。由于充分发挥政府宏观调控的作用，我国相关部门逐步出台了如下法律：（1）《中国应对气候变化国家方案》；（2）《"十二五"节能减排综合性工作方案》；（3）《"十二五"节能减排综合性工作方案》；（4）《节能减排"十二五"规划》；（5）《国家应对气候变化规划（2014 ~ 2020 年）》；等等。政府为了更好地应对气候的变化，在一般农业、林业以及相应的水资源方面，另外还有城市、沿海以及相应比较脆弱的方面制定应对风险管理的办法，进而可以不断健全预测预警机制。

在农业领域，一是大力普及农村沼气。发展农村户用沼气和规模化养殖场大中型沼气工程，提高甲烷等的回收利用率。积极开展水稻、小麦等农作物秸秆综合利用，推广发展秸秆的气化、固化进程，大力开发利用太阳能、风能、小水电等清洁、可再生能源，稳步发展燃料乙醇等非粮替代能源作物，减少化石燃料使用和燃烧，降低二氧化碳排放。二是扎实推进广大农村地区生产生活的节能减排工作。加快省柴灶、家用节能炕和家用节煤炉的改造升级换代，逐步推进农业机械的节能减排，有效降低农业装备能耗；进一步淘汰乡镇企业落后技术、工艺和设备；建设节能型畜禽舍，降低加温和保温能耗。推广节水灌溉、配方施肥和保护性耕作，以及加快转变畜牧业种养方式，减少田间种植、畜禽养殖、轮牧放牧过程中 CH_4 和 N_2O 等温室气体的排放。三是增加草地和农田碳汇。大力实施沃土工程，推广秸秆还田、增施有机肥、精准耕作技术和少免耕等保护性耕作措施，提高农田管理水平，提升农田地力，增加农田土壤碳储量。加快建立我国草原生态利益补偿机制，严格落实草场量与载畜量平衡发展和禁牧、休牧、以及划区轮牧等保护草原持续发展制度，以草定畜，推行舍饲圈养，控制草原载畜量，遏止草场退化；继续实施退牧还草、石漠化治理、风沙源治理等生态工程建设，积极恢复草原生产力和覆盖度，有效防治草原灾害，不断增加草原碳汇。四是提升农业适应气候变化能力。加强以农田水利为重点的农业基础设施建设，提高应对极端气候事件的防御灾害能力，减少农业生产的灾害损失。选育抗逆品种，集成高产、稳产技术，优化农产品种植结构和区域布局，不断提高农业对气候变化的适应能力，保障粮食安全。针对气候变暖和极端气候事件可能会加剧农作物害虫草害和动物疫病发生、流行的现实，进一步加大动植物保护力度，提高防控能力，抵御气候变化带来的不利影响。五是强化农业应对气候变化科技支撑。通过建立和完善农业气象气候监测与预警系统，大力推动农业领域应对气候变化的科技研发活动，提升农业应对气候变化的科技支撑能力。建立布局合理的应对气候变化野外科学监测系统，提高极端天气气候事件对农业影响的监测预警水平，增强决策支持能力。同时，加强农业气候变化领域科技工作的宏观管理和政策引导，围绕国家需求，集中有限资源，组织开展有针对性、前瞻性、关键性的科学研究和应对技术开发，从而有效支撑农业领域应对气候变化。

第三节 国外农业生产应对气候变化
对我国的政策启示

发达国家和人口大国在加强农业应对气候变化、保障粮食安全方面，积累了许多有益的经验，特别是许多粮食生产大国对于如何协调粮食产业各主体利益、健全粮食生产保障机制等方面的实践，既有结合本国国情制定相应支持政策的特殊性，又有不断调整政府行为和手段以适应市场化、国际化趋势的普遍性，为我国粮食主产区应对气候变化提供了诸多启示和借鉴。

一 要以更加开放和全球化的视野加强气候变化的顶层设计

随着我国粮食市场化进程的推进，尤其是加入 WTO 以后，制定粮食主产区农业适应气候变化等国家宏观政策所涉及的因素更加多元化、复杂化，比如将应对气候变化的主要任务和具体目标纳入国民经济与社会发展规划，制定并实施五年甚至更长一段时期的减排目标和路线图。要求各地严格落实《国家应对气候变化规划（2014～2020 年）》和发布省级专项规划。与此同时，还建立了一整套目标分解方式、考核评价指标体系和责任监督机制，有效发挥碳减排任务的引导作用。因此，必须保持更加开放和全球化的视野，在充分考虑国际粮食市场和全球变化、国内上下游产业之间的关联性等多重因素的基础上，在始终坚持国内粮食基本自给的方针下，统筹处理立足国内和拓展国外两方面关系，充分利用国内国际两个市场和两种资源，加强粮食主产区气候变化的顶层设计。一方面，将资源的利用与保护相结合。不仅要保护耕地，注重耕地的数量和质量，而且要保护水资源，坚持使用与修复并重，还要保障实际投入粮食生产环节的劳动力数量、质量，关注日趋增长的劳动力成本。要注重利用国外市场、国外资源，促进全球农业资源的优化配置，切实提高我国粮食产业的可持续发展能力。另一方面，将资源整合与产业链整合相结合。要把粮食产业作为一个系统来看待，在确保粮食基本自给的前提下，既要借助国内国外两种资源、两个市场，同步抓好国内生产和国外进口，推动加快农业对外开放步伐，在国内外生产资源与要素流动中，实现全球范围内优化配置粮食资源。也可以从价值链或者产业链的视角出发，统筹生产、消费、储藏、流通等环节，拓展、延伸和整合我国粮食链，提高我国粮食产业在市场定价等方面的话语权和影响力。

二　加强农业领域气候变化的适应与减缓技术研究

在应对环境的过程中，应该逐渐突出科学以及创新的理念。只有逐渐突出科学技术在维护生态方面的重要地位，才能很好地把握气候变化的规律、了解气候的影响，可以开发适应气候变化的技术以及制定相应的应对环境变化的国际标准等。世界各个国家为了应对环境问题开始纷纷制定相应的应对措施，逐渐加强基础方面的探究，进而可以开发出实用的技术。《国家中长期科学和技术发展规划纲要》指出对于气候方面的探究已经成为科技进步的优先环节，我国科技部门以及国家发改委等 14 个部门联合公布了《中国应对气候变化科技专项行动》。所以，为了应对气候变化，加强农业领域气候变化的适应与减缓技术基础研究是不可或缺的部分。在开发节能减排领域，突出机器在节能减排方面的技术的应用、提高动物废弃物资源化利用的使用率等。在适应技术方面加大研发的力度，对于极端气候应该逐渐加强预警以及相应的防范技术的研发力度，逐步加强农田温室气体的排放技术以及相应的检测方法学在该领域的应用。不断加强对抗逆植物的研发力度。从固碳增汇技术的开发阶段进行考虑，逐渐对中低产品的增产以及相应的固碳增汇技术，造林、再造林以及森林抚育经营情况等进行研究。在森林方面实施退耕还林的办法以及进行植被恢复重建技术的探究。对碳汇渔业方面的技术进行探索，不断形成近海增汇水产养殖业的发展。

三　要充分保护和调动各相关主体的积极性

发达国家普遍高度重视粮食生产，注重调动各方面主体的积极性，并将保护和调动相关主体的积极性作为政策的切入点。韩国 2000 年制定的作为新世纪指导农业蓝本的《农业农村基本法》中，明确提出新的农业观，将农业作为生命产业。美国的贷款差价补贴、直接补贴等补贴政策的对象都是农场主，日本稻作安定经营基金等直接补贴政策的受益对象也是农民。此外，各国也非常重视扶持农产品加工业发展，扶持农业行业协会等非政府组织发展。尤其是欧盟通过共同农业基金，加强对粮食主产国的利益补偿，从而实现在欧盟内部按比较优势原则调整粮食生产结构和区域布局，推动粮食供需由成员国内"自求平衡"向成员国间"协调平衡"转变。因此，在我国粮食主产区建立气候变化利益补偿的机制设计和政策选择上，必须充分保护和调动各方面主体的积极性，采用能使农民直接受益、能够有效调动农民种粮积极性的政策手段和措施，加大对农民专业合作组织、农产品加工业等的扶持力度，重视并且出台土地资源和水资源保护的配套政策，进一步加强耕地和环境保护，进一步加大农业基础设施和科技投入力度，让务农种粮的农民收入年年有增长、生产生活条件年年有改善。积极探索并形成粮食主产区和主销区，粮食调入区和调出区的利益协调与补偿机制，不断加大对产粮大县发展经济的支持和奖励。

四 要切实加强对气候变化适应效果的跟踪和评价

美国等国家非常重视建设粮食产业的决策风险预警防范系统，可以利用遍布全球的大使馆、精准的卫星监控系统、定位观测技术以相应的国际组织等，进而可以收集不同国家的气候特点、灾难发生的时间、粮食价格以及随着市场的变化情况等，并将这些信息准确无误地反馈到农业部门，进而可以对其进行有效的分析，最终能够构建安全的信息预警机构。美国还设立了专门从事全球性粮食分析和预测研究的机构，另外，还可以使用政府部门存储的信息，对农产品的生产以及消费情况进行调整，受益对象包括美国企业界、政府和农场主。此外，美国和日本还利用芝加哥期货交易所、东京谷物交易所等期货市场发挥预警功能，在粮食生产、收购、仓储、运输、贸易、加工和消费等方面发挥其价格"风向标"的作用。通过这种综合各相关方面所建立起来的预警系统，不断跟踪粮食产业政策的效果和趋势，当提供的补贴达到一定程度，或者粮食产量、粮食播种面积达到一定水平的时候，政府就开始进行适度调控，研究制定在粮食产量较低的时候鼓励促进粮食生产、粮食产量过剩的时候鼓励休耕以及耕地保护措施，同时加强粮食保存和储藏能力建设，避免粮食市场的过度波动。而我国由于农户数量众多，粮食生产呈分散化布局，集约化程度不高，获取第一手数据资料作为政策分析的基础难度大，目前尚缺乏一整套全面的粮食数据收集、信息分析系统。因此，在进行粮食主产区农业适应气候变化过程中，要不断加强应对气候变化的政策措施实施后评估、分析适应措施的成本效益、脆弱人群与适应优先序以及相关技术的示范和推广应用情况。

五　要灵活调整应对气候变化补偿政策的目标和手段

各国在经济发展以及市场化进程的不同阶段，随着国际国内政治经济形势、粮食供求状况等内外因素和条件的变化，注重适时调整粮食生产利益补偿具体政策措施的目标、内容和手段。如美国粮食的根本问题是生产过剩问题，美国粮食政策的重要内容为控制生产、价格支持和鼓励出口；欧盟各国首先出现粮食短缺，最终变成了长期过剩，可是实施的办法为经济补贴。在日本粮食属于长期短缺。为此，各国在农业方面实施的方法也不相同，比如在美国当粮食出现短缺时，应该以价格为主；当出现过剩时，应进行直接补贴。欧盟在出现短缺时，对其进行鼓励生产，当出现过剩时，出台出口方面的机制。而且，随着国际粮食供求形势的变化和国际贸易环境的变迁，在传统的以提高农民收入和增加农产品供给为主要目标的同时，提高农业国际竞争力、食品安全、环境保护等政策目标的重要程度迅速提升。许多发达国家提高农民收入和增加农产品供给的政策目标的实现，甚至要建立在这些目标实现的基础上，这就使得这些政策目标体系的整合程度大大提高。为此，有些国家建立了强制性的政策调整机制。如欧盟为进一步促进以农业可持续发展为目标的各种政策手段保持平衡，从 2007 年开始建立"强制性动态调整机制"，削减各种农业补贴，将节约出来的资金用于农村发展计划以及其他农产品市场改革的财政需求，并纠正目前欧盟80% 的农业补贴流向 20% 农民的不平衡补贴原则，设计了针对不同补贴水平农民的削减方法 。因此，在粮食生产和流通环境复杂多变的情况下，我国在建立粮食主产区利益补偿机制时，应正确认识我国粮食生产能力、供求关系、居民消费能力、粮食储备等内部因素，客观评估其他国家粮食发展现状、供求关系和趋势，WTO 粮食补贴约束的影响以及与别国农业政策的协调等外部因素，并根据形势变化及时灵活调整利益补偿具体政策的目标、手段和实施方略。

第四章 我国粮食主产区气候变化对粮食产量影响的机理分析

在本章中我们使用了改进的气候和作物生产数据集来调查粮食主产区1980~2010年各县作物生长期的气候趋势及气候趋势对三大主要作物（水稻、小麦、玉米）产量的影响。在这期间，我们发现了明显的区域性气候变暖的趋势，尤其表现在温度升高方面。这种趋势在空间分布上对粮食作物产量产生重要的影响。对于整个粮食主产区来说，种植面积加权平均值表明，从1980到2010年期间气候变化的趋势导致小麦、玉米产量分别减少1.27%、1.73%，同时导致水稻产量增加0.56%。因此，气候变化趋势作为一个整体原因，导致小麦和玉米产量分别减少3.60×10^5吨和1.53×10^6吨，水稻产量增加7.44×104吨。特定地区的作物受到的影响最严重，在粮食主产区的北部和东北部的干旱、半干旱地区，温度增加导致干旱及太阳辐射的增加可能限制改善热条件的地区，玉米和小麦是优先适应了气候环境的。气候变暖通过加快作物的蒸腾作用降低了作物产量，从而通过增加温度和热应力来减少作物生长的持续时间和产量的积累。

第一节 文献回顾

根据IPCC评估报告显示的1961~1990年全球地表平均气温年际异常数据，北半球气候自1979年以来每十年在冬季（12月到2月）和春季（3月到5月）变暖0.27℃（IPCC，2007）。这种变化对农业系统和全球作物生产有可衡量的和明确的空间效应（Nicholls，1997；Peng等，2004；Tao等，2006，2008，；Piao等，2010；Lobell等，2011）。然而，气候变化的影响到目前为止还不是十分清楚（Lobell等，2011），以及面对气候变化会有一些关键的未知和不确定的关系会阻碍预测作物产量（Tao 等，2009）。我们对气候变化影响的关键未知和不确定的关系、脆弱性和适应性的理解，可以通过过去几十年的数据研究得出。观察到从当地到全球在不同的空间范围上，最近一些作者对气候变化及其对作物产量的影响进行了研究（尼克罗斯，1997；彭等，2004；Sheehy 等，2006；陶等，2006、2008；罗贝尔和菲尔德，2007；尤等，2009；李等，2010；克里斯塔等，2011；罗贝尔等，2011；张和黄，2012）。这些研究表明，气候与产量关系与范围是相关的，改进的气候数据集和作物生产，以及新的方法有利于更好地分析及了解气候对作物产量的影响。

在中国，例如陶等（2008）研究了气候与作物的关系，具体是过去几十年全国各地的最近季节性气候变化趋势，以及这些气候变化趋势对主要作物产量的影响是基于省级尺度上的普查数据和每月气候研究单位的数据集得出的 CRU 数据集（东英吉利大学，英国）（米切尔和琼斯，2005）。最近，改进的气候和农业生产数据集已可供使用，主要包括县级范围的农业普查数据、主要作物生产区的数百个农业实验站的详细物候数据，以及中国主要地区 1960～2010 年的新的温度数据集。采用改进的数据和分析方法来研究中国在 1980～2010 年各县气候与作物的关系、季节性气候趋势以及这些趋势对主要作物产量的影响（水稻、小麦、玉米及大豆）。本研究的主要目标：一是分析过去几十年来气候变化对主要粮食的产量影响；二是找出容易受到气候变化影响的特定作物和地区，以及潜在的适应策略；三是通过把不同的数据集、分析方法和范围的结果与以前的估计结果进行比较，以确定在估计作物产量反映中的不确定性。

第二节　模型构建

一　数据来源

本研究所使用的 1980 年至 2010 年各县水稻、小麦、玉米产量的时间序列，是从每年中国农业统计年鉴和县级人口普查以及每个省（自治区、直辖市）的农业年鉴中得出的。我们初步进行了数据筛查，并观察标记它们在生物物理学范围内达到的产量记录。最后，我们使用了 1980～2010 年时间序列的产量数据，主要包括粮食主产区各主要生产区域的 670 个县的水稻产量、521 个县的小麦产量、400 个县的玉米产量。

水稻、小麦和玉米的物候记录是从中国气象局的各主要生产地区约 300 个农业气象试验站得到的。这些记录包括从 1980 年开始主要物候事件的日期，如播种、移栽、开花和成熟。对于各物候事件，1980 ~ 2010 年的平均日期是在每一气象站首先计算出来的。然后，每一个县物候事件的平均日期是从最近的气象站计算得来的。这些详细的物候记录提供了一个独特的机会，以确定确切的作物生长期以及每个县在生长期的季节性气候。

每日的气象数据，包括平均温度（Tmean）、降水量（P）及日照时数等数据是从中国气象局 756 个国家标准测站得来的。由于各种非自然的变化，如观测位置、环境以及其他因素，气温不均匀性几乎是不可避免的。在目前的研究中，对于每日平均气温，我们采用中国历史温度数据的方法分析了从 1960 年至 2010 年 549 个国家气象观测站所观测到的气温不均匀性，同时使用多个分析软件对同质化软件进行校正。虽然每天的太阳辐射（SR_D）只能在 122 个国家气象观测站中观察到，但每日太阳日照时间是从 756 个国家气象服务中得来的。756 个太阳辐射数据是用 Ångström-Prescott（A-P）方程（Prescott，1940）根据日照时数计算而来的。其中方程（1）中 Ra 代表外星的太阳辐射（$MJ\ m^{-2}d^{-1}$）；a 和 b 是 A-P 的系数；n 和 N 分别代表实际和理论日照时数（h）。A-P 系数的 a 和 b 是 122 个国家气象数据中第一个符合太阳辐射和日照时数观察的。这些系数基于 122 个国家级气象数据，采用不规则三角网对 756 个国家气象数据中的每一个进行了计算。最后，我们采用日照观测的估计系数 a 和 b 计算 756 个国家气象数据的太阳辐射。

$$SR_D = \left(a + b\frac{n}{N}\right)Ra \qquad (1)$$

在县一级，每县每日平均气温和太阳辐射是从离它最近的 3 个国家气象站计算而得，用的是不规则三角网格插值计算方法。因为日降水量空间插值可能对每日平均气温、太阳辐射、每日降水造成更大的不确定性，所以选择使用离它最近的气象站观测可以避免这种不确定性的发生。与此同时，我们也使用了 321、288、258 个农业气象试验站数据来分别研究水稻、小麦和玉米，足以代表每个县的气候和作物物候情况，特别是对于主要农作物的生产区域。

二　研究方法

将上述数据按照位置、物候、产量与气候进行分析并统一整合成一个粮食主产区完整的数据集，来分析水稻、小麦和玉米产量变化、物候特征对气候变化的响应及适应机制。并应用线性回归的方式分析 1980~2010 年粮食主产区各生产区域气候变化趋势与特征。

为了探讨气候与产量关系以及进一步量化气候趋势过去几十年对各县作物产量的影响，我们采用一种基于第一时间差的极限产量（Δ 产量）和气候（ΔTmean、ΔP 和 ΔSR$_D$）（即逐年变化）（Nicholls，1997；Lobell and Field，2007；Tao 等，2008）。这种方法避免了长期的变化造成的混杂因素的影响，如作物管理的变化（Nicholls，1997；Lobell and Field，2007；Tao 等，2008）。我们初步计算了作物生长期的 Δ 产量、Δ 平均气温、Δ 降水和 Δ 太阳辐射（从播种到成熟）。利用逐步回归的方式（Δ 产量作为因变量，Δ 平均气温、ΔP 和 ΔSR$_D$ 作为独立变量）进行分析。因此可以假设如果显著性 p 值小于或等于 0.05，则将其放入一个特定的自变量模式中，如果 p 大于 0.05 则将其从模型中移除。该模型的形式如方程（2）所示，ΔYield$_i$ 代表在 t 年在 i 县的产量的第一差异；ΔTmean$_{i,t}$、ΔP$_{i,t}$ 和 ΔSR$_{Di,t}$ 分别代表在 t 年在 i 县，平均气温、降水量和太阳辐射的第一差异；β$_{i,0}$ 是由县区管理造成的年平均变化；βi，β2 和 β3 是模型适合系数，ε 是误差项。

$$\Delta Yield_i = \beta_{i,0} + \beta_{i,1} \Delta Tmean_{i,t} + \beta_{i,2} \Delta P_{i,t} + \beta_{i,3} \Delta SR_{Di,t} + \xi i, t \qquad (2)$$

由于样本量的局限性，引导重新采样的方法被用来估计与衍生的回归系数相关的调查中的不确定性，这样历史数据是进行重新采样和一个新的回归模型拟合数据。在每一种情况下，1000 个引导样本和中位数估计被用在进一步的分析中。估计中的不确定性从引导重新重复采样 1000 次，并以 5%~95% 的可信区间表示。

对于每一个县的每一种作物来说，产量变化（Δ 产量）对平均气温、降水和太阳辐射的敏感性表示模型系数的中位数在公式（2）中分别估计为 $\beta_{i,1}$、$\beta_{i,2}$ 及 $\beta_{i,3}$，1980～2010 年除以平均产量，并以百分比形式表示。1980～2010 年气候变化趋势的影响（即平均气温、降水和太阳辐射）产量（百分比）乘以产量变化的灵敏度估计用线性趋势估计的气候变量的变化。1980～2010 年气候趋势对作物产量的影响（百分比）是通过总结平均气温、降水量及太阳辐射对作物产量的影响计算。

在粮食主产区种植面积的加权平均气候变量的趋势的影响是以 1980～2010 年气候变化对作物产量的估计影响趋势和 2010 年各县种植作物面积为基础而计算的。对每个县的每种作物来说，气候趋势对粮食总产量（吨）的影响是由乘以 1980～2010 年气候趋势对作物产量的影响和 2010 年各县的粮食总产量计算而得的。气候变化趋势对全国总产量的影响是所有县的估计影响的总和。

第三节 研究结果

一 作物生长期的气候趋势

1980～2010 年作物生长期的气候趋势空间分布模式显示，水稻生长期间，除西南部地区，全国主要栽培区平均气温普遍提高。特别是东北部和东部的部分地区，平均气温每年增加超过 0.6℃。在一些主要的水稻生产区降水减少，包括长江中、下游和东北地区。太阳辐射在主要生产地区，如华北平原地区（NCP）和华南的部分地区减少。小麦生长期间，平均温度提高的幅度更大，特别是在中国北方，东北和东部地区。降水量在长江中下游增加，但太阳辐射在华北平原地区略有下降。玉米生长期间，平均气温也普遍增加，提高最大的在中国北部和长江中下游地区。降水在大面积减少，特别是在长江下游地区。

二 作物产量对气候变化的敏感性分析

基于中值估计，我们分析了 1980～2010 年作物产量对气候变化的敏感性。作物产量对气候变化的敏感性有一个明显的空间分布格局。平均气温每增加 1℃意味着在我国西南部和东部部分地区水稻产量预计减少 10% 或更多。中季型杂交水稻占种植面积的近 40%，它更容易受到气候变暖和热胁迫的影响（田等，2009）。在我国北部和东北部地区小麦产量估计减少了 20% 或以上，其中以春小麦减产为主。春小麦更容易受影响，因为气候变暖可能会导致生长速度加快，这可能会导致生长期缩短（王等，2011；陶等，2012）。相比之下，在我国东部的部分地区小麦产量估计在增加，其中目前平均气温是低于对冬小麦生产的最佳温度。在中国北部和东北部玉米产量估计减少了 20% 或更多。

如果在作物生长期降水量增加 10%，在我国的东北部和南部的部分地区，水稻产量可能会减少 5%；在其他地区小麦的产量可能会减少（增加）大于等于 5%。在我国北部和东北部地区（中国东南部），玉米产量可能会增加大于等于 5%（减少）。一般来说，在我国南部和东南部地区，低太阳辐射量是限制作物生产的主要因素（陶等，2008；张等，2010）。连续降水通常会导致太阳辐射量减少，增加了病虫害，间接减少作物产量（陶等，2008）。此外，洪水和内涝因素也可能与中国东南地区作物产量下降相关。在我国北部和东北部的干旱半干旱地区，干旱是影响作物产量的主要限制性因素；在这些地区更多降水和更少蒸散量将大幅度提高作物产量（陶等，2008）。

如果在作物生长期间太阳辐射增加了 10%，在我国东部和东北部地区水稻产量有可能增加 10%，但在我国南方部分地区太阳辐射量减少 10% 或更多。随着太阳辐射的负面影响地区正好与平均气温或降水的正效应和负效应的地区相符，这表明太阳辐射对水稻产量的负面影响可能意味着平均气温过高或干旱。在我国东南地区（其他地区）小麦的产量可能会增加大于等于 20%（减少）。在我国东南部和东北部的部分（其他地区）玉米产量可能增加（减少）。太阳辐射的增加可以增加蒸散量，在我国北部和东北部地区的干旱和半干旱地区这会加剧干旱和减少旱作物产量（陶等，2003）。

三　1980~2010 年气候变化趋势对作物产量的影响

1980~2010 年气候变化趋势显著影响我国粮食主产区农作物产量，并具有鲜明的空间格局。这是全面确定的作物产量对气候变量的敏感性以及气候在 1980~2010 年的变暖趋势。1980~2010 年我们应基于中值估计对气候对作物产量的影响分析，5%至95%的估计可信区间。在我国西南部和东部的部分地区，水稻产量下降了20%，这是因为在这期间的变暖趋势。相比之下，在我国东北部和部分地区和长江中下游地区，水稻产量增加了高达10%，这是由于降水量减少。在我国东部地区水稻产量下降，而在南部地区水稻产量增加，这是由于太阳辐射趋势。气候变化作为一个整体增加了我国东北和南部地区的水稻产量，但南方产量变化呈斑片状，产量随太阳辐射增加而减少。

在华北平原和西南地区，小麦产量增加了20%，其他地区由于过渡时期的变暖趋势产量大幅下降。在我国中部和东部的部分地区产量下降，这是由于在此期间降水增加。在我国东部部分地区小麦产量下降，这是由于太阳辐射趋势减少。气候变化趋势总体上降低了在我国东部、北部和东北部地区（尽管是块状）20%或更多的小麦产量。

玉米产量下降了大于等于20%，特别是在北部和东北部地区，这是由于1980~2010年变暖的趋势。由于在此期间降水减少，北部和东北部地区的部分地区产量下降。太阳辐射的增加提高东北玉米产量，但干旱加剧降低了北方部分地区的玉米产量。太阳辐射降低引起华北平原地区玉米产量有所降低。气候趋势总体降低东部、北部和东北部地区大于等于20%的玉米产量。

四 气候趋势对粮食主产区作物产量和生产的影响

1980~2010年气候变化的趋势已经对作物产量有可测量的影响，虽然空间上差异大。对于粮食主产区来说，基于2010年作物种植面积和总产量，种植面积加权平均全国表明温度趋势分别降低小麦和玉米产量1.23%和1.55%，同时分别提高水稻产量0.31%，虽然有很大范围内的不确定性（见图4-1A）。气候变化趋势总体上分别降低了小麦、玉米产量的1.27%、1.73%，而增加水稻产量的0.56%（见图4-1D）。对平均作物产量影响不大但导致了对总产量的重大影响。大米、小麦和玉米总产量的损失分别是1.87×10^5吨、2.74×10^5吨和1.58×10^6吨（见图4-2A）。气候变化作为一个整体，分别减少小麦和玉米产量3.60×10^5吨和1.53×10^6吨，同时分别增加水稻7.44×10^4吨（见图4-2D）。

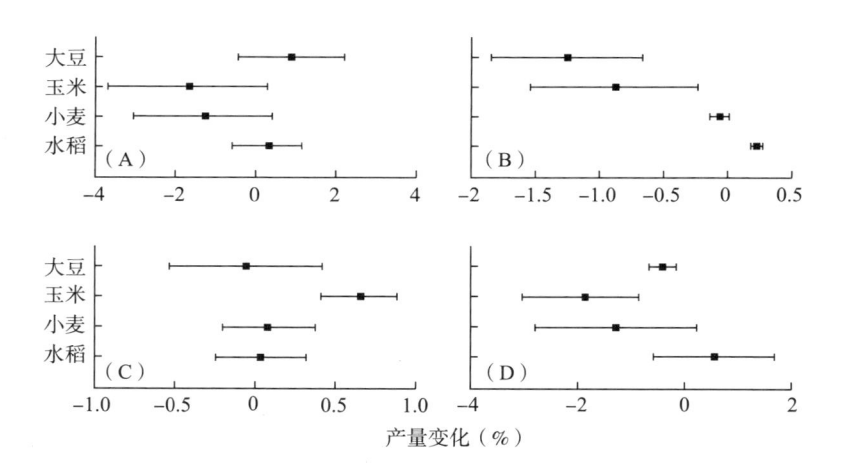

图 4 - 1 1980 ~ 2010 年 （A）平均温度（Tmean）、（B）降水量（P）、（C）
太阳辐射（SRD）和（D）气候变化对作物产量的估算

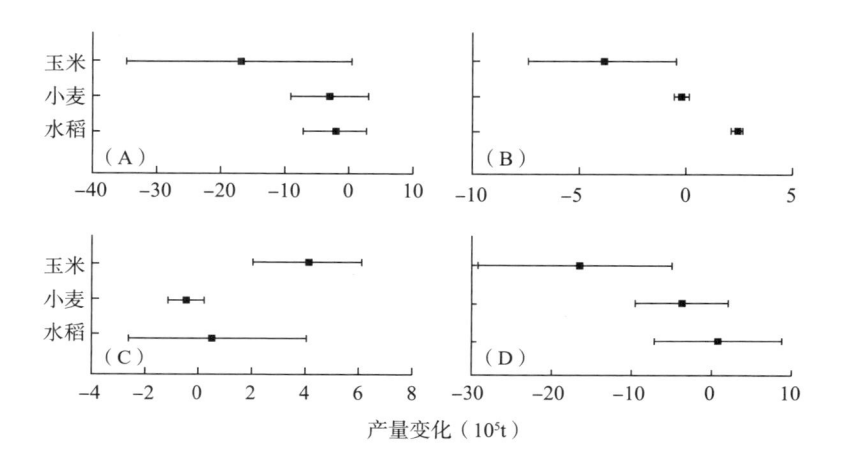

图 4 - 2 1980 ~ 2010 年 （A）平均温度（Tmean）、（B）降水量（P）、（C）
太阳辐射（SRD）和（D）气候变化对粮食总产量的估算

第四节　研究结论及政策建议

一　作物产量对气候变化的反应模式及机制

粮食主产区水稻、小麦和玉米三大主要粮食作物产量对平均气温、降水、太阳辐射表现出不同的敏感性。在西南部和东部部分地区，水稻对气候变暖趋势更敏感，而在东部和南部地区，水稻对降水量和太阳辐射的变化更敏感。因此，在西南和东部地区，由于变暖的趋势，水稻产量出现下降。气候变暖促进作物的生长速度，减少作物生长期和产量的积累，由此减少农作物产量。另一方面，作物的蒸腾作用与气候变暖相互增加，导致农作物花期变短，进而使农作物产量降低（田等，2009）。1980～2010年在华东和华南地区，降水和太阳辐射的变化对水稻的产量的影响表现出不同的特征。一般来说，水稻产量在东部和南部增加由于降水量减少和太阳辐射的增加而呈现增加趋势；然而，在华南部分地区，太阳辐射与水稻产量呈负相关关系（张等，2010），水稻产量增加，由于2010年太阳辐射减少的原因。东南地区小麦生产受到过量的降水和较低太阳辐射的影响而表现出生产不利的特征。与之相反，在我国北部、西北和东北部的干旱和半干旱地区，小麦产量受到降水减少的影响较大。随着温度的升高，能够导致作物的生长期缩短，增加作物的热胁迫，进而导致小麦产量的降低。与此同时，在这些区域内我们也观察到太阳辐射的增加对作物产量产生不利影响，也在一定程度上表明太阳辐射能够间接引起干旱的发生。这些结果与前人的研究是基本一致的（陶等，2003）。玉米对气候变化的响应机制与小麦基本相似。因此，在干旱和半干旱地区，1978～2010年气候变暖导致作物产量降低。

人们普遍认为，在中高纬度地区气候变暖有助于增加作物产量（IPCC，2007）。这是因为，在中高纬度地区气候变暖能够改善该地区水热条件，有助于扩展双季作物的种植范围，推进作物种植区域向北延伸（董等，2009）。我们的研究结果表明，不同的作物类型在不同的区域对气候变化的响应不同，应优先考虑适应的是我国北部和东北部的干旱半干旱地区所种植的玉米和小麦。这些都是由气候变暖引起的干旱可能限制了作物种植区域的水热条件。事实上，东北地区的小麦种植面积在过去几年一直表现为下降趋势（Tong等，2003），这可能部分归因于气候变化的影响。对于这些地区，可以采取一些积极的适应措施如采用较长的生育期或是抗旱和耐高温的品种，可以非常有效地应对气候变化。此外，还应该在农业灌溉方面积极鼓励农业部门推广采用先进节水技术，以及雨养农业的水土保持技术。

正如在许多以前的研究中，我们并没有完全纳入长期适应的可能性或极端温度或降水事件的影响。随着大气 CO_2 浓度的不断升高，我们也没有考虑大气 CO_2 浓度升高的直接施肥效应，这可能会增加 C_3 作物产量（大米、小麦、大豆）约 3%。

二 主要结论及政策建议

本研究中，我们利用基于县级改进的作物产量数据、作物的物候和更新的均一性温度数据集研究 1980~2010 年粮食主产区气候变化特征以及三大粮食作物对气候变化的响应及适应机制。我们发现 1980~2010 年粮食主产区温度升高趋势明显，尤其是华北平原地区，随着降水量的减少，气候暖干化趋势十分显著。这种以变暖为主要特征的气候趋势已经对水稻、小麦和玉米的产量产生了显著的影响，并且具有明显的空间分异特征。对于整个粮食主产区来说，通过平均加权种植面积表明，1980~2010 年气候趋势使小麦、玉米产量分别下降了 1.27%、1.73%，同时增加了 0.56% 的水稻产量。因此，全球气候变暖引起小麦和玉米产量分别减少 3.60×10^5 吨和 1.53×10^6 吨，同时水稻产量增加 7.44×10^4 吨。由于使用不同的范围、数据集和方法，我们对气候变化对粮食产量影响的估计小于在以前的研究。在我国北部和东北部的干旱、半干旱地区的玉米和小麦应优先采取适应措施。在这些地区，气候变暖通过加快作物发育速度明显降低作物产量，减少作物生育期和产量的积累，还通过引起极端高温、极端低温等极端气候事件发生的频率来对农作物产量产生不利影响。此外，干旱、半干旱地区的气候变暖还会引起太阳辐射的增加，这也是造成农作物产量损失的主要原因之一。因此，要高度重视气候变暖对粮食主产区粮食生产带来的不利影响，需要采取积极的适应措施，如选用具有较长生育期的品种，耐高温和耐干旱的品种，可以非常有效地应对气候变化，农业灌溉中鼓励推广应用先进的节水技术，以及雨养农业的水土保持技术等。

第五章　我国粮食主产区农民适应气候变化的行为偏好及影响因素研究

本章基于在粮食主产区 80 个产粮大县的实地调查数据研究粮食主产区农民适应气候变化的行为选择策略及影响因素。结果表明，有 85% 的农户采取了适应性策略，并以打机井、购买水泵、维持水渠畅通、增加灌溉次数、改变作物生产投入和改变作物种植类型等适应性行为为主。对气候变化信息源的获取时间、政府是否提供技术和经济等支持政策、农作物类型、地形因素、水分可获得性、农民受教育程度以及家庭的社会资本是影响粮食主产区农民适应气候变化的行为选择偏好的主要因素。为此，建议充分发挥政府在极端气候事件预警预报服务、财政支持、农业基础能力建设和加强技能培训等方面的作用，提升粮食主产区农民适应气候变化的能力。

第一节　文献回顾

气候变化是当今人类社会面临的共同挑战。从 1992 年共同签署的《联合国气候变化框架公约》到 1997 年在日本通过的《京都议定书》，到 2010 年 12 月在墨西哥通过的《坎昆协议》一揽子解决方案，再到 2015 年 11 月在法国巴黎通过的《巴黎协定》以及 2017 年波恩气候谈判会议，全球气候变化和它的影响已经成为全世界关注的热点。政府间气候变化专门委员会第五次评估报告指出，1880 ~ 2012 年全球地表平均气温升高了 0.85℃，到 21 世纪末全球平均温度可能上升 1.5℃ ~ 4.8℃。农业对气候变化影响极其敏感，在过去的 30 年里，全球变暖已经导致 32% ~ 39% 的地区的玉米、水稻、小麦、大豆减产。1979 ~ 2008 年，温度升高引起全球玉米、水稻、小麦、大豆每年减产约 3600 万吨。我国是世界上最大的发展中国家，人口众多，地理条件复杂，经济发展不平衡，很容易受到气候变化的不利影响。

尤其是近百年来，我国年平均气温升高了 0.5℃～0.8℃，与同期全球增温平均值基本一致，近 50 年变暖尤其明显。预计到 2020 年，中国年平均气温将升高 1.3℃～2.1℃，2050 年将升高 2.3℃～3.3℃。如果不采取任何措施，未来 20～50 年我国粮食生产将受到气候变化的严重冲击，气候变化将严重影响我国长期的粮食安全，造成农业成本和投资大幅度增加，进而影响到粮食主产区农村经济可持续发展和农民收入的稳定增长。因此，积极适应并减缓气候变化，保障粮食主产区粮食安全，关系到我国经济社会的发展全局和人民群众的切身利益，关系到人类的生存与发展。

认知气候变化并且提出积极的适应策略是人类应对气候变化的基础，而且适应具有特定的地域和背景，将适应纳入政策设计和政府决策，可促进与发展和降低灾害风险的协同作用。综述国内外针对农户适应气候变化的研究，主要基于农民和政府这两大实施主体来展开，围绕农民和政府如何认知气候变化，并采取了哪些主要的适应性行为措施，为什么有些农民有能力应对气候变化，而其他农民没有能力，当农民面对气候变化的威胁时，政府有没有相应的政策来支持他们等问题开展研究。国外研究方面，Mandryk 等（2017）利用多目标优化模型研究荷兰弗莱福兰省作物和农场水平尺度上对未来气候变化的适应策略，提出农民以最大化农场经济效益和土壤有机物平衡为目标，根据未来气候变化的不同场景改进和选择不同的种植方式。Mase 等（2016）通过对美国中西部 22 个河流流域的近 5000 名从事玉米种植的农户的调查研究，探讨美国中西部地区农民对气候变化感知风险、适应态度及采用适应战略决策信念的影响因素。研究认为，农民对气候变化及气候风险的感知和采取行为创新适应气候变化策略是适应的最重要的决定因素。通过采购额外农作物保险、实施耕地保护措施和增加新技术来增强美国农业对气候变化的抵御能力。Yohe 等（2008）研究指出，在亚洲地区，政府在支持农户适应气候变化中扮演着十分重要的角色，它们一方面加大对农业基础设施的支持力度，另一方面为农户提供气候变化信息预警预报服务、风险管理和适应性技术指导、培训等。国内研究方面，吕亚荣和陈淑芬（2010）利用在山东德州进行的对 296 位农民的问卷调查资料的研究发现，大部分农民能认识到气候变化的现象及气候变化对农业生产的影响。性别、受教育程度、家庭人均收入、养殖业收入对农民有关气候变化的认知结果影响显著。农民采取的适应性行为，以调整农时、增加投入和灌溉等被动适应性行为为主，以调整作物品种、修建基础设施、采用新技术、改善农田周边的生态环境等主动适应性行为为辅。朱红根和周曙东（2011）利用江西省36县346个农户调查数据分析影响农户气候变化感知及其适应行为决策的因素，结果表明，户主年龄、文化程度、与村民交流频率、来往亲戚人数、赶集频率、看电视频率、距离集贸市场的远近及接收气象信息服务等多种因素能显著地影响农民感知气候变化。王世金等（2013）通过问卷调查和访谈，揭示了青藏高原东南缘玉龙雪山地区居民对当地气候变化及其影响与适应的感知认识。结果表明，居民对气候变化以及农业环境影响的感知不很强烈，认为气候变化并未影响到农作物长势和产量，但对气候变化导致农作物病虫害略有增加和作物生长期延长的感知却持较高赞同度，并期望政府能够给予一定的经济补偿来弥补由干旱和倒春寒等带来的经济损失。

以上研究表明，国内外在理论和实践层面关于农户适应气候变化的研究已取得一定成果，但很多针对对气候变化响应敏感的山区和欠发达地区以及粮食主产区的实证研究略显不足。并且在不同地区、不同环境、不同经济发展水平下农户对气候变化的认知和采取的适应性策略也会存在一定程度的差异。基于此，本章选取粮食主产区80个产粮大县3600份农户的调查材料，利用多项分对数模型对农民适应气候变化的行为偏好及影响因素进行实证研究，以期为粮食主产区制定农户适应和减缓气候变化的支持政策提供决策参考。

第二节　数据来源与样本描述性统计

一　数据来源

本章使用的数据来源于2015年6～7月课题组对粮食主产区全年粮食总产在10亿斤以上的河南省的滑县、固始县、永城市、唐河县、太康县、邓州市等26个产粮大县（市），河北省赵县、辛集市、永年县，辽宁省昌图县、阜新蒙古族自治县、黑山县、彰武县，吉林省榆树市、公主岭市，黑龙江省龙江县、肇东市，江苏省沭阳县、兴化市、射阳县，江西省鄱阳县、南昌县，山东省平度市、齐河县、曹县，湖北省监利县、枣阳市，湖南省衡阳县，四川省仁寿县、中江县等50个产粮大县（市）200个村庄的实地调查问卷。其中主要包括河南省26个县（市），河北省3个县，辽宁省4个县，吉林省2个市，黑龙江省2个县（市），江苏省3个县（市），江西省2个县，山东省3个县（市），湖北省2个县（市），湖南省1个县，四川省2个县。在每个村庄里我们都进行了两次调查，即对村和家庭的调查。在村里的调查中，主要调查对象是村干部，如村党支部书记、村主任、会计人员。调查问卷主要包括两个主要问题：（1）应对干旱的政策支持，包括政府是否提供了早期的干旱预警和预防信息服务，如技术、财务以及向农民提供物理援助；（2）自然和社会经济条件，如供水可靠性、土壤类型、交通基础设施、经济发展以及村干部的个人特点。对农户的调查中，调查内容涉及户主年龄、每户人数、种植作物类型、三代之内有亲戚在政府部门工作的数量、种植区内的山地数量和坡度、财产状况、能否准确判断农业生产遭受干旱严重影响、采取何种适应性措施、是否提前知道发生干旱的警报以及政府提供应对信息等。本次调查共发放问卷3600份，收回问卷3590份，剔除无效问卷后获得有效问卷3510份，问卷有效率为97.5%。

二 样本描述性统计

从被调查村庄的总体情况来看，村主任的平均年龄在50岁左右，受教育时间5~6年，一般都具有小学学历，并且提前知道发生干旱的警报以及政府提供应对信息的约占62%，得到政府提供的技术、金融、物质等的支持来抵御气候变暖的不利影响的约占55%。从被调查农户的总体情况来看，户主的平均年龄在55岁左右，受教育时间在6年左右，并且三代之内有亲戚在政府部门工作约占1/3，提前知道发生干旱的警报以及政府提供应对信息的约占53%，得到政府提供的技术、金融、物质等的支持来抵御气候变暖的不利影响的约占49%（见表5-1）。被调查的粮食主产区农民适应气候变化的行为偏好具有以下特点。

表5-1 调查村庄和居民的描述性统计分析

	均值	标准差
调查村庄数量（样本量=200）		
提前知道发生干旱的警报以及政府提供应对信息（1=是，0=不是）	0.62	0.50

续表

	均值	标准差
得到政府提供的技术、金融、物质等的支持来抵御气候变暖的不利影响（1＝是，0＝不是）	0.55	0.23
地表水的可获得性（过去 5 年获得地表水灌溉的年数）	0.25	0.39
地下水的可获得性（过去 5 年获得地下水灌溉的年数）	0.54	0.44
沙土（1＝是，0＝不是）	0.27	0.48
壤土（1＝是，0＝不是）	0.53	0.38
黏土（1＝是，0＝不是）	0.46	0.35
距离市中心的路程（km）	10.55	3.58
村庄里的企业数量	1.45	4.32
村主任的年龄（年数）	50.34	8.13
村主任的受教育时间（年数）	5.68	4.33
农民（样本量＝3510）		
提前知道发生干旱的警报以及政府提供应对信息（1＝是，0＝不是）	0.53	0.45
得到政府提供的技术、金融、物质等的支持来抵御气候变暖的不利影响（1＝是，0＝不是）	0.49	0.32
社会资本（三代之内有亲戚在政府部门工作的数量）	0.38	0.66
作物类型（1＝谷物，0＝商品作物）	0.93	0.28
种植区内的山地数量，坡度及台地	0.52	0.44
财产状况（耐用消费品价值）	5.54	8.82
每户人数	5.35	2.11
户主的年龄	55.32	25.22
户主的受教育时间（年数）	6.35	3.21

（一）农民应对气候变暖的选择策略

实地调查显示，有 3320 户家庭采取了一些积极行动来应对气候变暖带来的不利影响（比如干旱）以保护粮食作物安全生产。其中有 85% 的农户采取了一种适应策略（工程措施或非工程措施），只有 10% 的农户应用工程和非工程措施。因为非工程措施更方便、更经济、更容易短期实现。在那些应用工程措施的家庭中，34% 的农户打机井来获取地下水资源，33% 的农户（20% 的维持渠道畅通 ＋ 13% 的修建地表水排水管道）来获取地表水资源，12% 的农户选择建立蓄水池来收集雨水，21% 的家庭选择购买水泵，从附近的河流、池塘或湖泊取水灌溉（见图 5－1）。增加灌溉次数和改变作物生产投入（如种子、肥料、农药、劳动力）是农民应对气候变暖所采取的两个主要的非工程措施。在受到干旱威胁时，大多数家庭（38%）愿意选择通过改变灌溉时间或体积来提高灌溉强度、增加灌溉次数来缓解农作物缺水的不利影响。此外，16% 的家庭选择改变作物种植类型，或者选择种植耐旱性作物；13% 的家庭更愿意调整作物播种或收割时期。购买农作物保险也已经成为当前应对气候变化的一个新的选择，根据调查约有 5% 的农户愿意为农作物购买保险（见图 5－2）。

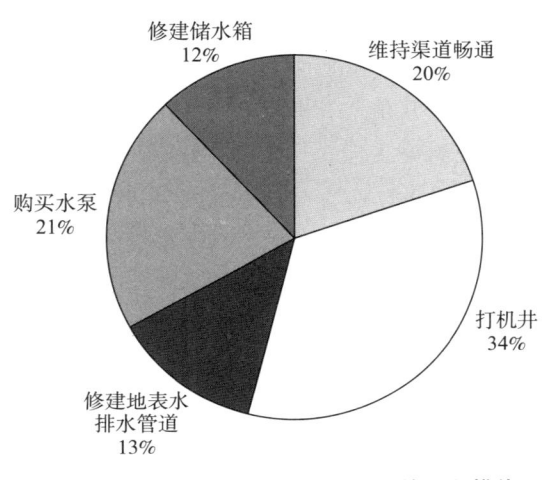

图 5－1　农民应对气候变化所采取的工程措施

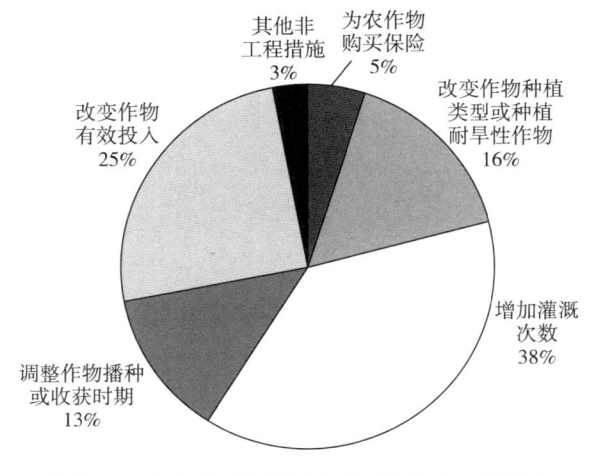

图 5－2　农民应对气候变化所采取的非工程措施

（二）政策支持、社会资本与农民应对气候变化的选择策略

在一般情况下，地方政府有两种主要方法支持农民应对气候变化。一是为农民提供极端气候事件的预警预报信息，另一种是为农民提供技术、资金或实物支持。向农民发布的预警预报信息，往往是由村干部或乡镇官员、当地农业和气象部门通过广播、移动通信等方式。极端气候事件发生前提供的信息主要是强调如何防止潜在的损失，告诉农民干旱等极端气候事件的预计持续时间和严重性，并提醒农民应该采取适当的防范措施（例如，储存水量或调整作物种植模式）以减少损失。另外，地方政府通常采取更直接的方式，比如在技术、财政和政策上的支持来帮助农民。为农民提供种子、化肥、农药或其他生产投入，通过农业专项资金和补贴贷款向农民提供补贴等。调查结果表明，政策支持对不同的村庄在很大程度上是不同的，62%的农户收到来自地方政府的早期干旱预警和预防信息。其中，20%的农户在干旱发生前就收到了信息，35%的农户在干旱期间收到信息以及40%的农户在干旱之前和干旱期间都收到了信息。另外，社会资本是一个农户所拥有实际或潜在社会资源的总和，可以作为获取信息和帮助农民在政策上更容易获得支持的一个重要通道。根据我们的调查数据，采取积极的应对策略和家庭在政府工作的亲属之间有一个明显的相互促进的关系。采取积极应对措施的家庭平均有 0.38 个亲戚在政府部门工作，而那些没有采取任何适应措施的家庭就没有亲戚在政府部门工作。

第三节　模型构建

从以上对调查数据的统计分析可以发现，农民应对气候变化的行为意愿出现了不同程度的分化和差异。出现这种分化和差异的原因是什么？它可能会受到哪些方面因素的影响？需要引入二元 Logistic 回归模型进行分析。

一　模型选择与变量设置

在文献综述和对调查资料描述性统计分析的基础上，本节将影响农民适应气候变化行为分为个人因素、家庭因素、环境因素和政策因素四类。其中，个人因素包含性别、年龄（包含村主任的年龄）、受教育程度（村主

任的受教育程度）；家庭因素包含家庭规模、亲戚有在政府部门上班的人数、家庭收入；环境因素包括地表水可获得性、地下水可获得性、农作物类型、地形、土壤、村庄里的企业数量、距离镇区远近；政策因素包括提前得到政府信息、期间得到政府信息、提前和期间都得到政府信息、得到政府支持。对农民适应气候变化行为"是否认识到气候变化""是否采取适应性行为"就可以被视为二分变量，可以设定为"没有 = 0""有 = 1"，运用二元 Logistic 回归模型进行分析。计量模型为：

$$p = \frac{1}{1 + e^{-z}} \tag{1}$$

（1）式中，p 表示农民适应气候变化的行为意愿；z 表示影响行为意愿的因素。其中，x 表示个人因素，f 表示家庭因素，r 表示环境因素，s 表示政策因素，则 z 可以表示为：

$$z = \alpha + \sum_{i=1}^{k} \beta_i x_i + \sum_{i=1}^{m} \gamma_i f_i + \sum_{i=1}^{n} \lambda_i r_i + \sum_{i=1}^{j} \theta_i s_i \tag{2}$$

将 z 代入概率模型进行 Logit 变化，可得：

$$Ln\left(\frac{p}{1-p}\right) = \alpha + \sum_{i=1}^{k} \beta_i x_i + \sum_{i=1}^{m} \gamma_i f_i + \sum_{i=1}^{n} \lambda_i r_i + \sum_{i=1}^{j} \theta_i s_i + e \tag{3}$$

模型（3）式中，p 表示农民适应气候变化的行为意愿的概率；$1 - p$ 表示农民适应气候变化没有此种行为意愿的概率；β、γ、λ、θ 分别代表解释变量的回归系数；e 表示模型残差。因此，可以延伸以下两种分析模型：

分析农民是否认识到气候变化的模型为：

$$Ln\left(\frac{p(y1=1)}{1-p(y1=1)}\right) = \alpha + \sum_{i=1}^{k} \beta_i x_i + \sum_{i=1}^{m} \gamma_i f_i + \sum_{i=1}^{n} \lambda_i r_i + \sum_{i=1}^{j} \theta_i s_i + e_1 \tag{4}$$

分析农民是否采取适应性行为的模型为：

$$Ln\left(\frac{p(y2=1)}{1-p(y2=1)}\right) = \alpha + \sum_{i=1}^{k} \beta_i x_i + \sum_{i=1}^{m} \gamma_i f_i + \sum_{i=1}^{n} \lambda_i r_i + \sum_{i=1}^{j} \theta_i s_i + e_2 \tag{5}$$

根据上述分析，我们可以做出以下几种假定：

（1）性别对农民适应气候变化的认知，以及采取何种适应性行为的影响方向难以确定。一般而言，农村女性的思想比男性更保守，但是比男性对外界环境变化的反应更为敏感，因此，在对气候变化适应性问题上难以确定。

（2）年龄和受教育程度有利于农民对气候变化的认识并主动采取适应性行为。年龄越大，务农的年限就越长，其对农业生产就越熟悉，越容易认知气候变化；受教育程度越高，其知识储备就越多，越容易接受新鲜事物和采取新技术，认知气候变化的能力越强，主动采取适应性行为的意愿越强。

（3）家庭规模、亲戚有在政府部门上班的人数、家庭收入有利于农民对气候变化的认识并主动采取适应性行为。家庭规模越大，共同抵御气候变化的能力就越强；有亲戚在政府部门上班，就会及时得到气候变化的信息，能够及时指导农民主动采取适应性行为。家庭收入越高，经济实力就越强，其主动采取适应性行为的意愿就越强。

（4）水分的可获得性、农作物类型、地形、土壤、村庄里的企业数量、距离镇区远近都有利于农民对气候变化的认识并主动采取适应性行为。水分的可获得性对于农民采取工程措施具有显著影响，如果是地表水容易获得，那么农民比较倾向于选择疏通水道、购买水泵抽水等措施；如果是地下水容易获得，那么农民比较倾向于打机井。种植粮食作物、地形、土壤环境相对恶劣的情况下，将会增加农民对气候变化尤其是极端气候现象的关注，进而采取工程或非工程措施进行应对。村庄里的企业数量越多，说明农民就近就业的机会越多，进而家庭收入增加的可能性越大，越有经济实力来主动采取适应性行为；距离镇区中心距离越近，得到气候变化的信息就越及时，也就越容易认知气候变化。

（5）提前得到政府信息、期间得到政府信息、提前和期间都得到政府的信息以及得到政府的支持都有利于提高农民对气候变化的认识并积极主动地采取适应性行为。知道发生干旱的警报以及政府提供应对信息越早，得到政府提供的技术、金融、物质等支持和补贴越及时，越容易认知气候变化，越积极主动采取适应性行为并且以非工程措施为主。

表 5 - 2　模型（4）和模型（5）中各个变量的定义及预期影响方向

变量	代码	定义及描述	预期影响方向
是否认识到气候变化	$y1$	认识到气候变化 = 1；没有 = 0	-
是否采取适应性行为	$y2$	采取适应性行为 = 1；没有 = 0	-

续表

	变量	代码	定义及描述	预期影响方向
个人因素	性别	$x1$	男性 =1；女性 =0	?
	年龄	$x2$	受访者年龄（岁）	+
	受教育程度	$x3$	以"没上过学"为对照组：小学 =1，其他 =0；初中 =1，其他 =0；高中 =1，其他 =0；高中以上 =1，其他 =0	+
家庭因素	家庭规模	$f1$	家庭成员的个数（个）	+
	亲戚有在政府部门上班的人数	$f2$	亲戚在政府部门的数量（个）	+
	家庭收入	$f3$	家庭个人年收入	+
环境因素	地表水可获得性	$r1$	容易获得 =1；不容易获得 =0	+
	地下水可获得性	$r2$	容易获得 =1；不容易获得 =0	+
	农作物类型	$r3$	粮食作物 =1；其他 =0	+
	地形	$r4$	非平原地区 =1；其他 =0	+
	土壤	$r5$	壤土 =1，其他 =0；黏土 =1，其他 =0	+
	村庄里的企业数量	$r6$	村庄里有企业个数（个）	+
	距离镇区远近	$r7$	距离镇区近 =1；较远 =0	+
政策因素	提前得到政府信息	$s1$	提前得到 =1；没有 =0	+
	期间得到政府信息	$s2$	期间得到 =1；没有 =0	+
	提前和期间都得到政府信息	$s3$	同时得到 =1；没有 =0	+
	得到政府支持	$s4$	得到支持 =1；没有 =0	+

二 实证分析

选择表 5-2 的变量作为农民适应气候变化行为的影响因素，使用统计软件 SPSS17.0 对模型（4）和模型（5）进行估计，估计结果如表 5-3 所示。两个模型的卡方检验值均在 1% 统计水平上显著，表明两个模型总体拟合效果均较好。另外，最大似然对数值、Cox & Snell R^2 和 Nagelkerke R^2 等方面表明模型的拟合效果较好。

性别对感知气候变化和采取适应性行为均产生显著的影响，并且女性比男性更容易感知气候变化和采取适应性行为。可能解释的是，随着新型城镇化进程的加快，男性外出打工的越来越多，而且很多男主人只是在农忙的时候回家帮助种收，从而使得女性在经济、心理和情感方面独立性增强，在农业生产中扮演着越来越重要的角色，能够独立参与家庭生产决策。因此，对气候变化的认知更敏感，也更为主动地采取适应性行为。年龄对感知气候变化具有显著影响，但是对采取适应性行为的影响并不显著。可能的解释是年龄的大小与是否采取适应性行为没有必然联系。农民的受教育程度对农民是否感知气候变化和采取适应性行为具有显著影响，农民受教育程度越高，其采取的非工程适应性措施的可能性就越大。这是因为随着受教育程度的不断提高，对气候变化的认识不断增强，农民接受新技术、新事物等能力也在不断增强，更容易采取积极主动的适应策略，并且以投入较低、成本不高的非工程适应性措施为主。

从理论上讲，家庭规模、家庭收入在一定程度上反映农民适应气候变化的经济实力。但结果显示，家庭规模、家庭收入与认知气候变化并采取适应性行为并无显著关系。可能的解释是当前种粮比较效益低，家庭收入的主要来源是家庭成员的外出打工，即使是采取适应性行为也是以投入成本较低的非工程措施为主，因此，是否认知气候变化并采取适应性行为对家庭经济的依赖性并不强。家庭的社会资本对农民感知气候变化并采取适应措施也具有积极的正向作用。也就是说如果一个家庭有更多的亲戚在村、乡镇或其他政府部门工作，他们广泛的社会网络会让他们与外界产生更好、更及时的沟通与信息交流，同时会增加接受应对气候变化帮助或建议的可能性，他们更可能会采取相应的应对策略。

水分可获得性与农民感知气候变化没有显著关系，但是能显著影响农民采取适应性行为。这是因为有充足的水分供给能够显著影响农民采取工程和非工程的应对策略，并且在其他控制因素影响不变的条件下，提高地下水供给的可获得性，可以显著提高农民采取抗旱措施的能力。农作物类型和地形因素对农民感知气候变化并采取适应性行为有着显著的影响。一般来说，在保持其他因素不变的情况下，当粮食作物受到干旱等极端气候威胁时，与经济作物相比，农民更积极主动地采取适应措施，并且以非工程措施为主。研究结果还表明，适应措施，特别是采取非工程措施在非平原地区（如丘陵、山区）比平原地区更可能容易实施。

信息源的获取时间对是否感知气候变化以及采取适应性行为并且采取

何种适应性行为存在不同程度的影响。估算结果表明，提供早期的气候变化预警和预报信息能够有效促进农民采取应对极端气候的措施。并且在极端气候事件发生之前和发生期间提供早期的预警预报信息，对于农民采取主动的适应性行为产生显著影响，有助于农民同时采取非工程措施和工程措施来自觉抵御气候变化产生的不利影响。政府提供技术和经济等支持政策对农民积极应对气候变化产生显著的正向效应。这些政策不仅促进了农民采取非工程措施来应对，而且大大加快了工程和非工程措施同步利用效率。

表 5 - 3　农民适应性行为选择的影响因素模型估计结果

	变量	模型（4）（N = 3450）系数	模型（5）（N = 3326）系数
个人因素	性别	- 1. 255 **	- 0. 983 *
	年龄	0. 322 *	0. 298
	受教育程度	0. 275 ***	0. 372 **
家庭因素	家庭规模	0. 124	- 0. 0765
	亲戚有在政府部门上班的人数	0. 288 **	0. 135 *
	家庭收入	0. 122	0. 00825
环境因素	地表水可获得性	0. 324	1. 212 **
	地下水可获得性	0. 253	1. 697 ***
	农作物类型	0. 465 *	0. 654 *
	地形	1. 200 *	0. 673 *
	土壤	1. 320	0. 160
	村庄里的企业数量	0. 872	0. 221
	距离镇区远近	0. 254	0. 038
政策因素	提前得到政府信息	0. 654 *	0. 588 *
	期间得到政府信息	0. 431 *	0. 820
	提前和期间都得到政府信息	0. 348 **	0. 885 *
	得到政府支持	0. 486 **	0. 138 *
	最大似然对数值	163. 28	50. 34
	Cox & Snell R^2	0. 251	0. 208
	Nagelkerke R^2	0. 283	0. 234

注：*、** 和 *** 分别表示在 10% 、5% 和 1% 的水平上显著。由于个别样本信息不完整，最终进入两个模型的样本量分别为 3450 个和 3326 个。

第四节　研究结论及政策建议

基于在粮食主产区 50 个产粮大县的实地调查，研究了粮食主产区农民适应气候变化的行为选择策略及影响因素。结果表明，当面临气候变化带来的不利影响时，有 85% 的农户采取了一种适应策略（工程措施或非工程措施），只有 10% 的农户应用工程和非工程措施。在实施工程措施的情况下，农民更倾向于选择打机井、购买水泵和维持水渠畅通这三个适应策略。在实施非工程措施的情况下，增加灌溉次数、改变作物生产投入和改变作物种植类型是农民应对气候变暖所采取的三个主要适应策略。进一步分析表明，对气候变化信息源的获取时间、政府是否提供技术和经济等支持政策、农作物类型、地形因素、水分可获得性、农民受教育程度以及家庭的社会资本是影响粮食主产区农民适应气候变化的行为选择偏好的主要因素。为此，提出以下政策建议。

一　加强极端天气气候事件监测预警和气象灾害风险管理

进一步加强极端气候事件的预测预报和综合预警系统建设，通过手机短信、微信、电视媒体、互联网等多种有效渠道扩大农民对极端气候事件信息源的获取，实现干旱、洪涝、冰雹等极端气候事件的预警预报信息有效传递和共享共用，加快建立对极端气候事件前期的应急反应和预警机制。不断完善各种常见气象灾害的风险防范与管理机制，积极引导农民为农作物购买政策性与商业性气候灾害保险，并针对气候灾害新特征及时调整防灾减灾对策。

二　加强资金、技术等政策的支持和引导作用

进一步加大农民应对气候变化的资金支持力度。积极创新财政资金使用方式，重点围绕农机具购置，增加种子、肥料、农药、劳动力等农作物生产投入，调整播种和收获时期，改变作物种植类型等方面鼓励和引导农民主动采取适应性策略。进一步加大农民应对气候变化的技术支持力度。积极引导农民采用新技术加大中低产田改造、选育推广抗逆优良农作物品种等提高农业抗旱、防洪、排涝能力。

三 加强农业适应气候变化的基础能力建设

加强水资源管理和水资源利用基础设施建设，有效提高地表水和地下水的可获得性。在粮食主产区因地制宜兴建中小型水利设施，鼓励和支持山区、丘陵等非平原地区修建小型水利基础设施（例如小水窖、小水池、小塘坝、小泵站、小水渠等"五小水利"工程）。坚持有效疏导地表水与合理开采地下水相结合，积极发展抗旱性较强的农业生产，推广采用地膜覆盖、深松深耕、保护性耕作等技术，切实增强水利应对气候变化的支撑保障能力，实现水资源可持续利用。

四 加强对农民适应气候变化的行为指导和技能培训

加强对农民主动适应气候变化能力的培训工作，提高应对气候变化知识走进农村、走进学校、走进家庭，普及应对气候变化科学知识。加强对政府官员及相关专业人员应对气候变化的培训工作，提高他们应对气候变化的意识和认知能力。充分利用农民家庭的社会资本开展不同主体之间适应气候变化行为的合作、信息传递与技能共享，进而推动农户之间、村庄之间以及区域之间应对气候变化的强大合力，共同抵御气候变化带来的不利影响。

第六章　粮食主产区粮食生产适应气候变化的路径选择

气候变化已经对我国的农业生产产生了复杂而深刻的影响，普遍而有区别，总体以不利影响为主。气候暖干化趋势，全国日照时数呈减少趋势，干旱灾害、洪涝灾害和高温热害日益加重，但空间与季节分布极不均衡，使得我国农业可持续发展面临日益严峻的挑战。未来一个时期，随着气候暖干化趋势的不断加强，引起我国农业生产特别是粮食主产区粮食生产的不稳定因素增加，粮食产量波动增大，并且农业生产布局和粮食结构也发生深刻变化，现有的农业生产条件也发生改变、农业生产成本和经济投入也显著增加。如果不采取应对措施，粮食主产区的粮食生产将受到气候变化带来的不利影响，严重威胁我国粮食的长期安全。因此，开展对气候变化的适应性研究是我国粮食主产区当前及今后面临的紧迫任务。

第一节　充分利用气候资源，调整作物播种期

气候变暖导致热量资源增加，调整播期已经成为目前农业生产上应用最普遍最有效的适应措施。一是适度提前北方春播时间。东北平原利用土壤化冻翻浆水分配合地膜覆盖，玉米可提早到日平均气温稳定通过 7℃ 开始春播，有效减轻春旱对出苗的威胁。河套平原春小麦为躲避潮塌（早春翻浆无法机播），春小麦播种可提早到日平均气温稳定通过 -2℃。二是科学选用不同熟性作物品种。华北和东北西南部山区过早播种虽可确保全苗，但易遇雨季前"卡脖旱"，应准备早熟、中早熟、中熟等不同品种的种子，提前整地运肥，并根据透雨到来早晚决定使用品种，播种偏晚的要适当加大密度。内蒙古中东部春旱严重，春小麦为避旱应推迟播期。三是针对秋季变暖，科学推迟冬小麦作物播期。秋冬变暖将导致华北冬小麦冬前生长

过旺，越冬易受冻伤，不利于春季生长和产量形成，播期拟普遍推迟 7 天以上。同时，推广品种冬性减弱也需要适度延后播种，以避免冬前过早穗分化而在冬季受冻。四是科学提前夏玉米作物播期。由于冬小麦生育期明显缩短，黄淮海夏玉米播期有所提前，收获期显著延迟，有助于夏玉米增产。五是针对伏旱影响，合理调整水稻播期与品种。长江中下游地区针对伏旱加重，拟适当提早早稻播期。中稻选用相对晚熟品种，以使抽穗开花期避开高温影响。

第二节　科学应对气候暖干化与病虫害影响，选育
高产优质抗逆性强的作物品种

未来气候变暖可能加剧干旱、洪涝、冻害、火灾及病虫害等多种自然灾害的发生频率和破坏程度。气温升高将使小麦、水稻、玉米等常见品种农作物的生长周期缩短、叶片光合作用受阻，以及体内呼吸消耗增大，进而不利于农作物的生长发育，影响农作物产量和质量；而气候变化背景下作物病虫害发生的加剧，将更不利于作物产量形成与质量的提高。研究表明，除单季稻以外，全球气候变暖及其所引发的病虫害均不同程度导致我国双季稻、冬小麦和玉米的单位产量在减少，并且病虫害产生的影响要高于单独由气候变暖所引起的单产减少。与此同时，气候暖干化与病虫害的相互作用将导致我国双季稻、冬小麦和玉米的单位产量下降高达 4.0% ~ 6.6%，对我国粮食自给率和保障粮食安全产生了严重威胁。因此，为了有效减少当前气候变化对小麦、水稻、玉米等农作物的消极影响，选育高产优质抗逆性强的作物品种是适应气候变化的根本对策之一。也有研究表明，良种在农业增产中的作用达 20% ~30%，高的可达 50%。在当前生物技术快速发展与农业技术不断融合的时期，用于品种改良的生物技术途径很多，如 DNA 重组技术、原生质融合技术、体细胞胚胎移植与组成技术、体细胞无性繁殖与变异技术等，这些都能有针对性地培育出高产、优质、高效、抗逆性强、耐性强的农作物新品种。

同时，也要根据气候变化的区域差异因地制宜调整育种目标。在高寒地区培育比传统品种生育期更长、增产潜力更大品种，在气候暖干化地区培育耐旱耐热品种，在气候暖湿化地区培育耐湿耐热品种。黄淮海小麦育

种可适度降低对冬性要求，但必须保持或增强对春霜冻抗性（越冬抗寒性与春霜冻抗性并不相同）。针对不同区域主要病虫害发生趋势变化，调整抗病虫育种的主抗与兼抗目标。

一方面，培育与采用耐高温抗旱作物品种，尽快适应暖干化气候。以气候变暖为显著特征的气候暖干化已经对我国的粮食产量产生了严重影响。除单季稻外，近50年来作物生育期内的温度升高均导致冬小麦、玉米和双季稻的平均单产减产，而作物生育期内的降水变化尽管对作物单产的影响相对于温度的影响较小，但仍以减产为主。因此，培育与采用耐高温、抗旱的作物品种是未来农业应对气候变化的重要措施。

另一方面，选用高产优质抗病虫新品种，推广专业化统防统治措施。研究表明，1961~2010年，病虫害导致的小麦、玉米和水稻单产、总产损失与发生面积一致，即水稻 > 小麦 > 玉米。三种作物虫害发生面积均大于病害，但虫害和病害导致的不同作物单产、总产损失与发生面积没有对应关系。同一作物间，小麦病害导致的单产、总产损失重于虫害；不同作物间，玉米虫害发生面积小于小麦、水稻病害发生面积小于小麦，但虫害导致的单产、总产损失则表现为玉米大于小麦，病害导致的总产损失表现为水稻大于小麦。除小麦、水稻病害外，病虫害、虫害、病害导致的三种作物单产损失与总产损失一致。水稻和玉米的虫害、小麦和水稻的病害对作物单产和总产的影响显著。因此，气候变化背景下小麦、玉米和水稻生产科学应对病害和虫害的措施在于选用高产优质、抗病虫作物新品种，尤其需高度关注气候变化背景下小麦病害、玉米虫害和水稻虫害的暴发性灾变危害，重点进行防控治理。大力推广专业化病虫害统防统治与生态控制技术，提高防治效果。专业化统防统治是解决当前农村病虫害防治效果差问题的有效措施，可有效提高病虫害防治效果，节约成本，减少中毒事故的发生。通过推广病虫生态控制技术，降低化学农药用量。推广作物类型、品种合理搭配的间作套种、轮作、水旱轮作以及生物防治、物理防治等病虫生态控制技术，控制和减少化学农药的使用量。例如，在南方水稻主产区扩大双季稻种植面积，逐步减少中稻（一季稻）面积，尽量避免单、双季稻混栽，以有效减少"桥梁田"，减少过渡虫源；采用稻鸭共作可有效控制纹枯病、稻飞虱、叶蝉、福寿螺和杂草，既能减少农药使用量，又能提高作物产量。

第三节　采用小麦节水栽培模式，科学 应对麦区冬春连旱

近年来，粮食主产区黄河以北地区的华北冬麦种植区和黄淮冬麦种植区北部的冬季和春季气象干旱的趋势不断加强，并且近 20 多年来华北地区的冬季和春季降水的趋势不断减小，使得以华北为中心的冬麦区冬春气象干旱加剧趋势尤其明显，其中心区域山西、河北和山东西北部冬春两季极端干旱的频次增加趋势明显，但是黄河南部的黄淮冬麦种植区以及长江中下游的冬麦种植区春季的暖干化趋势比冬季明显。

麦区冬春气象干旱的加剧必然影响小麦生产，而当地常年降水量状况将决定冬春气候干旱对小麦生产的影响程度。粮食主产区主要春麦区的冬季降水总量很小，而且在该区域冬季发生气象干旱属于气候常态，由于该地区近 50 年来冬季降水表现为增加的趋势，将有利于提升该地区春小麦播种墒情。一般情况下，冬春连旱特别是冬旱或者初春的旱情不容易通过增加灌溉来缓解，这是因为灌溉的前提是小麦不能产生冻害，也就是土壤温度要稳定在 3℃ 以上时才适宜冬小麦的灌溉。基于此，尽管华北平原的多数地区都具备条件利用灌溉来满足冬小麦的用水需求，但是初春的冷空气频繁，温度变化剧烈，给利用灌溉来缓解旱情增加了风险。与此同时，由于华北地区水资源呈不断下降趋势，该地区的冬小麦生长只能依靠灌溉来获得较高的产量，所以，尽管华北地区的降水呈减少趋势，但该区小麦仍能获得高产。并且，由于该地区的降水持续减少，小麦的生产可能增加对地下水的需求，从而使得小麦的灌溉成本进一步增加，不利于小麦的生产，因此采用小麦节水栽培的模式是该地区小麦生产适应气候变化背景下干旱的有效方法。虽然长江中下游冬小麦种植区和黄淮冬小麦种植区南部（即江苏、安徽省）春季降水量呈显著减少的趋势，但是该区域冬季和春季的降水对小麦的生长而言完全可以满足，降水减少不一定会引起干旱。需要特别指出的是，应对冬旱与春旱的措施应有所区别。节水灌溉是在春季。就应对冬旱威胁而言，华北主要是适时足量浇好冻水，冬前耙耱保墒和冬季镇压提墒；黄淮麦区旱地则应改撒播为机播，秋冬干旱年冬前适时适量灌溉，冬季镇压为主，对个别严重缺墒且根系发育不良麦田可在白天 >3℃

时段少量补灌。

第四节　调整作物复种指数，提高耕地资源利用效率

复种指数是指一定时期内（一般为 1 年）耕地上农作物总播种面积与耕地面积之比。复种指数是农业耕作制度的重要参数，是衡量耕地资源集约化程度和评价耕地资源利用状况的主要指标。耕地复种行为要受到诸如气候、土壤、环境、育种技术和农业基础设施等自然因素和社会经济因素等多重因素的影响。气候变化导致的农业热量资源增加有利于提高作物复种指数和粮食总产，虽然降水的不确定性对耕地复种指数的提高有一定的影响，但如果措施适当，可充分发挥气候变化背景下农业气候资源较为丰富的优势，趋利避害，充分挖掘农业光温生产潜力，发展多熟种植，提高耕地复种指数，间接增加耕地利用面积，增强粮食主产区粮食的自给能力，确保粮食安全。为此，需要针对粮食主产区不同地区制定区域差别化的耕地复种指数调整策略，综合平衡生态环境、经济效益和可持续发展等多种因素，有针对性地开展耕地复种指数调整，认真制定复种指数应对气候变化策略。

东北平原地区：东北平原区增温显著，耕地资源丰富，地势平坦，土壤肥沃，但年有效积温较低，作物种植主要以一年一熟为主。在未来气候变暖背景下，该区可充分利用气候变化带来的热量资源增加、冬小麦种植界限明显北移等优势，充分挖掘农业生产潜力。北部地区可适当种植早熟的玉米、大豆、水稻，辽宁南部地区可适当种植冬小麦—水稻（玉米、大豆等）一年两熟作物，扩大复种范围，提高复种指数，采用生育期更长的晚熟品种，有效增加作物产量和提高作物品质。同时，在辽宁中西部可适度发展小麦玉米间套种植或小麦后茬种植蔬菜和早熟豆类。

黄淮海平原地区：黄淮海平原区暖干化趋势明显，耕地资源丰富，但农业水资源短缺，作物种植主要以一年两熟为主。气候变化将丰富该区农业热量资源，有利于增加复种指数或中晚熟品种种植面积的扩大，但降水的不确定性可能加重该区的水资源短缺，兴建农业用水基础设施和提高农业水资源利用效率将是影响该区作物复种指数提高的关键因子。该区可通过积极调整作物种植结构，优化种植制度组合，加强农业基础设施建设，

从而提高耕地复种指数。

长江中下游地区：长江中下游区光、热、水资源禀赋优越，非常适宜农业种植。气候变化将使该区冬季变暖，增加该区的农业热量资源，有利于农作物的生长发育，减少农业灾害的影响。该区种植制度主要以稻麦两熟为主，气候变暖导致的农业有效积温增加可使三熟制成为稳定熟制。北部地区由晚稻早熟和中熟品种类型改种为晚稻中熟和晚熟类型，冬小麦可由目前的弱冬性类型为主改为以春性类型为主。

第五节　调整作物种植面积与品种布局

全球气候变暖使得我国区域积温增加，中高纬度地区冬季温度明显升高，特别是冬季最低温度显著升高，为作物北移西扩提供了热量保障。

与1950～1980年相比，1981～2010年我国北方冬小麦种植北界不同程度地北移西扩，北移最大的省份有辽宁、河北、山西、内蒙古，从而使冬小麦产量不同程度地增加。统计数据表明，1981～2010年河北省冬小麦种植北界的北移使界限变化区域的小麦单产平均增加约25%。与1950～1980年相比，1981～2010年我国双季稻种植北界不同程度地北移使得原有的稻—麦两熟区变成可种植双季稻区域。从气候资源分析，浙江、安徽、湖北、湖南由麦—稻模式转变为肥—稻—稻模式是可行的，以早稻和晚稻替换小麦和中稻。1961～2010年，东北地区≥10℃积温的升高使得中、晚熟玉米品种可种植区由西南向东北方向扩展，面积不断扩大，不可种植和早熟品种种植区域向西北、东南方向收缩。

为确保气候变化背景下粮食主产区的粮食安全，需要针对不同作物制定区域差别化的种植面积与品种布局调整策略，综合平衡生态环境、经济效益和可持续发展等多种因素的影响。

一　小麦

东北春麦区：气候变暖使我国冬小麦安全种植的北边区域范围在未来50年之内将由当前的沿长城一线分布逐渐向北扩展至我国东北地区的南部，大约跨了3个纬度，在东北平原的南部地区可以选择种植产量相对较高的冬小麦，用来取代原来的春小麦。随着气候变暖，东北春小麦传统产区中南部将被潜力更大的玉米和水稻替代，春小麦种植向黑龙江北部和内蒙古东北部等高寒地区转移。东北地区中南部变得更加不适宜种植春小麦。

黄淮海冬麦区：气候增暖明显，但水资源短缺，且呈严重化趋势。尽管耐旱和抗旱的冬小麦新品种不断引入，但是由于冬小麦的生育期恰好发生在华北地区最为严重缺水的冬春两个季节，进而导致土壤和作物水分亏缺严重，因此要根据当地水资源量因地制宜地进行冬小麦种植和优化布局，合理调整种植结构。在水土资源适宜地区，可发展密集型规模化的冬小麦种植，大幅提高单产，达到耕种面积减少情况下冬小麦总产量略有减少甚至基本不变；在地表水资源量和灌溉水源严重不足的地区，应适当压缩冬小麦的种植面积。同时，为适应未来气候变化，淮河以北的小麦品种选用应该向着半冬性以及弱冬性的方向发展，这样既有利于小麦的冬季防冻，又可以发挥其高产优势，如果是多熟制应该选用一些晚播早熟的小麦品种。同时限制耗水大的小麦品种种植，不断引进和培育抗旱新品种。若是水土资源相对适宜的地区，积极发展小麦—玉米的规模化种植区。对于水资源比较匮乏的华北平原地区而言，加大灌溉力度并不是解决干旱问题的根本途径，还要采取适当地改变作物种植方式，选育培育抗旱、耐高温的小麦新品种等更加合理有效的路径。黄淮海冬麦区中北部对品种冬性要求可适当降低，华北北部可由冬性极强改为强冬性或冬性，华北中部由强冬性改为冬性或弱冬性。水资源严重不足的黑龙江等地拟压缩小麦种植，改种旱作作物。

长江中下游冬麦区：气候增温明显，降水量呈增加趋势，但冬季气温升高有助于害虫越冬率提高，对作物危害增加。同时，极端气候事件发生的频率升高，极端高温、极端低温及暴雨洪涝等增加的影响也不容忽视。长江中下游降水明显增加的南部地区应压缩冬小麦种植，改种油菜；北部地区稳定冬小麦种植。

二　水稻

长江中下游双季稻区：应该充分利用滨湖平原、河谷平原和盆地的气候资源，在保持现有的双季稻播种面积的同时，积极采取不同激励措施，不断扩大我国双季稻的种植面积，提高单位面积粮食产出。根据气候资源分布特点，选择合适的种植模式，如迟熟早稻＋迟熟晚稻、中熟早稻＋迟

熟晚稻 + 油菜、迟熟早稻 + 迟熟晚稻 + 油菜等种植模式。在不适宜双季稻种植的区域内，应该因地制宜地结合当地的种植习惯，大力发展高效旱作配一季稻的种植面积。随着气候的不断增暖，未来可尝试将苏南的晚粳类型移栽到江淮地区，将晚双季稻地区的品种移到中双季或早双季稻地区等，尽可能选用生育期较长、产量潜力较大的中晚熟品种替代生育期较短、产量潜力较小的早中熟品种，以充分利用热量资源。

华北单季稻区：气候变暖使得华北的干旱化趋势加强，虽然华北地区的水稻种植面积占比相对较小，但是由于水稻属于耗水量较大的粮食作物，因此统筹考虑节约水资源和经济效益，都应该压缩水稻种植面积，或完全取消该地区的水稻种植。考虑到市场需求旺盛，黄淮南部水热资源相对丰富地区在推广节水栽培技术前提下可适当扩大麦茬稻种植。

东北单季稻区：气候变暖有利于水稻北扩，市场需求旺盛使近年东北水稻种植面积迅速扩大，有些地区已造成湿地萎缩、地下水位下降。未来应调整布局，集中连片，以防次生盐碱化。同时，水稻种植面积扩大应量力而行，不应以牺牲湿地和掠夺开发地下水为代价。应大力推广工厂化育秧和节水栽培。东北西部严格控制过度扩张，只限沿江河岸低地种植水稻。

三　玉米

东北平原地区：东北平原地区在基本满足水分需求的前提下，将来的气候变暖对当地玉米生产利大于弊。气候变暖将促进该地区特别是东北平原北部地区的热量条件发生改变，农业气候带逐渐向东北平原以北以及东部山区扩展，现有的东北玉米种植带逐渐北向东扩。在土壤水分条件达到基本满足的基础上，适当扩大晚熟和中晚熟玉米品种的种植比例，不断提高玉米单位面积的产量，在东北平原的北部和东部高寒地区也可以适当增加玉米等一些喜温作物的种植比例。同时，为适应未来气候变化，该区还可以选育或引进部分作物生育期时间较长、感温性强以及感光性较弱的中晚熟玉米新品种，逐渐取代当前广泛种植的生育期短、产量较低的早熟玉米品种，以充分利用当地气候资源，提高作物产量。在引种过程中，忌操之过急，忌用感光性强的品种，也不能搞大跨度的纬向引种。同时，还需注意培育抗旱玉米品种，推广节水栽培技术。对占东北地区玉米产量80%以上的半湿润和半干旱的中西部玉米带而言，未来气候的暖干化将使农业干旱不断加重并且频繁发生，对东北地区玉米生产及玉米种植带的发展构成了严重威胁，我们在推广种植中晚熟及晚熟品种的同时，还要大力培育选育抗旱品种。同时，针对春旱威胁，拟推广抢墒早播、注水播种机和地膜覆盖等技术确保全苗。在西部半干旱风沙区严重春旱年可改种杂交谷子。

黄淮海平原区：作为传统的夏玉米主产区，玉米种植面积整体上处于稳定状态，考虑到气候变暖背景下玉米生长期的延长，未来在其北部地区可采用中早熟和中熟玉米品种替代原来的早熟品种。同时，为适应未来气候变化，未来在华北平原区可采用中早熟和中熟玉米品种替代原来的早熟品种。考虑到华北地区水资源较为缺乏，拟适当改变种植方式，选育抗旱、耐高温的玉米品种。同时，由于小麦播种期明显推迟，考虑到小麦生育期缩短导致玉米生育期延长，玉米收获可适当后延以充分利用后熟作用提高粒重，即河北中南部提倡的"两晚"。

第六节　科学调整主要农区生产管理方式

一　东北地区

一方面，加强农业水利基础设施建设。水资源短缺是制约该区农业发展的重要问题。为此，该区需大力加强农田基础设施建设，统筹水资源的管理和规划使用，提高现有水利设施的调节和保证功能，减少干旱洪涝等灾害的损失。同时，改善农田配套工程设施，拦蓄降雨，减少地表径流和土壤渗漏，增加降水就地渗入量，提高保水保土保肥能力。另一方面，调整作物生产经营管理方式。当前及未来一个时期气候变化的严重性要求东北地区作物田间管理的措施必须做出及时和相应的调整，主要包括提高水资源利用效率、改进田间管理、适度增加灌溉和施肥次数、积极防治病虫害等，不断提高粮食作物系统的响应能力。与此同时，还要积极推广以自动化和智能化为基础的精准栽培与耕作技术，不断降低作物的生产成本，进而提高耕地的利用率和生产率。

二　华北地区

气候变化背景下将使该区域的温度明显升高，区域性降水下降趋势也十分明显,区域暖干化趋势十分显著,极端气候事件明显增多。因此,水资源缺乏是该地区作物生长的关键性限制因子,并且气候变暖又在一定程度上加剧了华北地区水资源紧张的局势。基于此,华北地区作物生产应对气候变化的首要措施是解决水资源短缺的问题。

一方面,要积极推广和普及现代农业节水技术。华北地区水资源短缺,并且水分有效利用率较低,突出表现在灌溉过程中水资源的浪费。很多农村地区还沿用土渠输水和大水漫灌的传统方式,几乎有一半的灌溉用水在输水过程中被浪费掉。为此,华北平原应推广渠道衬砌和麦田管灌技术,有条件的地区应推广喷灌滴灌。

另一方面,要积极推广和普及应用现代保水技术。华北地区位于季风气候区,主要表现为季节性降水变化大,暴雨多发生在夏季,雨量充沛,如果大量的雨水没有得到很好的利用,白白流走,会造成极大的浪费。为防止地表水资源蒸发,拟采取保水措施,推广播前深松或深耕、耕后耙耱和播后镇压、冬季耱耢和镇压、春季划锄中耕等耕作保墒技术。沟植垄盖技术已在黄土高原和关中大面积推广,但在黄淮海平原高产区不适合,华北可在黑龙港和丘陵山区等旱作区推广。在黄淮海平原推广砾石覆盖十分不科学,华北土石山区也不宜提倡。

三 长江中下游地区

在气候变化背景下,该区增暖趋势明显,降水量呈增加趋势。冬季气温升高,害虫越冬率提高,对作物危害增加;极端气候事件的发生频率在不断升高,极端高温、极端低温以及暴雨洪涝频数增加的影响也不容忽视。尤其需要重视的是,高温伏旱对长江中下游地区与华南地区的水稻生产有威胁加重趋势,应调整播期和移栽期,使孕穗开花敏感期躲开高温伏旱影响,力争早稻在高温期前收获,中稻在高温期过后进入孕穗开花。靠近江河地区可通过夜排日灌,以水调温和抑制蒸发剂喷叶减缓高温的不利影响。

第七章　积极应对气候变化、保障粮食安全的政策建议

在我国全面建成小康社会的过程中，应该不断突出生态文明建设，逐步改善经济发展的方式，不断促进绿色低碳经济的发展，从而可以应对气候变化以及适应粮食安全发展的需要。从国际的角度进行考虑，国际社会往往对全球的平均气温进行关注，一般将其设定为2℃以下，并将其当作缓解全球环境问题的主要依据。与此同时，现在世界经济发展的主要方向朝着绿色低碳发展，或将成为产业及相应的科技竞争的核心。每一个国家都在逐步实施低碳经济的发展。从我国实际进行考虑，经过几十年的改革开放，我国经济取得了巨大的成就，经济总量已经成为世界第二，可是由于实施的是粗放型的发展模式，因此已经不能适应低碳经济的发展需要。现在，我国的社会发展处于工业化以及城镇化的进程中，逐步推进绿色低碳发展的探究，已经成为促进我国经济转型以及相应的构建文明建设的需要。与此同时，二氧化碳的排放增加，已经严重影响着我国的城市建设、农业发展和水资源等，因此必须加强实施各种应对的措施。

第一节　调整农业结构，控制温室气体排放

第一，增加农田、草原及相应的湿地碳汇。通过实施各种措施对农田及相应的草原进行保护，逐渐提高有机碳的含量，这样可以有效地增加农田土壤碳汇。在农村地区实施秸秆还田及精准耕作的形式，这样可以有效地减少二氧化碳的排放量。一般可以在粮食的主要生产区域落实相应的生态补偿长效机制及相应的草原生态补偿长效机制。从草原区域进行考虑，逐渐实施平衡放牧机制，实施划区轮牧的形式进行环境保护，这样可以有效地控制草原的畜量，防止草场退化。关注湿地保护，提高湿地储碳能力，

在粮食主产区开拓区域湿地固碳试点。第二，大力发展循环经济。在农业重点领域推广循环经济，从而可以从源头对二氧化碳进行有效的控制。逐步完善资源循环利用系统，研发循环经济的发展技术。第三，大力发展生物质能。综合利用秸秆、动物粪便等绿色资源，逐渐加快沼气发电机制的发展，对于城市的垃圾应该进行焚烧及填埋。逐渐加快生物质液体燃料的发展，进而可以有效地促进生物质的发展。第四，严格控制农业生产方面的排放量。积极推进低排高产的水稻作物的种植面积，不断完善耕作技术，从而可以有效地应对稻田甲烷及相应的氧化亚氮的排放量。在有条件的地区设定相应的低碳发展试点，促进使用有机肥料，可以依据地区的发展情况，实施"猪—沼—果"等形式的低碳模式。不断凸显规模化的养殖形式，逐步利用秸秆、资源化方面的农业废料以及相应的牲畜粪便。严格控制林业方面二氧化碳的排放，逐渐加快节约能耗、节约电能等农业机械的发展。不断完善农业机械工艺，逐步完善耕作环节，这样可以实现少耕、精耕的种植方式。第五，对农村废料进行有效的管理。相关部门应该逐步在农村实施无公害设施处理，对生活垃圾进行分类处理、无害化处理等，对垃圾进行统一管理。无害化处理餐厨垃圾并且实施资源化处理，这样可以把残渣进行相应的无公害处理，接着可以制造成为肥料，从而凸显可持续发展的理念。在一些能够实现收集甲烷的垃圾填埋场收集甲烷，对于有条件的地方可以引导其使用垃圾燃烧发电。

第二节　加强水资源管理和设施建设

对水资源进行管理，在水资源方面严格落实相应的制度，进而实现节水型社会建设。这样可以有效地提高水资源优化配置以及相应的调配管理效率，对水、雨洪等资源进行统一化管理。逐步完善跨区域作业的运行机制，从而可以实现科学规划以及统筹区域人工降雨作业。对水环境进行保护，逐渐对水权进行改革以及建立水资源有偿私用机制，从而可以构建相应的水资源保护补偿机制。对以下地区地下水进行严格的控制：（1）华北；（2）黄淮；（3）西北；（4）东北等。建设农村水资源基础设施，对于那些比较缺水的地区应该筹划相应的水资源建设，逐渐加快农村引水工程建设，这样可以逐步完善城镇水资源以及供水设施建设，加快重点地区抗旱应急备用水源工程及配套设施建设。对大型灌区实施节水改造工程，不断加强农日水利设施建设，开展节水灌溉及相应的农艺节水，这样可以引导农民对坡耕地进行改造，从而可以有效地防止水土流失等。在农作物方面，逐渐推广旱作农业以及实施保护性技术，从而可以有效地提高农作物抵御自然灾害的能力。依据气候的变化情况，对农作物的布局依据种植制度进行调整。大力培育能够抵御高温、光合作用强的品种。

第三节　提高生态脆弱地区适应能力

由于内蒙古地区处于农牧交错带及高寒草原地区，因此应该更加重视生态环境的建设。对畜牧的数量应该进行严格的控制，从而维护草畜之间的平衡。对于草地应该进行严格的防火及病虫鼠害防治等。对于新开垦的耕地应该进行严格的管理，这样可以有效地实现退耕还林。逐渐推广生态牧业以及农繁牧育的农耕形式，对于重要地区的草地应该进行退化防治以及相应的高寒湿地保护修复。对于低丘缓坡应该不断加强对水土流失的控制，实施退耕还林还草，从而可以对小流域进行综合治理。对于石漠化地区应该实施综合应对措施，其最重要的方法是以林草植被恢复重建为主，改变当地的农业发展情况，逐步实现特色农业建设，逐步加快退耕还林建设，从而可以逐步推进人工造林的进程。对于以下行为应该进行一定的处罚：滥垦、滥挖、滥伐等，应该改善坡地梯度，进行雨水的存储，这样可以有效地加强山地资源的防范能力。

第四节　提高农民适应气候变化的思想意识和行为意识

对环境的变化对农村地区人民的健康影响程度进行有效的评估，对于一些应对气候变化比较脆弱的地方，应该逐步完善相应的公共医疗设施建设。对于和环境变化相应的疾病，特别是传染病及突发性疾病，应该制定相应的管理机制，不断开发新的技术，从而可以对那些和气候相关的疾病进行有效的预警，还应该逐步完善相应的动态信息公布机制。逐步完善极端天气发生之后心理干预系统。制定应对气候变化对农村地区人们健康影响的应急预案，对风险进行有效的评估，一般不同季节往往都有相应的高频疾病，应该提前进行预防及治疗。相关部门可以使用各种媒体对不同的疾病进行宣传，不断加强气候方面以及卫生资源方面的投入力度，这样可以有效提高公民的自我保护意识，使其能够更好地适应环境变化带来的影响。对农民进行针对适应气候变化的行为指导和技能培训。对农村地区的居民进行培训，这样可以有效地提高他们适应环境变化的能力。另外，应该逐步提高农民和政府官员及相关专业人员应对气候变化的意识、认知力及素质。充分利用农民家庭的社会条件展开不同主体之间适应气候变化行为的合作、信息传递与技能共享，从而推动农户间、村庄间及区域间应对气候变化的通力合作，共同抵御气候变化带来的不利影响。

第五节　加强防灾减灾体系建设

不断完善预测系统以及相应的综合预警建设，信息管理部门应该加强信息的收集能力，构建气候变化基础数据库，这样可以逐步提高风险预测以及在极端气候发生时可以进行及时的预测。对于关键部门进行相应的风险分析，构建相应的极端气候预警机制及评价标准，并且完善各个预警信息的共享机制建设。对于不同种类的自然灾害，应该构建早期的预警机制，还应该不断完善应急联动机制。不断完善应对气候变化分线管理机制，逐步完善防灾减灾管理机制以及不断改进应急响应机制。对于现在气候变化引发灾难表现的新特征，需要不断调整相应防灾减灾对策，从而可以有效地应对极端气候灾难。加强气候灾害管理过程中应该进行科学的规划以及有效地利用防洪工程。在使用防洪工程的过程中，应该严禁盲目开垦，不得侵占湖泊、河滩等防洪通道。在对水库限水位进行控制的过程中，一般使用动态控制机制。

第六节　完善不同区域应对气候变化政策

对于粮食主产区，其最主要的任务是提高粮食的产量，维护耕地的数量，在农业方面逐渐推行规模化生产，主要以县为出发点，逐渐推进城镇化及工业化的发展进程，严格控制农村二氧化碳的排放量，发展可再生能源。对人口的分布应该进行调整，对中小城市进行合理的规划，这样可以使人口达到适度集中。

逐步提高农业抗旱及排涝的能力，对于中低产田盐碱地进行有效的治理。科研部门应该加大对抗逆优良农作物的培育力度，并在农村地区进行推广。由于全球气候变暖，有些农作物开始逐渐北移，因此可以对东北平原进行改造，这样可以有效地改善黑土地的质量；在耕作的过程中，可以合理地增加晚熟、中晚熟品种的种植比例，开发更为优质的玉米、大豆及畜产品，从而可以有效地提高农作物的培育界限。对于黄淮海平原地区，一般需要对水下资源进行检测，控制南水北调受理区域的地下水开采量。对于有条件的地区，一般可以应用地下水回灌工程，可以寻求替代型水源，这样可以依据实际情况对灌溉排水进行合理的设计。在该地区逐步改进品种的结构，主要有以下几种：（1）优质专用小麦；（2）专用玉米；（3）高蛋白大豆；（4）优质棉花等。对于汾河渭河平原应该不断突出农田旱作节水设施方面的建设，以达到保护水资源和防治土壤盐渍化的目的，还应该有效地利用南水北调工程，对于有条件的地区可以开发山区水窖，构建相应的淤地坝，这样可以有效地防止水土的流失，进而可以提高农产品的抗旱能力。大力推进绿洲农业建设，构建相应的绿洲人工生态保护机制，这样可以有效地改善局部的气候，对于黑河及塔里木河，一般应该大力发展节水设施并保护节水农业。

第七节　健全气候变化激励约束机制

完善相应气候变化相关法规。根据需要进一步修改完善农业方面的法律，这样可以使用各种法律，进而推动气候工作的实施，与能源、节能、可再生能源、循环经济、环保、林业各领域在政策已经相应的方面行动应该具有一致性。逐渐完善碳排放制度，经过严格的调研，对各个层面的碳使用情况进行核算，并且建立相应的评估机制。加快构建碳排放基础数据库，制定相应的低碳产品认证制度，制定相应的评价标准及相应的认证监管措施。逐渐实施国际标准，逐渐和国际对接。加大农业在气候方面的财政投入，逐步增加农业应对气候变化的财政支持。在财政预算方面，有效安排资金，开发应对气候变化的试点区域，并在该试点大力推广应用以及相应的宣传教育。不断推动低碳产品及相应的设备规模使用量，如农民购买相应的产品，可以对其进行补贴。对于财政资金应该使用多种方式，落实惠农政策，不断增强金融支持的能力。政府部门应该逐渐引导银行完善相应的绿色信贷机制，激励金融机构开发具有建设性的金融产品，从而使农民在购买金融产品的过程中拥有更多的选择权，这样可以增强农民抵御风险的能力。通过对碳市场发展情况的探究，开发出相应的碳金融发展方式，还可以引入国外的资金，进而可以有效地促进碳市场的贸易交流。

第八节　强化农业应对气候变化的科技支撑

加强研究气候变化监测预测系统。对农业温室气体进行有效的监督以及相应的探究，可以构建高精度的历史数据库及多源式的观测平台，对于气候变化事实及关键反馈机制等进行探究，从而可以有效地提高农业对气候的敏感程度。不断凸显气候变化对农业的影响程度以及相关适应性的探究，其中主要依据以下几个方面：（1）水资源；（2）农业；（3）林业；（4）生态系统；（5）防灾减灾等。另外，关注北方水资源脆弱区及生态系统比较脆弱的地区等，这样可以加强气候变化影响机理及相应的评估方法方面的探究。在农业生产过程中重点推进育种和栽培减排、高产抗逆作物、治理荒漠化等技术探究。

第九节　深化国际交流与合作

逐渐加强和国际组织进行合作，逐步和以下组织进行深入细致的合作：（1）联合国；（2）政府间组织；（3）世行；（4）亚行等，从而可以实现多边组织的合作，这样可以在气候方面构建长期的合作机制。积极推进以下机构建设：公约下绿色气候基金、技术执行委员会、网络等，进而可以吸引更多的国际基金以及相应的技术。相关部门应该积极和国际组织进行交流，这样可以借鉴发达国家的成功经验促进我国技术的发展。我国相关的气候组织可以和发达国家建立多边合作机制，针对气候方面的问题进行交流，开展卓有成效的合作，构建多领域、多层次的合作机制，不断打造一条能够实现多边合作的渠道，这样地方政府、公司、科研机构及相应的行业协会都参与到应对环境变化的国际化合作中，逐渐提高对国际合作的认识。公司和地方应该进行多种形式的技术合作，促进和各个国家进行合作，还可以进行相应的培训活动。这样可以用务实的行动推动国际化的发展进程。

第八章　气候变化对我国东北农区粮食产量的影响

　　由于地处高纬度地区，东北农业区（Northeast Farming Region）的作物生产受气候变化的影响非常显著。本章选取东北农区 58 个气象观测站 1961～2010 年的日平均温度、降水、日照时数和相对湿度，115 个作物产量观测站（44 个玉米产量站、42 个水稻产量站和 29 个小麦产量站）的 1961～2010 年玉米、水稻、小麦的产量数据及 1981～2010 年玉米、水稻及小麦作物物候记录（播种期、开花期、成熟期）的数据（主要来自 40 个玉米站、17 个水稻站和 11 个小麦实验站的大田观测数据），采用混合线性模型来评估气候变化对东北农区玉米、水稻和小麦三大粮食作物在不同时期产量的影响。根据 1981～2010 年试验站作物物候记录，我们把作物生长季节分为三个生长阶段，主要包括从播种到开花前期（刚要开花）、开花期（20 天左右开花）、开花后期（开花后 10 天到成熟）。气候变量比如平均最低温度、热量持续时间（主要用来说明作物生长周期的长度）、平均每天的太阳辐射量、累积降水、干旱指数（主要用来评估干旱胁迫程度）和热日度指数（heat degree-days index，HDD，用来表示热量持续时间）被用来计算作物每一年每一生长阶段的气候变化情况。1961～2010 年，各种作物的最低温度在作物生长阶段显著升高，各种作物的热量持续时间在开花期均表现为显著增加的趋势，玉米和水稻的热量持续时间在开花后期表现为显著增加。与此同时，小麦的热度指数在开花前期表现为显著增加。大豆、小麦和玉米三种作物的平均太阳辐射量在开花期表现为显著下降的趋势。一般来说，开花前期的降水增加可以降低干旱的威胁，然而，开花期和开花后期降水的减少将会导致干旱程度的加强。统计分析表明，最低气温的升高有助于提高东北农区水稻和玉米的产量，同时会降低小麦产量。在开花期，较高的太阳辐射量有利于玉米产量的增加，开花后期较高的太阳辐射量有利于小麦产量的增加；而对于水稻来说，开花期较高的太阳辐射量会降低水稻的产量。开花前期和开花期干旱的发生会严重降低玉米产量，开花期和开花后期干旱的发生会降低水稻产量，并且各生长阶段的干旱都会降低小麦产量。在作物各生长阶段较高的热日度指数会降低玉米产量，开花前期较高的热日度指数将会降低水稻产量。

第一节　文献回顾

在我国，东北农区（Northeast Farming Region）是种植玉米（*Zea mays L.*）、水稻（*Oryza sativa L.*）和春小麦（*Triticum aestivum L.*）的重要粮食产区之一，占全国谷物产量的18%。其中，玉米产量大约占我国的30%，水稻产量大约占40%（Liu 等，2012；Zheng 等，2012b）。通常情况下，东北农业区的玉米和小麦是在旱作条件下生长的，而水稻总是在灌溉条件下生长的。随着经济社会的发展，东北农业区的农业投入和技术及作物生产已经发生了很大变化，在最近几十年里玉米和水稻的种植面积不断增加，玉米、水稻以及小麦等多种作物产量都显著增加，而小麦种植面积在大幅下降（Li 等，2008；Chen 等，2012；Liu 等，2013b）。

近50年来气候变化会对世界农作物生产产生明显的影响（IPCC，2013）。东北农区是我国应对气候变化最敏感的地区之一，在过去的几十年里东北农区的气候变暖趋势明显，温度每十年增加了0.38℃，降水量平均每十年减少3.3mm，日照持续时间每十年减少0.11小时（Piao 等，2010；Chen 等，2011；Jia and Guo，2011；IPCC，2013；Liu 等，2013b）。尽管东北农区的作物产量一直在增加，但是气候变化及异常对作物产量的年际波动的影响十分显著（Chen 等，2011，2012；Liu 等，2013b；Tao 等，2013，2014）。

干旱风险一直被认为是东北农区中影响作物生产的最大限制。在过去的50年中，频繁的干旱情况与温度的升高及降水的减少有关，干旱造成了粮食产量大幅度减少，尤其是对于杂粮作物（玉米、大豆和小麦）的影响更为严重（张，2004；朴等，2010；徐等，2013）。已有的研究表明，近几十年来在东北农区最高气温的增加对降低玉米、大豆和小麦产量有显著影响（句等，2008；陶等，2008；郑等，2009；刘等，2012）。

最近的研究表明，超过作物生长的适宜温度的阈值可能导致热应力增加，从而导致作物产量明显减少（Schlenker 和 Roberts，2009；Lobell 等，2011，2012，2013；Semenov 和 Shewry，2011；Gourdji 等，2013）。热应力的增加大大降低了作物产量和品质，特别是在开花期和灌浆期，热应力可以通过缩短灌浆期来加速叶片衰老并影响最终谷物的重量（赵等，2007）。高温还将加强蒸散量，从而加剧了干旱胁迫。未来一个时期，东北农区温度可能在21世纪末期增加3℃～5℃，在21世纪中叶之前干旱和热应力可能会变得更加严重（丁等，2006；赵和罗2007；朴等，2010；Gourdji 等，2013；IPCC，2013）。因此，东北农区在中国粮食安全中占据重要地位，对了解气候变化特别是极端气候事件如何影响作物生产具有十分重要的理论和现实意义。

不同作物在不同生长阶段的环境变化对粮食作物产量的影响也不同，尤其是在营养和生殖阶段，这种影响表现得最为显著（Hu and Buyanovsky，2003；Kristensen 等，2011；Trnka 等，2012；Lobell 等，2013；Liu 等，2014）。在东北农区主要作物生长季节一般从4月上旬延伸至9月下旬，玉米的播种时间在5月，收获时间在9月；水稻的播种时间在4月，收获时间在9月；而春小麦播种时间在4月，收获时间在8月初（刘和陈，2005）。作物生长季节个体上的差异主要体现在播种和收获期，因此，在这个时期气候变化的程度不同，对不同作物产量的影响也将不同。

第二节　数据来源与研究方法

一　研究区概况

研究地区位于我国东北，包括内蒙古、黑龙江、东北、吉林、辽宁等大部分地区，包括304个县。该区域位于北纬40°～54°，处于温带半湿润地带，其中每年年积温度超过10℃以上的为1700℃～3600℃，无霜期一般开始于3月28日左右，到10月2日左右结束。年平均日照时数为2400～2900小时。年降水量500～800毫米，其中80%的降水发生在5～9月（李等，2008；陈等，2011）。由于夏季温暖及生长期充足的阳光，东北农区的气候条件对农作物生产十分有利。

二 数据来源

在东北农区我们选取了 58 个气象观测站的数据。这些气象资料来自中国气象局的中国气象数据共享服务网，包括最低温度、平均温度、最高温度、降水量、2 米高度的日照时数、10 米高度的风速和平均相对湿度。1961 ~ 2010 的作物产量数据来自农业部种植管理司省份农作物数据库。在 1961 年 1 月到 2010 年 12 月 31 日记录完整的基础上，共选择了 44 个玉米产量站、42 个水稻产量站和 29 个小麦产量站的数据，并且作物产量记录的是每年每一个站的平均值。产量数据被用来分析作物产量的变化以及气候条件对作物产量的影响。整个东北农区作物产量的平均值被用来分析整个地区现在的产量的变化趋势。

1981 ~ 2010 年玉米、水稻及小麦作物物候记录（播种期、开花期、成熟期）的数据分别来自中国气象局下设的 40 个玉米观测实验站、17 个水稻站以及 11 个小麦实验站。对于东北农区的玉米和水稻来说，播种时间比南方晚，如果用不同物候期来计算作物每年生长期，那么物候期的变化使得它难以解释气候条件对作物产量的影响。因此，选取 1981 ~ 2010 年播种期、开花期和成熟期的平均日数来分析 1961 ~ 2010 年作物物候的整体特征。在东北农区，玉米、水稻的播种期、开花期和成熟期都比南方地区稍晚一些；由于随时间变化以及农作物品种对日照反应不同，开花期和成熟期的日期有所不同。如果气象站没有该种作物的物候资料，我们将从附近的一个农业气象试验站采用物候日期。由于东北农区只有 11 个小麦农业气象试验站，并且它们大多集中在北部地区，所有 58 个相同春小麦物候记录是所有 11 个小麦农业气象试验站数据平均得来的（播种在 4 月 16 日，开花在 6 月 30 日，成熟在 8 月 2 日）。

三 模型构建

气候因素，包括平均最低气温、平均太阳辐射量〔用 Rietveld（1978）公式计算日照时数〕、累计降水量、热日度指数（HDD）被用来评估气候因素在不同的生长阶段对作物产量的影响。计算热时间来描述温度对作物生长的影响。为了分析气候对不同生长阶段作物产量的影响，我们把作物生长季节划分为生长阶段和发育阶段。由于作物开花期间对环境条件一般比较敏感，所以在这个阶段的天气条件可能起到特别重要的作用。因此，生长期分为开花前期（从播种到开花前 10 天）、开花期间（开花时）和开花后期（开花后 10 天到收获）。58 个站的平均气候因素一般是用来表示整个东北农区的气候条件。干燥指数被广泛用来分析作物在生长季的干旱风险，从而衡量总降水量和总蒸散量之间的盈亏关系。计算公式为：

$$\text{干燥指数} = 1 - P/ET_0 \tag{1}$$

干燥指数是用来评估作物各生长期间的干旱风险，ETo 是参考作物蒸散量，由 SIMETAW 模型计算得出，这是基于 Penman-Monteith 公式（Snyder 等，2005），P 指的是在每种作物生长阶段的降水量。如果干旱指数小于 0，就意味着降水量超过作物需水量；如果干旱指数大于 0，就意味着干旱发生的风险可能性较大，干旱指数越大可能会有更严重干旱的发生。

HDD 指数被认为包括热应力的频率以及在每个作物生长期的高温持续时间和强度，是针对以往研究的作物中最适合的单热力指数（Lobell 等，2011；Liu 等，2014）。它是由每日积累的最高气温计算得出：

$$HDD = \sum_{t=1}^{N} , HDDt$$
$$= \begin{cases} 0 & \text{if } Tmax \leqslant Tth \\ (Tmax\text{-}Tth) & \text{if } Tmax > Tth \end{cases} \tag{2}$$

其中 Tmax 是日最高温度、Tth 是作物生长的起始温度，HDDt 代表在 t 天的 HDD 指数，N 是每个生长期的天数。根据以往的研究，玉米的临界生长温度是 30℃（Schlenker and Roberts，2009；Lobell 等，2013），而春小麦生长温度是 27℃（Semenov and Shewry，2011；Olesen 等，2012），Tashiro 和 Wardlaw（1989）说明水稻生产中最高气温临界值是 35 ℃，其他研究表明水稻产量由于气温每升高 1℃而减少产量约 10%（Baker and Allen 1993；彭等，2004）。考虑到上述研究，我们定义水稻生长的临界值温度为 30℃。热时间（Th）被用来估计每个站点日平均温度：

$$TH = \sum_{t=1}^{N} , THt, THt$$
$$= \begin{cases} 0 & \text{if } Tmean \leqslant Tbase \\ (Tmean\text{-}Tbase) & \text{if } Tmean > Tbase \end{cases} \tag{3}$$

其中 Tmean 是日平均温度，Tbase 是作物生长的基准温度，THt 代表在 t

天的 TH 值，N 是每一生长阶段的总天数。东北农区的玉米、水稻生长的基础温度是 10 ℃（李等，2011；陈等，2012；刘等，2013B），小麦生长的基准温度是 4℃（Olesen 等，2012）。由于改善遗传、施肥和管理呈升高的趋势，作物的产量是由几种技术和环境因素影响的（Hu and Buyanovsky 2003；陈等，2011）。采用折线法来测定作物产量时间序列（Olesen 等，2000），这被记述在方程式（4）和（5）中。除去趋势产量后，剩余部分可以被假定为反映气候影响。

$$\begin{cases} Y_n = a + b_1 x & x \leqslant x_b \\ Y_n = a + b_1 x_b + b_2 (x - x_b) & x > x_b \end{cases} \tag{4}$$

$$Y_{cn} = Y_{an} - Y_n \tag{5}$$

Y_n 是用来预测作物产量，x 是年，X_b 是限定在 1965 < X_b < 2005 来降低 X_b 虚假估计风险。Y_{cn} 和 Y_{an} 分别是 n 年的异常产量与实际产量，异常产量是年产量与 1961~2010 预测产量之间的差异。参数方程（4）是用 SAS 9·3（SAS Institute Inc.，Cary，USA）软件程序估计的。产量异常可以被假定为反映气候变化的影响。

线性分析被用来估计在每个生长阶段气候因素和作物产量之间的关系。它假定每个生长阶段的气候因素都可能对作物产量产生不同的影响，使用混合的线性回归模型可以定量分析气候对作物产量的影响（Zuur 等，2010；Kristensen 等，2011）。对于没有相应气象站点的作物产量数据，我们就用最近的气象站点的数据进行分析。方差膨胀因子（variance inflation factor，指的是解释变量之间存在多重共线性时的方差与不存在多重共线性时的方差之比）用来评估混合模型的多重共线性（Zuur 等，2010）。根据 Montgomery 等（2012）的研究结果，如果 VIF < 10，不存在混合模型的多重共线性问题，否则多重共线性会影响结果，同时应该采取措施来减少变量之间的共线性。每个混合模型的 VIF 值如表 8－1 所示，由于考虑了连续增长阶段之间干旱的相互作用，在干旱的相互作用和不同生长阶段之间会有多重共线性，但这并不影响混合模型中的其他变量。因此，多重共线性是目前研究的一个问题。最后，混合模型能够准确地反映在大多数情况下气候因素的影响（见表 8－2）。混合模型可以写成下面这样：

$$Y = Y_0 + \alpha_i Y_r + \beta_{pre} + \beta_{flow} T_{flow} + \beta_{post} T_{post}$$

$$+ \chi_{pre} R_{pre} + \chi_{flow} R_{flow} + \chi_{post} R_{post}$$
$$+ \delta_{pre} A_{pre} + \delta_{flow} A_{flow} + \delta_{pre} \times_{flow} A_{pre} \times_{flow}$$
$$+ \delta_{flow} \times_{post} A_{flow} \times_{post} + \delta_{post} A_{post}$$
$$+ \eta_{pre} H_{pre} + \eta_{flow} H_{flow} + \eta_{post} H_{post} + X_s + \varepsilon \tag{6}$$

其中 Y 代表实际产量，Y_0 是模型的截距，Y_r 是年，αs 是站点每年的系数；T、R、A、H 分别代表最低气温、太阳辐射、干旱和热应力指数；β、χ、δ 分别代表特定阶段气候变量，Xs 是一个与气象站相连的随机误差，ε 是剩余误差。下标 pre、flow 和 post 分别代表开花前、开花中和开花后阶段。在玉米、水稻和小麦混合模型中分别有 2200、2100 和 1340 个观察项。

第三节 实证分析

一 在作物生长季中气候因素的变化

1961～2010 年在开花前期、开花期间和开花后期三个生长季节中最低气温呈显著增长趋势。在开花前期，最低温度增加速率为每十年 0.44℃～0.50℃，这比其他阶段的速度都要快。与其他三种作物的同一阶段相比，开花前期的小麦最低温度较低，这是因为小麦生长期开始较早，并且热应力指数显著增加（p < 0.05）（见表 8 - 1）。在所有作物播种期和小麦的开花期，太阳辐射量显著下降（p < 0.05）。玉米、水稻和小麦分别以 0.28、0.27 和 0.26 毫焦耳/平方米/天的速度下降，大豆和小麦在开花期分别以 0.29 和 0.43 焦耳/平方米/天的速度下降（见表 8 - 1）。在水稻开花后期，降水量以每十年 5.6 毫米的速率降低，并且干旱的增加趋势比较明显。1961～2010 年，在每个作物生长阶段的平均热时间从南到北随着纬度的降低呈递减趋势。由于生长季持续时间较长，玉米、水稻及小麦开花前期的平均热时间最长。东北农区的大部分地区在开花前各作物热持续时间明显增加，同时它的增长速度北方要快于南方。在东北地区东部，小麦在开花期的热时间大大增加。类似于开花前阶段的热时间的时空趋势，玉米、水稻的热时间在开花后阶段增加趋势明显（p < 0.05）。

表 8 - 1　1961 ~ 2010 年东北农区作物开花前、开花中和开花之后的平均最低温度、
　　　　　平均太阳辐射、累积性降雨、干燥指数和热日度指数（HDD）的
　　　　　　　　　　　均值和时间变化趋势

	均值			变化趋势		
	玉米	水稻	小麦	玉米	水稻	小麦
花前最低温度	12.2	11.8	8.5	0.48（p < 0.05）	0.44（p < 0.05）	0.49（p < 0.05）
花中最低温度	18.7	18.3	16.7	0.14	0.18	0.44（p < 0.05）
花后最低温度	14.1	13.0	18.6	0.30（p < 0.05）	0.33（p < 0.05）	0.15
花前太阳辐射	21.1	20.5	20.6	- 0.28（p < 0.05）	- 0.27（p < 0.05）	- 0.26（p < 0.05）
花中太阳辐射	19.0	18.5	21.0	- 0.14	- 0.16	- 0.43（p < 0.05）
花后太阳辐射	17.2	17.0	19.1	- 0.06	- 0.03	- 0.13
花前降雨量	193	291	120	3.2	0.3	4.2
花中降雨量	119	111	83	- 5.9	- 1.2	0.7
花后降雨量	172	96	130	- 5.3	- 5.6（p < 0.05）	- 6.0
花前干燥度	0.39	0.30	0.54	- 0.02	- 0.01	- 0.02
花中干燥度	0.02	0.05	0.17	0.01	0.004	- 0.01
花后干燥度	0.09	0.16	0.02	0.02	0.03	0.01
花前 HDD	15.2	19.9	26.6	1.98	2.23	2.85（p < 0.05）
花中 HDD	6.9	6.3	30.2	0.38	0.28	0.66
花后 HDD	5.5	1.5	35.2	0.33	0.17	0.81

二　1961 ~ 2010 年东北农区作物产量变化

近五十年间东北农区的玉米平均产量从每公顷 2900 公斤增加到 6900 公斤。东北农区的玉米平均产量北方比南方低，产量最高的地方在松辽平原中部。在东北农区整个周期的平均水稻产量从每公顷 3200 公斤增加到 7400 公斤，水稻平均产量的空间分布规律与玉米相似。在过去五十年整个东北

农区的小麦平均产量为每公顷 2500 公斤。小麦产量较高的区县位于东北农区北部和松辽西南地区，而其他地区的产量较低。

玉米：在 2010 年之前，平均玉米产量从 1961 年的每公顷 1400 公斤增加到每公顷 7700 公斤。然而，在 2000 年产量增长率出现放缓的趋势。五个农业站中，梨树县的玉米产量最高，1961～2005 年产量以每年每公顷 310 公斤的速度增加，但在 2006～2010 年波动较大。然而，过去五十年里，其他四个农业站玉米产量一直保持平稳增长（见图 8 - 1a、b、d、e）。

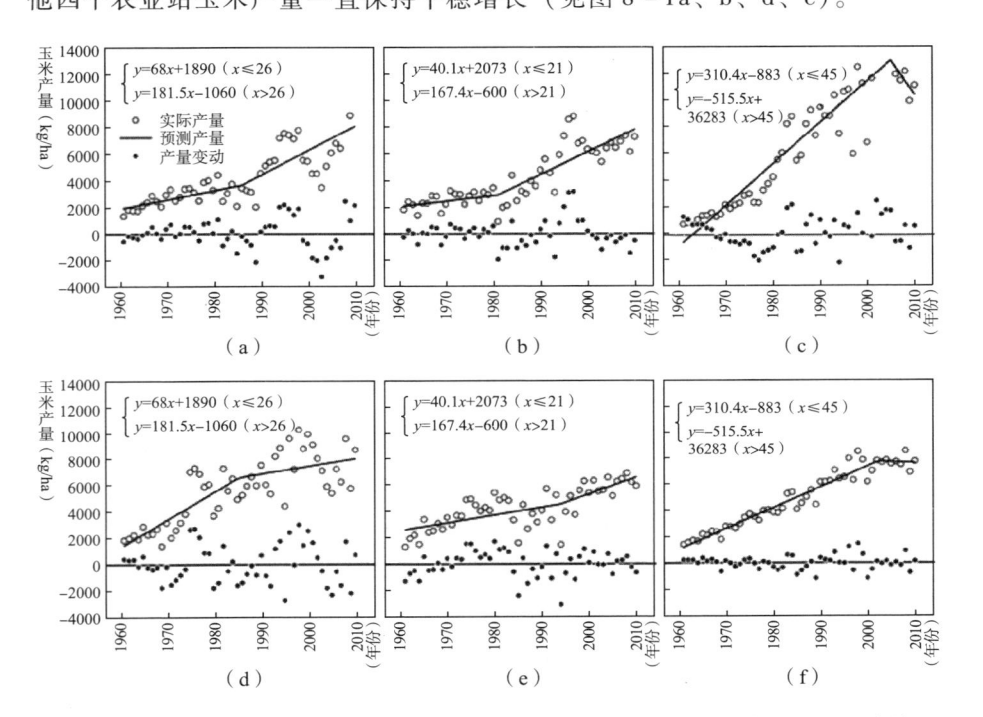

图 8 - 1　1961 - 2010 年东北农区典型站点玉米实际产量、预测产量及产量异常的变化趋势。所有线性模型是显著（p < 0.001），其中 a ~ f，分别代表王奎、勃利、梨树、桦甸、庄河和东北农区。斜率代表了 1961 年后每年的产量增加，x 表示自 1961 年以来的每年的年份；间断点代表分段函数的计算依据，它是将所产生的趋势分成两个不同时期的关键点

水稻：1961～2010 平均水稻产量持续增加。1961～2010 年，水稻产量梨树县最高，五个县中除了桦甸县其他站的水稻产量都明显增长（见图 8 - 2a ~ e），1961～1999 年水稻产量显著增加（p < 0.001），但 1999～2010 年水稻产量大幅下降（p < 0.001）（见图 8 - 2d）。

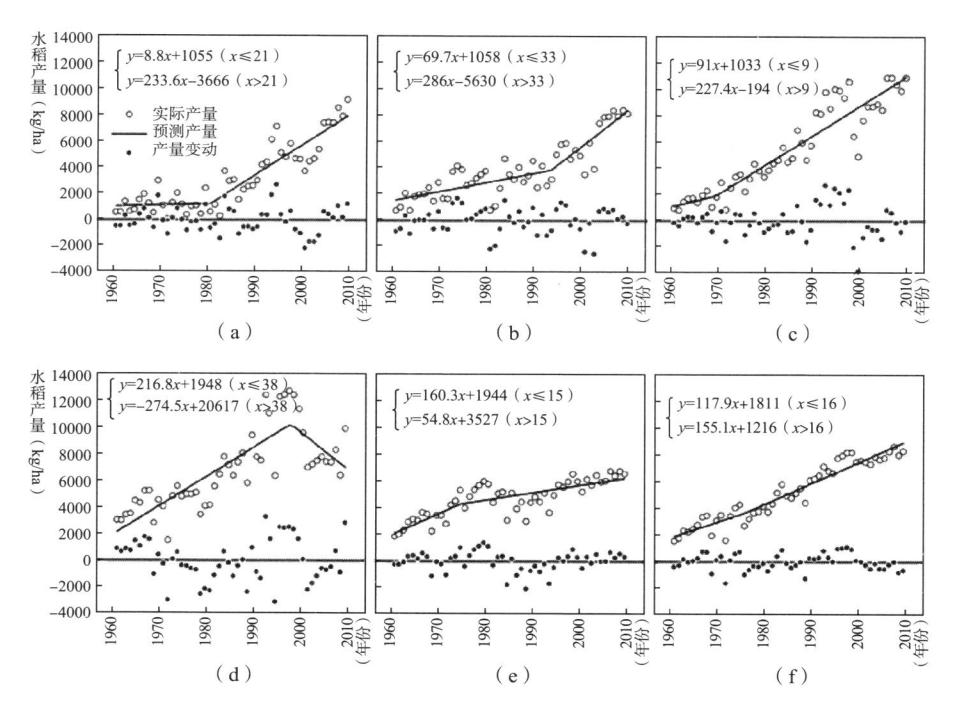

图 8-2　1961～2010 年东北农区典型站点水稻实际产量、预测产量及产量异常的
变化趋势。所有线性模型是显著（p < 0.001），其中 a ~ f，分别
代表王奎、勃利、梨树、桦甸、庄河和东北农区。斜率代表了 1961
年后每年的产量增加，x 表示自 1961 年以来的每年的年份；
间断点代表分段函数的计算依据，它是将所产生的趋势
分成两个不同时期的关键点

小麦：1961～2010 年，平均小麦产量是稳定增加的（见图 8-3f）。它
增加了所有选择站，在过去的五十年中，2004～2010 年增加最快的是宝清
县，达到 353 公斤/公顷/年（见图 8-3a~e）。

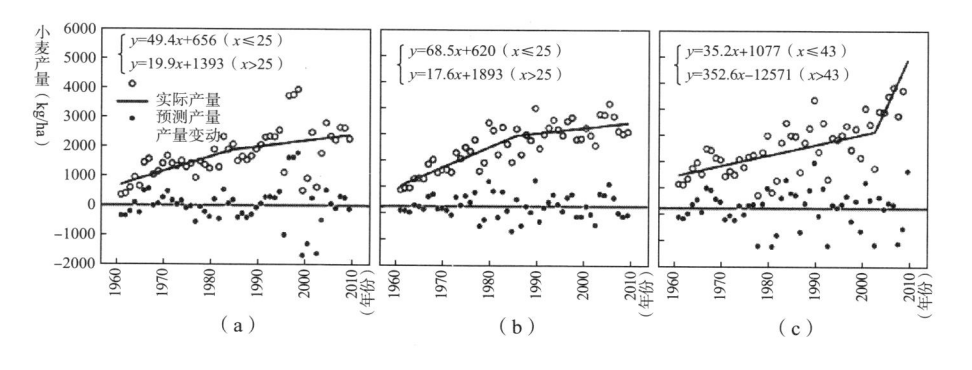

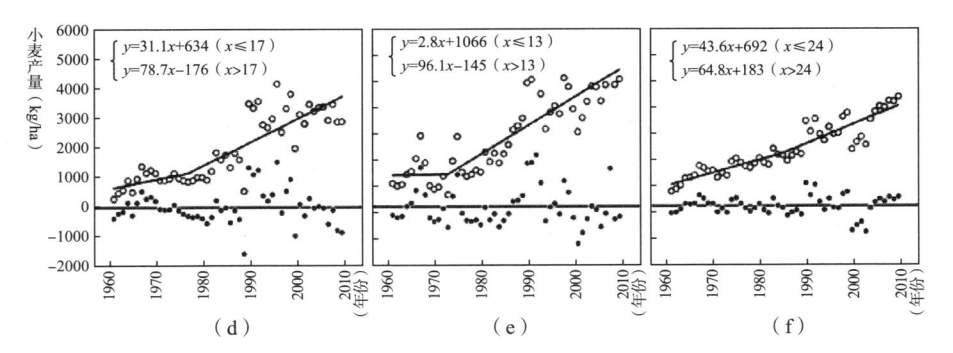

图 8 - 3 1961 ~ 2010 年东北农区典型站点小麦实际产量、预测产量及产量异常的变化
趋势。所有线性模型是显著（p < 0.001），其中 a ~ f，分别代表拜泉、宁安、
宝清、前郭、阜新和东北农区。东北农区是 29 个小麦站点的平均值。
斜率代表了 1961 年后每年的产量增加，x 表示自 1961 年以来的
每年的年份；间断点代表分段函数的计算依据，它是将所
产生的趋势分成两个不同时期的关键点

三　气候变化对东北农区作物产量的影响

把太阳辐射、干旱指数以及热应力指数同时考虑在混合模型中分析，
结果表明各生长期中最低温度升高会对玉米和水稻产量产生积极影响（见
表 8 - 2）。开花前阶段最低温度增加 1℃将使玉米和水稻产量每公顷分别增
加 204 公斤和 33 公斤。在开花期最低温度上升 1℃将使玉米和水稻产量每
公顷分别增加 92 公斤和 107 公斤，在开花后期最低温度增加 1℃将使水稻
产量每公顷增加 153 公斤。然而，最低温度升高会对小麦产量产生负面影
响，尤其是在开花期，在这一阶段最低温度每增加 1℃小麦产量每公顷将减
少 47 公斤（见表 8 - 2）。

当太阳辐射与最低温度、干旱指数和热应力指数一起考虑时分析结果
表明，在开花前期，太阳辐射每天每平方米增加 1 焦耳会使玉米产量每公顷
增加 100 公斤，在开花后期，太阳辐射每天每平方米增加 1 焦耳，小麦产量
每公顷会增加 31 公斤。然而，对于水稻来说，开花期太阳辐射每天每平方
米增加 1 焦耳会导致水稻产量每公顷减少 44 公斤（见表 8 - 2）。

当把干旱指数和最低温度、太阳辐射以及热应力指数放在混合模型一
起考虑时（见表 8 - 2），玉米在开花前和开花期中，干旱指数对产量减少的
影响最大，而对水稻和小麦的影响主要表现在开花期和开花后期。

当把热应力指数与最低温度、太阳辐射和干旱指数一起考虑分析时，热应力指数对小麦在任何生长阶段的产量没有显著影响（见表8-2）。对于玉米和水稻来说，在开花前期热应力指数增加1℃会分别导致每公顷16.9公斤和10.0公斤的损失。在开花后期，热应力指数增加1℃会导致玉米产量损失25.1公斤。然而，在开花后期，较高的热应力指数对水稻产量增加作用明显（$p < 0.01$）（见表8-2）。

表8-2　1961~2010年东北农区作物生长季节开花前、开花中和开花之后的平均最低温度、平均太阳辐射、干燥指数和热日度指数（HDD）混合模型的参数估计

	玉米（kg/ha）	水稻（kg/ha）	小麦（kg/ha）
截距	-5480（$p < 0.01$）	-6562.9（$p < 0.01$）	1333.5（$p < 0.01$）
时间	145.3（$p < 0.01$）	195.2（$p < 0.01$）	72.1（$p < 0.01$）
花前最低温度	203.9（$p < 0.01$）	359.6（$p < 0.01$）	-9.0
花中最低温度	91.5（$p < 0.01$）	107.4（$p < 0.01$）	-47.4（$p < 0.01$）
花后最低温度	43.0	153.0（$p < 0.01$）	-17.1
花前太阳辐射	99.9（$p < 0.01$）	57.9	-8.3
花中太阳辐射	-19.6	-43.5（$p < 0.01$）	15.8
花后太阳辐射	27	-22.0	31.2（$p < 0.01$）
花前干燥度	427.1	725.1（$p < 0.01$）	-424.4（$p < 0.01$）
花中干燥度	808.5（$p < 0.01$）	300.1	201.5
花后干燥度	113.6	292.5（$p < 0.01$）	102.8
花前*花中干燥度	-1430.1（$p < 0.01$）	-344.9	-384.1
花中*花后干燥度	-328.9	-950.8（$p < 0.01$）	-478.3（$p < 0.01$）
花前 HDD	-16.9（$p < 0.01$）	-10.0（$p < 0.01$）	-1.8
花中 HDD	-9.0	-5.9	-0.9
花后 HDD	-25.1（$p < 0.01$）	28.5（$p < 0.01$）	0.02
均方根误差（RMSE）	1222.8	1135.2	591.5
方差解释量（R^2）	0.79	0.82	0.65

第四节　研究结果及讨论

1961~2010年，温度的升高意味着延长了作物生长的有效温度（平均温度≥10℃），从而使播种期提前（陈等，2012）。此外，温度的升高也推

迟了秋季第一次霜冻时间，从而延长了潜在的生长期（陈等，2011）。因此，温度的增加为东北农区的播种和收获提供了条件，有利于作物生产。目前的结果表明，在大部分东北农区，在开花前阶段和开花后阶段玉米、水稻的热时间明显增加，这意味着有更长生长季节的作物品种可以在大面积东北农区耕种（陈等，2012；张等，2012；刘等，2013b）。然而，实际作物生长时间长度的变化与热时间的变化是不一致的。1981～2010年，观察到的农作物的播种期提前，然而，在大多数农业站，玉米的播种日期是推迟的。这是因为实际的播种期不仅受温度影响，而且受作物品种、管理和其他气候条件的影响，如降水（陶等，2013，2014）。温度的增加加快作物生长，使开花和成熟较早；然而，玉米、水稻的开花期表现出延迟的趋势，而成熟期也被推迟，特别是对于玉米和水稻。从情况上看，作物品种和管理的变化使温度一般变化的影响抵消了。目前的研究结果表明，即使在每个作物生长季，在同一时期的热时间增加，玉米、水稻的作物生长季的实际长度在1981年到2010年期间并没有发生太大的变化。开花前阶段，小麦的热时间显著增加，这表明温度的升高有利于东北农区小麦的播种。然而，由于春小麦喜欢凉爽的环境，而开花期热时间的显著增加，在东北农区大部分种植小麦的地区会加速小麦的生长。因此，缩短作物生命周期会对小麦产量产生负面影响。

一　最低温度对作物产量的影响

目前的研究结果表明，在三大作物的所有生长阶段中最低温度显著增加，特别是在开花前阶段，最低温度升高的趋势更加明显。统计分析表明，在所有生长阶段中，较高的最低温度有利于水稻产量提高，尤其是在开花前和开花后阶段。目前的研究结果还表明，最低温度升高有助于玉米产量的增加，特别是在开花前和开花期，这与以往我们的研究结论一致（陈等，2011，2012）。在开花期最低温度增加将有利于种子萌发、出苗和幼苗生长，而开花期最低温度的增加有利于授粉，开花后期最低温度升高为籽粒饱满提供了更好的条件，从而有助于避免早期霜冻引起的冷应力（陈等，2011；孙和黄，2011；袁等，2012）。然而，还有一些迹象表明，在开花期最低温度的增加将对小麦产量有负面影响，这是因为春小麦在开花期间对较为温暖的条件是非常敏感的。

二　太阳辐射对作物产量的影响

太阳辐射在作物所有生长阶段都表现出减少的趋势，这与其他研究东北农区日照时数减少的结论相一致（贾和郭，2011）。令人惊讶的是，即使与其他气候因素一起考虑，开花期间的太阳辐射仍然对水稻产量产生负面影响。太阳辐射的积极作用与它对作物光合作用和净同化作用一致（Trnka等，2014）。较高的太阳辐射与高温相关，这可能会减少开花期的时间长度。此外，太阳辐射可能增加冠层温度，从而通过减少光合作用同化率进而导致产量降低。

三　干燥指数对作物产量的影响

大多数研究表明，在东北农区作物生长季中，降水量会随着时间的推移出现下降趋势（陈等，2011；贾和郭，2011）。然而，在本研究中，在三种作物开花前期和开花期降水没有显著的变化；然而在水稻和小麦后开花期出现降水下降的趋势。虽然干旱指数没有随着时间推移出现增加的趋势，但在开花前期的干旱指数比其他两个阶段都要高很多。开花前阶段的干旱可以破坏作物的生长，从而降低作物潜在产量（马等，2014）。开花前阶段的水分亏缺可以促进作物的发展，从而缩短生长季节，干旱在开花前期和开花早期可能影响果实发育，这会导致相当大的产量损失。然而，水稻产量与开花前期的干旱有显著的积极影响，这可能是因为东北农区的水稻多为灌溉，开花前期的干燥条件将在一定程度上有利于水稻种植，并为减少真菌提供了较好的条件。目前的研究结果也表明，水稻和小麦生长受干旱风险的影响高度一致。这是因为作物生长对开花期和开花后期的水分缺少非常敏感，干旱在降低作物授粉的同时也影响植物的光合作用和籽粒灌浆。对于玉米来说，开花前期和开花期之间的干旱对产量具有破坏作用，这表明这些作物在生长期包括开花期对干旱是非常敏感的。

四　热日度指数对作物产量的影响

目前的研究结果表明，更高的热日度指数，特别是在开花后期会造成玉米产量损失，类似的结果已经在非洲及法国、美国的研究中得到证实（Lobell 等，2011，2013；Hawkins 等，2013）。以往的研究也表明，温度高于

30℃会增加对玉米细胞分裂和籽粒淀粉复制的毁坏，从而减少籽粒质量和产量（Commuri and Joneset，2001；Tubiello 等，2007）。当农作物在生长的关键阶段出现高温时，特别是在繁殖阶段，热应力会使其受到严重的损伤（Teixeira 等，2013）。在一般情况下，热日度指数会缩短作物生长周期，减少生长季节的长度，从而导致产量损失（Porter，2005）。更高的热日度指数会增加对土壤水分的需求和对土壤水分供应的限制，从而降低作物产量（Lobell 等，2011，2013）。最高温度超过30℃（HDD）会导致开花前期东北农区水稻产量损失。开花期较高的温度会破坏结籽，从而影响东北农区春小麦繁殖生长（居等，2005，2008）。也有其他报道表明，开花或开花后期的高温会导致东北农业区小麦产量大幅度减少（Semenov 和 Shewry，2011；Asseng 等，2011，2015；Lobell 等，2012；刘等，2014；Vignjevic 等，2015）。与其他作物相比，温度升高对小麦特别是在其开花阶段的影响是负面的。

目前的研究结果表明，最低温度升高将有利于玉米、水稻的生产，干旱风险和热应力增加将会对玉米、水稻和小麦的生长产生不利影响。因此，应考虑采取适应措施以应对气候变化带来的不利影响，如改变种植日期或者种植生长季节较长的品种。另外，还需要进一步配套和完善更多的灌溉和排水系统，并选用抗旱性较强作物品种，以应对不断增加的干旱风险带来的不利影响。

第九章　气候变化对黄淮海农区
粮食生产的影响

科学把握气候变化对土地利用及粮食生产的影响，对于保障国家粮食安全具有重要意义。本章分析了过去 30 年黄淮海平原地区农田数量和质量的变化，以及其变化对未来粮食生产的影响。我们选取五个数据集，包括 1990～2010 年遥感图像，1980～2010 年土壤质量水平的空间数据集，2000 年的农作物灌溉区空间数据集，1978～2010 年水文数据和 1950～2010 年气象数据以及 1978～2010 年粮食产量、播种面积、化肥使用和有效灌溉面积的统计数据集对黄淮海农区粮食生产进行综合评估。研究结果表明，在黄淮海平原地区，过去 30 多年来气候资源发生很大的变化，区域性降水量呈下降特征，暖干化趋势明显，气候带移动特征明显，向北移动了 3 个纬度。1990～2000 年和 2000～2005 年，耕地面积减少造成的粮食生产损失分别为 4.30 万吨和 2.63 万吨。由于经济快速发展和城市化扩张，基本农田面积发生大幅度下降。此外，被遗弃的"高于平均水平"质量和灌溉的农田，要比复垦耕地多，即牺牲耕地来进行城市化或其他非农业用途。由于城市化的快速发展，将肥沃的土壤和灌溉的土地转化为非农业用地，似乎是对黄淮海平原甚至整个中国粮食安全的一个潜在的威胁。大部分平原地区粮食产量的增加可以归因于科技水平提高过程中粮食单位面积产量的增加，这是由于作物品种改善、肥料利用率提高和有效灌溉面积扩大。因此，优化土地资源利用、提高耕地土壤肥力以及提高水资源的利用效率，是当前及未来一个时期黄淮海农区应对气候变化及土地利用变化的有效措施和根本途径。

第一节 文献回顾

以温度升高为标志的全球气候变暖已经发生，并且将持续到可以预见的将来。全球气候变暖和降水不均衡变异的加剧，极端气候事件出现的频次在增加，同时强度也在不断加大。这样剧烈的气候变化和人口增长、耕地面积减少、土壤肥力退化等诸多因素结合在一起，使得粮食和食品安全面临着不断加剧的灾害风险。一般来说，土地利用变化被认为是宏观性、区域性的问题。尽管它已经能够适当增加人类占用地球资源的份额，但是它也可能潜在地破坏地球维持食物生产的生态系统能力。因此，气候变化背景下如何实现土地的数量和质量之间的平衡，并且在农地面积发生改变的情况下，如何保持足够质量和数量的土地以提供粮食的长期供应，这是我们面临的最大挑战。

我国拥有全球22%的人口（约13亿人），但只有全球7%的耕地，这对于世界来说是一个奇迹。但是，我国人均耕地面积不足0.1公顷，只有世界平均水平的45%，只有大多数发展中国家一半的占有量。因此，在有限的耕地面积约束下确保相关地区的粮食自给自足，显得尤为迫切（Fischer and Sun，2001；Kaufmann and Seto，2001；Verburg and Veldkamp，2001；Tong等，2003）。黄淮海平原地形平坦，非常适合作物生产，不仅是我国气候变化的敏感区之一，也是我国粮食生产潜力最高的区域。自2005年以来，黄淮海农区承担了全国粮食总产量的30%以上，由于其在粮食生产和保障粮食供给上具有重要作用，它被称为"中国粮仓"。因此，关于该地区的研究，一直成为国内外学者关注和探讨的焦点。徐玲玲等（2014）基于未来气候变化情景（A1B）下区域气候模式（RegCM3）模拟的黄淮海地区1951~2100年0.25°×0.25°格点气象资料和1971~2000年逐日站点气象资料，结合夏玉米不同发育时段对温度、降水和日照的需求，在前人温度、降水和日照适宜度的基础上构建了黄淮海地区夏玉米全生育期气候适宜度模型，并对1951~2100年黄淮海地区夏玉米气候适宜度的时空变化特征做了分析。结果表明，1951~2100年黄淮海地区夏玉米气候适宜度总体呈下降趋势。夏玉米的拔节—抽雄及抽雄—成熟两个阶段对环境水热条件的变化与其他发育期相比显得更为敏感，在气候变化过程中这两个发育阶段的温度适宜度和降水量的急剧下降是导致夏玉米气候适宜度下降的主要原因。陈帅（2015）利用 2000～2009 年黄淮海平原县级小麦种植结构、灌溉条件、日值气象数据，结合小麦的地区生长周期以及社会经济信息，考察了气候变化对我国小麦生产力的影响。研究指出，虽然在不同的生长阶段温度上升对小麦生长及产量的影响不同，但是从总体而言增温对小麦的生产力是以负效应为主，同时日照时数逐渐减少的趋势也将进一步对小麦的增产产生不利影响，并且随着地区间降雨时空分布不均匀的趋势不断加剧，也对小麦的生产力产生不利影响。因此，在去除经济因素以及人类行为的共同作用后，黄淮海平原地区的小麦生产力受到气候变化的总体影响为每 10 年小麦产量减产 0.68% 左右。姜群鸥等（2007）利用 1991 年和 2000 年黄淮海平原气象台站的历史观测资料，分析该地区气温、降水的变化趋势，并利用农业生态地带（AEZ）模型估算黄淮海平原各农业生态区的耕地生产潜力。通过分析气温、降水与耕地生产潜力的关系，评价气候变化对耕地生产潜力的影响。研究表明，黄淮海平原地区的耕地生产潜力与当地的降水量及温度呈显著的正相关关系。如果温度或降水量提高 10%，该地区的耕地生产潜力将分别相应提高 3.2% 与 0.3%。王宏等（2010）以黄淮海农作区的 7 个农作亚区为研究区域，利用 AEZ 模型分别对各个农作亚区 1968～1977 年（C1 气候变化情景）和 1998～2007 年（C2 气候变化情景）这两个时期冬小麦的光温生产潜力及气候生产潜力进行分析，同时对影响这两个潜力变化的气象条件和冬小麦的品种因素进行了评价，进而从时空尺度上解释了产生这些潜力差异的原因。研究指出，1968～2007 年黄淮海农作区的冬小麦在气候变化的背景下，其光温生产潜力和气候生产潜力都有一定程度的提高，它们平均相应地增长了约 3.96t/hm²、3.32t/hm²，这两个潜力大小区域分布为南高北低、东高西低。其中，光温生产潜力在黄淮海平原的东北部亚区的增长是由于农作物品种对增加产量的正效应影响抵消了气候不利因素对增加产量的负效应影响，而黄淮海平原的西南部亚区的增长是通过农作物品种和气候因素二者同时的正效应影响起作用的。由于在冬小麦的拔节—抽穗期间降水量减少，水分亏缺明显增大，进而增大了水分对其气候生产潜力的限制作用。

第二节　数据来源与研究方法

　　研究区域位于110°1′~124°21′E和28°59′~43°9′N，包括北京、天津两大直辖市和安徽、河北、河南、江苏、山东五个省份。该地区面积7.8×10³万公顷，其中3.5×10³万公顷用于农业生产。空间土地利用变化的数据主要来自1990年、2000年、2005年和2010年黄淮海平原地区陆地卫星遥感影像耕地变化的空间分布数据集。土壤肥力数据来自1∶4000000比例的全国第二次土壤普查土壤中有机质、全氮、总磷、全钾的数据图。温度和降水资料主要来自中国气象局国家气象中心分布在整个研究区的95个气象站的数据。1978~2010年，各个省份和地区的粮食生产、粮食产量、粮食播种面积和有效灌溉面积数据来自1949~2010年农业统计数据，北京、天津、河南、山东、安徽和江苏地区的统计年鉴以及《新河北六十年（1949~2009年）》。

　　其中，耕地非农化造成的粮食产量变化的计算公式如下：

$$\Delta P = \sum_{j=1}^{n} \Delta P_j = \sum_{j=1}^{n} \Delta S_j \times Y_j = \sum_{j=1}^{n} S_j / S_{Aj} \times \Delta S_{Aj} \times Y_j$$

　　ΔP表示由耕地面积变化而导致的粮食生产的变化，j代表第j个市、县，n代表市、县的总数，ΔP_j和ΔS_j分别表示在第j个市、县粮食生产和粮食播种面积的变化，Y_j表示第j个市或县的粮食产量，S_j和S_{Aj}分别代表在j市、县播种粮食的面积和耕地面积，S_j/S_{Aj}代表各直辖市、县平均复种指数，ΔS_{Aj}代表在j市、县耕地面积的变化。它指出，该方程只是一个近似的估计，并可能对于不同种作物会有所不同。这是因为我们认定的复种指数（S_j/S_{Aj}）作为在j市、县统一的标准，对于不同类型的作物，一个直辖市或县的耕地面积可能发生变化。

第三节　实证分析

一　黄淮海农区农田面积变化

　　1990~2000年和2000~2010年黄淮海平原的农田面积在不断减小。1990~2010年，区域耕地总计净减少1.03×10⁶公顷（1990~2000年总面积

为 5.50×10^4 公顷；2000～2005 年总面积为 4.77×10^4 公顷）。1990～2010 年，1990 年的废弃耕地占总耕地面积的 2.8%。1990～2000 年耕地面积减少，主要集中在旱地农业用地面积上，总共减少 3.67×10^4 公顷，其次是水田面积，总共减少 1.89×10^5 公顷。2000～2005 年，旱地农业面积减少了 2.23×10^5 公顷，而稻田面积减少了 2.54×10^5 公顷。然而，河北和河南这两个省分别增加了 3.8×10^3 公顷和 9.9×10^3 公顷。

黄淮海平原耕地转换的地理分布表明，撂荒面积比耕地复垦面积大得多。例如，1990～2000 年和 2000～2010 年，有 7.49×10^5 公顷和 6.22×10^5 公顷的耕地转换为其他土地利用类型，在同一时期，只有 2.0×10^5 公顷和 1.45×10^5 公顷的土地被转换为耕地。值得注意的是，在不同的城市和省份土地用途转换不同。例如，耕地面积最大的跌幅出现在经济发达的城市或省份，并呈现扩张趋势，比如 2000～2005 年，北京为 11.6%，天津为 7%，江苏为 2.5%。在有撂荒耕地的省份中，超过 66.1% 的发生在江苏省、河南省和山东省，分别减少了 1.26×10^5 公顷、1.02×10^5 公顷和 8.92×10^4 公顷。由于黄淮海平原农田面积减少的速度远远超过了农田面积增加的速度，我们还研究了 1990～2000 年和 2000～2010 年农田转化为非农业用地的类型，包括转换为林地和草地（退耕还林）、转化为水体，以及转化为城市区域（城市化）的时期。耕地面积的减少主要是由于城市化范围的扩大（1990～2000 年占总废弃耕地的84.66%，2000～2010 年占 75.10%）。其次是农田转化为水体（1990～2000年占总废弃耕地的 10.96%，2000～2010 年占 22.56%）和"退耕还林"工程（1990～2000 年占总废弃耕地的 3.79%，2000～2010 年占 2.04%）。

二　黄淮海农区粮食生产变化分析

我们分析了 1978～2010 年黄淮海平原粮食总产量和粮食单产（公斤/公顷）之间的关系。在这三十多年里，黄淮海平原粮食年总产量从 98.4 万吨增加到 1.90×10^4 万吨，平均粮食单产从 2565 公斤/公顷增加到 5384 公斤/公顷（增加了 110%）。1978～2010 年，粮食总产量与粮食单产是类似的，因此，农业生产的增加，可以主要归因于单位面积粮食产量增加。彭等（2009）研究认为，水稻产量从 1950 年到 1980 年的增加是由于引进矮秆基因的水稻，由此提高了收获指数，也降低了水稻的倒伏率，从 1980 年到现在，水稻产量的增加主要是由于高产品种的开发（包括杂交品种）和改进作物管理的做法，如施用氮肥。我们的研究结果表明，1980～2010 年肥料利用率从每公顷 123 公斤提高到每公顷 593 公斤（增加了 382%）。然而，在 2002 年每公顷使用超过 450 公斤的肥料并没有进一步增加粮食产量。因此，除了更好地改良作物品种及加强作物管理，增加机械化和灌溉、增加施肥显然是增加作物产量的关键性因素之一。与此同时，过度施肥对水稻产量的增加是不大可能有效的，因为在以往的应用中，化肥使用增加，回报收益出现递减。收益递减的原因是只有 30%～50% 的化肥被作物吸收，当化肥施用超过作物最大吸收量的时候，根据最小因子定律，营养元素反而对作物的生长产生不利影响。一般来说，1978～2010 年，粮食产量随时间的变化可分为六个时期。1978～1984 年，当更多的肥料和其他投入粮食生产中时，首先，因为实施"家庭联产承包责任制"，粮食产量的增加趋势是显著的。在这期间，价格反常降低，关键的土地权利从集体农场分配给农村，大大提高了农民的生产积极性。其次，政府补贴调整后，1990～1985年收益率保持稳定增长。第三，由于有很大比例的农村劳动力转移到城市地区，1991～1995 年粮食产量一直增长，但增长率低于以前的水平，特别是江苏、河南、安徽和天津地区。第四，1995 年推广应用的"粮食承包责任制"在 1999 年至 1996 年间维持了最高的收益率。第五，在 2000 年之后，由于粮食价格下降，平均收益率下降。第六，在 2003 年之后粮食价格通过政府的政策支持补贴，平均收益率再次回升。

三 农田面积变化对粮食生产的影响

1990～2010 年，根据 2000 年和 2010 年各市、县粮食产量水平和农田转换的分布情况，通过空间叠加分析，我们计算了这些时期由耕地面积增加或减少造成的粮食产量变化。1990～2010 年农田转换造成粮食产量净减少6.92 万吨，和 1990 年的粮食产量相比下降了 4.50%。1990～2000 年和2000～2010 年，农田综合整治使粮食产量分别增加 1.12 万吨和 62 万吨。然而，由于废弃土地不断增多，粮食生产下降较快，分别下降了 5.42 万吨和 325 万吨。结合这些结果来看，黄淮海平原地区在这两个时期分别损失粮食总产量 4.30 万吨和 2.63 万吨。

为了进一步分析耕地面积变化对粮食生产的影响，我们把 1990～2010 年由省、市增加或减少的耕地面积和耕地类型造成的粮食总产量变化进行分类。

1990～2010 年，江苏、天津和北京等较发达地区，粮食总产量分别下降 20.11%、8.89% 和 7.64%，减少的粮食产量超过了其他地区（见表 9 - 1）。在不同类型的土地利用中，农田改造建成区（城市化）是引起粮食总产量发生最大变化的转换类型。例如，1990～2010 年由于农业用地转化为城市用地，粮食产量减少了 713 万吨。其中，1990～2000 年减少 468 万吨，2000～2010 年减少 246 万吨。邓等（2006）研究表明，中国粮食生产总潜力降低 59%，是由于在 1986 年至 2000 年间将耕地转化为城市用地。刘等（2010）研究表明，2000～2005 年城市建成区的扩大，使黄淮海平原的优质农田减少了 7.98×10^5 公顷。

四　气候变化对粮食生产的影响

有效灌溉面积是粮食生产的一个重要指标。对 1990～2000 年和 2000～2010 年不同灌溉水平的农田转换进行了比较，结果表明，随着灌溉面积占比从 0 增加到 60%，农业用地转化为城市用地的比率增加，但 60% 以上的灌溉用地转化为城市用地的比率在降低。1990～2000 年和 2000～2010 年这两个时期，随着灌溉面积占比的增加，复垦耕地面积减少。由于复垦土地主要是在没有灌溉的地区，所以从这片土地的粮食产量比没有经过城市化的土地得到较少的补偿这两个时期的废弃和再生土地面积之间的差异表明，在所有灌溉水平上被遗弃的耕地面积大于土地整治所补充的耕地面积。

在 30 年的研究期间，灌溉土地面积增加的产量占了相当大的一部分，但灌溉面积的增加率从 1978 年到 1988 年下降，从 1999 年到 2003 年出现不断波动。这是因为水是区域性的稀缺，而每年的灌溉用水已逐渐减少。首先，在黄淮平原北部的大部分地区降水量在 1955 年至 2007 年间有下降的趋势。其次，径流量也在这些年减少。例如，年径流量从 1989 年的 $2.47 \times 10^{11} \text{m}^3$ 减少到 2000 年的 $0.82 \times 10^{11} \text{m}^3$，同时在此期间灌溉引水也从 $7.75 \times 10^9 \text{m}^3$ 减少到 $5.15 \times 10^9 \text{m}^3$。

温度、降水和 CO_2 浓度也是未来一个时期衡量气候变化影响粮食产量的重要指标。它们单独或者组合在一起时对粮食生产产生的影响不同。选取该区域包头和怀远两个具有代表性的气象站点研究温度升高 2℃、5℃，降水增加 15% 和 30%，考虑 CO_2 的施肥效应和不考虑 CO_2 的施肥效应，不同未来气候变化情景下黄淮海农区灌溉和雨养地区玉米和小麦的单位面积产量的变化。如表 9 - 1 所示，在不考虑 CO_2 的施肥效应情况下，无论是温度

表 9-1　不同气候变化情景下黄淮海农区两个典型气象站（包头和怀远）玉米和小麦单位面积产量响应模拟

气候变化不同情景组合		包头站				怀远站			
		灌溉区		雨养区		灌溉区		雨养区	
		玉米	小麦	玉米	小麦	玉米	小麦	玉米	小麦
不考虑 CO_2 的施肥效应	0: +5℃	240.61 (-53.89)	217.21 (-38.84)	177.81 (-41.13)	121.02 (-20.42)	195.74 (-48.41)	207.67 (-105.25)	166.41 (-44.16)	183.17 (-82.63)
	-15%: +5℃	244.02 (-50.48)	218.82 (-36.73)	194.6 (-24.34)	131.5 (-9.94)	200.24 (-43.91)	213.7 (-99.22)	181.35 (-29.22)	201.04 (-64.76)
	-30%: +5℃	235.57 (-58.93)	215.11 (-40.44)	159.29 (-59.65)	105.72 (-35.72)	189.92 (-54.23)	200.88 (-112.04)	147.84 (-62.73)	155.81 (-109.99)
	0: +2℃	299.78 (+5.28)	258.28 (+2.73)	236.83 (+17.89)	157.28 (+15.84)	247.4 (+3.25)	323.49 (+10.57)	230.08 (+19.51)	295.12 (+29.32)
	-15%: +2℃	296.61 (+2.11)	257.41 (+1.86)	228.06 (+9.12)	149.92 (+8.48)	246.66 (+2.51)	318.2 (+5.28)	218.16 (+7.59)	283.25 (+17.45)
	-30%: +2℃	294.5 (-33.76)	255.55 (-11.07)	218.94 (-38.76)	141.44 (-18.97)	244.15 (-52.8)	312.92 (-12.39)	210.57 (-58.6)	265.8 (-22.61)
	基准	328.26	266.62	257.7	160.41	296.95	325.31	269.17	288.41
考虑 CO_2 的施肥效应	0: +5℃	263.88 (-64.38)	351.6 (+84.98)	201.03 (-56.67)	222.66 (+62.25)	212.79 (-84.16)	298.92 (-26.39)	186.7 (-82.47)	271.78 (-16.63)
	-15%: +5℃	269.84 (-58.42)	354.33 (+87.71)	218.77 (-38.93)	239.12 (+78.71)	218.25 (-78.7)	305.31 (-20)	205.02 (-64.15)	292.81 (+4.4)
	-30%: +5℃	260.84 (-67.39)	350.78 (+84.16)	181.57 (-76.13)	199.14 (+38.73)	210.43 (-86.52)	291.52 (-33.79)	168.11 (-101.06)	237.28 (-51.13)
	0: +2℃	309.42 (-18.84)	319.03 (+52.41)	241.29 (-16.41)	193.61 (+33.2)	259.87 (-37.08)	378.71 (+53.4)	323.37 (+54.2)	340.71 (+52.3)
	-15%: +2℃	312.04 (-16.62)	319.77 (+53.15)	250.59 (-7.11)	202.27 (+41.86)	261.14 (-35.81)	382.22 (+53.91)	244.95 (-24.22)	354.54 (+66.13)
	-30%: +2℃	307.66 (-20.60)	317.13 (+50.51)	232.55 (-25.15)	183.33 (+22.92)	255.44 (-41.51)	373.6 (+48.29)	223.41 (-45.76)	321.92 (+33.51)
	基准	328.26	266.62	257.7	160.41	296.95	325.31	269.17	288.41

升高 2℃ 还是温度升高 2℃ + 降水量增加 15%，都对该地区小麦和玉米产量产生积极的促进作用。其中，在降水量保持不变的情况下，温度升高 2℃，对黄淮海农区的小麦和玉米产量都产生积极的促进作用，每平方米单位面积含碳量增加 2.11 ~ 17.45g 碳，并且雨养地区要比灌溉地区表现得强烈一些。降水量增加 15%，温度升高 2℃，对黄淮海农区的小麦和玉米产量都产生积极的促进作用，每平方米单位面积含碳量增加 2.73 ~ 29.32g 碳，并且雨养地区要比灌溉地区表现得强烈一些。在降水量保持不变、温度升高 5℃，降水量增加 30%、温度升高 5℃，降水量减少 30%、温度升高 5℃，降水量减少 15%、温度升高 2℃ 四种不同变化组合情景下，均对黄淮海农区的小麦和玉米产量产生抑制作用。

在考虑 CO_2 的施肥效应情况下，无论是温度升高 2℃、温度升高 5℃、降水量增加 15%、降水量增加 30%、降水量减少 15%、降水量减少 30% 单独或者不同的组合，都对该地区小麦和玉米产量产生不同程度的影响。其中，在包头站，无论是灌溉区还是雨养区，对小麦产量的增加具有明显促进作用，对玉米产量的增加具有明显抑制作用。在怀远站，对玉米产量的增加具有明显抑制作用。对小麦产量的影响不同，在降水量保持不变的情况下，温度升高 2℃，以及温度升高 2℃、降水量增加 15%，温度升高 2℃、降水量减少 15% 的不同组合，对黄淮海农区的小麦产量都产生积极的促进作用。综合来看，CO_2 的施肥效应在一定程度上抵消温度升高、降水减少对该地区小麦和玉米产量产生的不利影响。

第四节　研究结论及政策建议

从我国黄淮海平原气候变化、农田数量和质量的变化以及对谷物生产量影响的分析，我们得出结论，如果在不损害环境的前提下增产量要达到要求，则确保农业可持续发展的新政策将是至关重要的。积极应对气候变化，优化利用土地资源，退耕还林以保持土壤肥力以及水分利用效率最大化的政策应视为将来该地区粮食生产可持续发展的重要元素。

一是为保护食品安全，政策制定者应该考虑耕地保护政策，以提高效率和土地的可持续利用。保留 18 亿亩耕地红线，是确保我国粮食安全的措施之一。在过去，耕地总量动态平衡政策强调耕地的数量，但往往因各种实际理由而忽略土地质量（李等，2009 年）。在我国黄淮海平原上的土地整治所获得的土地的肥沃程度往往小于因城市化而被征用的土地。这意味着政策制定者应该采取可提供刺激的相应措施以保护肥沃土地和提高土地生产率。

二是施用肥料使土壤肥沃并具有良好的物理和化学性能，以支持作物生长，这对粮食可持续发展至关重要。应该采取各种适应战略和激励政策大幅度增加化肥的使用效率，从而提高作物的营养利用率。一方面实施精准农业，更好地将肥料供应的时空条件与作物需求相匹配，以提高肥料利用效率。田间试验结果表明养分管理策略可以同步作物养分需求与土壤和肥料的养分供应，并且与此同时大大减少化肥施用率但不降低作物产量（陈等，2006 年；郭等，2010）。另一方面，以全面的和基于知识的养分管理法为基础的施肥方法已成为中国农业可持续发展的最紧迫要求之一（郭等，2010 年）。例如，由于氮的额外使用的逐渐减少，需要政策改革以增加使用其他两个主要的无机肥料磷和钾。此外，施用有机肥和化肥的组合应用也可以帮助保持和恢复土壤肥力。

三是在水资源管理中更有效地利用气候、土地和水资源是在未来气候变化背景下粮食可持续发展的重要途径。在过去 40 年，黄淮海平原甚至整个中国都面临灌溉用水的短缺。因此更多的农民大量长期地抽取地下水，导致地下水急速减少。因此，在将来温度升高、降水减少的情况下应实行滴灌等灌溉技术，控制地下水消耗，以提高用水效率，减少盐渍化。另外，还要充分考虑 CO_2 浓度升高带来的施肥效应的影响。

第十章　气象灾害与我国粮食安全

随着工业化、城镇化进程的快速推进，我国在相当长一段时期内保障粮食稳产增产的任务十分紧迫。然而，我国是世界上自然灾害多发且损失严重的国家之一。近年来，干旱、洪涝、高温、低温等重大、突发性自然灾害发生频率不断加快，危害范围持续扩大，灾害程度进一步加深，因灾损失明显增加，严重威胁着我国的粮食生产和农业的可持续发展。据统计，21世纪以来，气象灾害已造成全国平均每年 2000 人死亡，累计直接经济损失超过 4.5 万亿元。在此背景下，应对自然灾害，增强粮食生产抗灾、防灾能力成为保障粮食安全亟待解决的突出问题。深入了解当前我国主要气象灾害的类型及其特点，分析主要气象灾害对粮食产量的影响，并提出增强粮食生产抗灾、防灾能力的对策建议，对于科学应对气候变化，有效减缓气象灾害的不利风险，树立新时代国家粮食安全观，提高我国粮食安全保障能力都有重大意义。

第一节　我国主要气象灾害的类型与特点

一　干旱

干旱是指水分的收与支或供与求不平衡而形成的水分短缺现象。我国地处东亚，季风气候明显，季风的不稳定性造成了我国干旱的频繁发生，使干旱成为对我国农业生产影响最严重的气象灾害。从时间序列上来看，1961～2013 年，全国共发生 164 次区域性气象干旱事件，其中极端、严重、中度和轻度气象干旱事件分别达 16 次、33 次、65 次和 50 次。1961 年以来，中国区域性气象干旱事件发生频次呈弱上升趋势，且不同时期变化明显：20 世纪 70 年代后期和 80 年代气象干旱事件偏多，90 年代至 21 世纪初偏少，2003 年以来总体偏多（见图 10 - 1）。

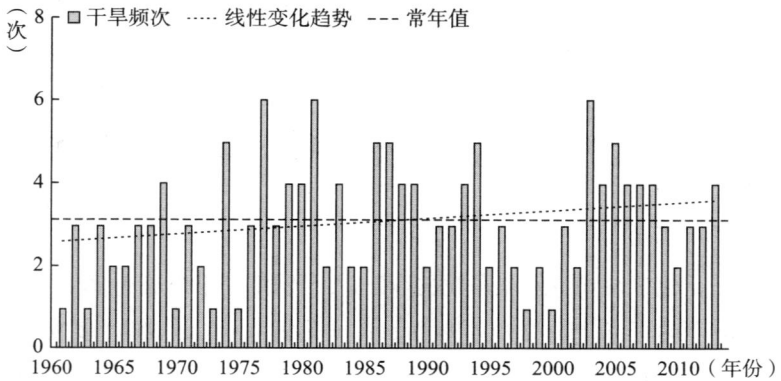

图 10 - 1　1961～2013 年全国区域性气象干旱事件频次变化趋势

资料来源：中国气象局气候变化中心《中国气候变化监测公报 2013》。

从空间分布来看，1961～2012 年，全国各站平均年持续干期为 15.38～175.79 天，平均为 51.49 天，由东南向西北呈逐渐增加趋势，高值区出现在新疆、西藏、甘肃、青海、内蒙古等西部地区。与 1961～2012 年相比，1981～2010 年无论是年均持续干期还是空间格局均没有明显变化。1961～2012 年，全国各站年持续干期的变化幅度为 - 37.63～28.17 天，平均为 - 1.97 天，有 268 个站呈增长趋势，主要分布在河北、北京、天津、山东、河南、陕西、贵州、云南、福建、广东、广西、江西、湖南等地；283 个站呈降低趋势，主要分布在新疆、西藏、青海、甘肃、黑龙江、吉林、浙江、江苏、湖北、四川等地。1981～2010 年，全国各站年持续干期的变化幅度为 - 56.48～48.26 天，平均为 - 0.91 天。与 1961～2012 年相比，1981～2010 年年持续干期呈减少趋势的站点数量略有减少，主要分布在甘肃、黑龙江、辽宁、内蒙古、青海、山西、四川、西藏、新疆等地。

二　洪涝

我国是世界上洪涝灾害发生最为频繁的国家之一，灾害波及范围广，损失严重。1984～2013 年，中国暴雨洪涝灾害多年平均受灾面积达 9.35 万平方公里，多年平均受灾人口达 8661 万人，多年平均直接经济损失达 793.78 亿元，受灾人口和直接经济损失呈现逐渐增加的趋势，并且不同省份遭受到的暴雨洪涝灾害的影响程度不同。根据 1984～2013 年中国暴雨洪涝灾害受灾面积数据统计，中国大陆多年平均灾害暴露范围为 9.35 万平方公里，约占全国国土面积的 1%。各省（自治区、直辖市）多年暴露范围均无明显变化趋势，总体上以 20 世纪 80 年代中后期平均暴露范围最小，90 年代平均暴露范围显著增大；21 世纪的前 13 年平均暴露范围有所缩减，但仍比 20 世纪 80 年代中后期年平均高出 1.36 万平方公里。30 年来灾害暴露范围最大的省份是湖北省，多年平均受灾面积达到 1.17 万平方公里，约占该省行政面积的 6%；其次是安徽和湖南省，其多年平均受灾面积分别为 0.87 万和 0.83 万平方公里，约占其行政面积的 6% 和 4%；再次是黑龙江、河南和江苏省，其多年平均受灾面积分别为 0.69 万、0.65 万和 0.60 万平方公里；灾害暴露范围最小的省份为上海、西藏、北京和青海，其多年平均受灾面积均为 0.01 万平方公里（见图 10 - 2）。

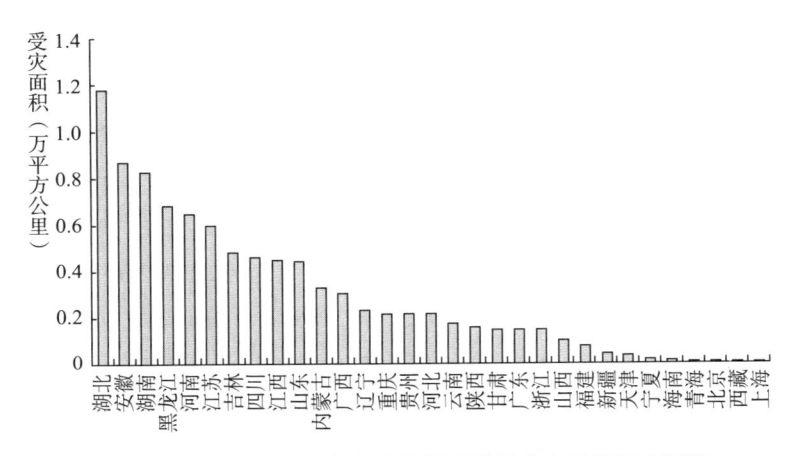

图 10 - 2 1984～2013 年各省份暴雨洪涝灾害平均受灾面积

三 低温

低温冷害主要是指农作物在生育期间遭受到低于自身生长发育所需的零上相对低温，进而引起农作物生育期延迟或生殖器官的生理机能损害，导致农作物减产甚至绝收的一种农业气象灾害。在我国发生的低温冷害主要分为夏季低温冷害、春季低温冷害与秋季低温冷害。夏季低温冷害主要集中在东北地区，春季低温冷害主要影响南方地区早稻的秧苗成活率，秋季低温冷害主要影响南方地区水稻的开花授粉与结实率。其中，夏季低温冷害是东北地区最严重的气象灾害之一。1993 年、1998 年、2001 年和 2003

年7月份东北地区东部出现的阶段性严重低温天气使多数县市减产40%左右,部分乡镇甚至绝产绝收。在东北地区,通常当日均气温低于18℃时,农作物生长发育就会受到一定的不利影响。从1961~2012年东北地区水稻低温冷害发生频次来看,总体呈中部最多、北部其次、南部较少的分布格局。黑龙江东部、吉林大部、辽宁东北部低温冷害多发,其中吉林中南局部发生频次为12~14次,平均每20年发生4~6次。

第二节　主要气象灾害对粮食生产的影响

从1997~2016年我国成灾、受灾面积来看,近20年来我国成灾受灾面积呈减少趋势,受灾面积从1997年的5342.7万公顷减少到2016年的2622.1万公顷,成灾面积从1997年的3030.7万公顷减少到2016年的1367万公顷。其中,旱灾的受灾面积呈减少趋势,从1997年的3351.6万公顷减少到2016年的987.3万公顷,2000年受灾面积最大,达到4054.1万公顷;旱灾成灾面积在波动中上升趋势明显,从1997年的295.1万公顷上升到2016年的613.1万公顷,2007年成灾面积达到1617万公顷(见图10-3)。水灾的受灾面积在1998年、2003年达到最大,分别为2229.2万公顷和1920.8万公顷,成灾面积最大也发生在1998年和2003年,分别为1378.5万公顷和1228.9万公顷(见图10-4);2008年是冷冻灾害发生最严重的一年,受灾面积达到1469.6万公顷,成灾面积达到871.9万公顷(见图10-5)。

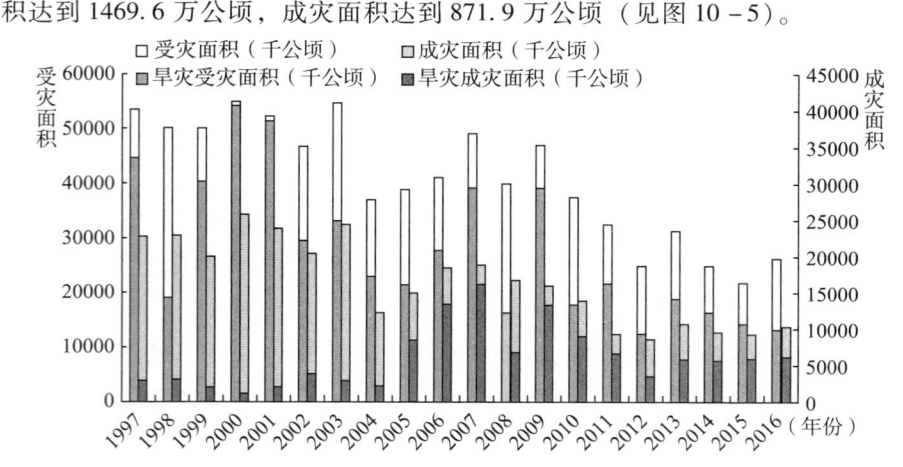

图10-3　1997~2016年我国受灾、成灾、旱灾受灾和旱灾成灾面积变化

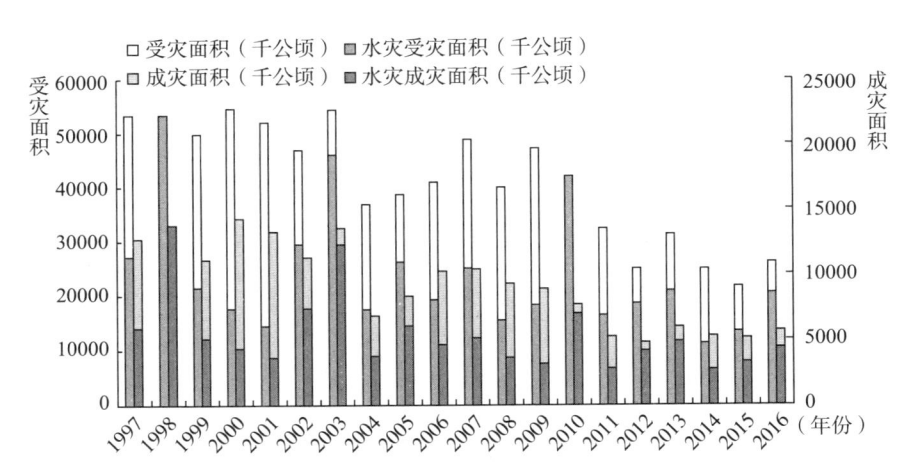

图 10 - 4 1997～2016 年我国受灾、成灾、水灾受灾和水灾成灾面积变化

从中华人民共和国成立以来受灾、成灾面积占比来看，气象灾害中以干旱灾害和洪涝灾害最为严重，二者累积所占比重大部分年份都在 80% 以上。旱灾是降水过少且缺乏必要的灌溉设施而引起农作物减产甚至绝收的一种自然灾害；涝灾则是雨量过大又不能及时排涝而导致农作物减产甚至绝收的一种灾害。旱涝灾害都与水资源有着密切的联系。但是，近几年来低温灾害和风雹灾害呈增加态势，特别是 2008 年低温受灾面积占比和成灾面积占比分别为 36.75% 和 39.13%，为当年最严重的气象灾害。此外，中华人民共和国成立以来我国洪涝灾害受灾面积占比与旱灾受灾面积占比、洪涝灾害成灾面积占比与旱灾成灾面积占比的相关系数分别为 - 0.862、- 0.865，表明旱涝灾害两者之间具有较为明显的负相关性。从历史情况来看，在特大洪涝灾害发生的年份，我国旱灾相对较轻；在旱灾异常重大的年份，我国水灾相对较轻。但是，旱涝灾害同时发生且都较为严重的可能性并非没有。在 2003 年，洪涝与旱灾成灾面积、受灾面积占比都在 35% 以上。从表 10 - 1 和表 10 - 2 不难看出，就农作物各类灾害受灾、成灾面积占比而言，旱涝灾害是影响我国农业生产最主要的自然灾害。从各阶段均值来看，我国旱涝灾害受灾面积、成灾面积占比整体呈现下降趋势，2000 年以前两者均在 80% 以上，2000 年后分别降到 73.84%、72.56%、51.29%、74.39%；且成灾面积占比要高于受灾面积占比，这也表明旱涝灾害是造成粮食减产的一个重要原因。

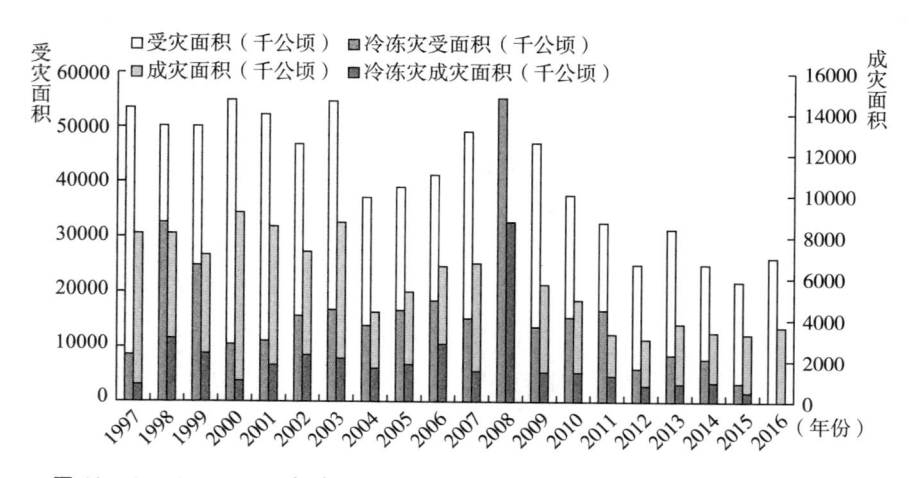

图 10-5 1997~2016 年我国受灾、成灾、冷冻灾受灾和冷冻灾成灾面积变化

表 10-1 1949~2016 年我国各时期农作物各类灾害受灾占比

单位：%

时期	项目	旱灾受灾面积占比	水灾受灾面积占比	低温受灾面积占比	风雹受灾面积占比	旱涝受灾面积占比
1949~1959 年	最大值	82.03	99.32	26.76	20.34	99.88
	最小值	0.56	11.16	0.00	0.00	68.44
	均值	43.08	43.34	6.86	6.48	87.02
	标准差	27.78	27.77	7.68	6.00	8.69
1960~1969 年	最大值	82.68	69.14	7.19	7.20	94.75
	最小值	19.37	10.38	0.00	5.25	73.76
	均值	56.54	29.28	3.11	6.25	85.82
	标准差	19.13	20.69	2.46	0.78	8.58
1970~1979 年	最大值	80.70	31.37	15.40	14.26	93.55
	最小值	57.38	6.42	0.00	6.45	73.89
	均值	67.78	15.81	5.39	10.00	83.58
	标准差	7.64	6.89	5.05	2.71	7.26
1980~1989 年	最大值	65.86	35.04	5.94	16.45	88.17
	最小值	43.78	19.36	1.60	8.67	63.14
	均值	57.08	25.43	3.34	12.22	82.51
	标准差	8.36	5.90	1.41	2.75	7.32

续表

时期	项目	旱灾受灾面积占比	水灾受灾面积占比	低温受灾面积占比	风雹受灾面积占比	旱涝受灾面积占比
1990～1999 年	最大值	64.25	44.46	17.28	16.52	89.25
	最小值	28.39	18.04	3.09	7.66	72.84
	均值	50.06	30.96	7.60	11.38	81.02
	标准差	11.03	9.74	4.63	2.73	4.91
2000～2009 年	最大值	74.13	35.24	36.75	15.93	87.52
	最小值	30.35	11.57	5.11	4.22	46.55
	均值	53.11	20.74	11.42	9.80	73.84
	标准差	14.11	7.29	9.16	3.87	11.92
2010～2016 年	最大值	50.21	46.83	13.69	13.40	82.25
	最小值	35.42	18.95	4.13	5.82	68.26
	均值	43.39	29.17	8.55	10.72	72.56
	标准差	6.38	9.20	4.85	3.40	2.71

表 10－2　1949～2016 年我国各时期农作物各类灾害成灾占比

单位：%

时期	项目	旱灾成灾面积占比	水灾成灾面积占比	低温成灾面积占比	风雹成灾面积占比	旱涝成灾面积占比
1949～1959 年	最大值	87.45	99.32	38.85	4.17	100.00
	最小值	0.56	11.09	0.00	0.00	61.15
	均值	38.84	52.94	8.67	1.27	97.78
	标准差	31.96	29.56	11.70	1.50	13.88
1960～1969 年	最大值	83.08	79.45	14.55	12.62	96.07
	最小值	11.26	9.74	0.00	0.00	76.00
	均值	56.13	34.28	9.22	5.08	84.67
	标准差	23.41	24.16	4.76	4.35	6.34
1970～1979 年	最大值	79.21	47.52	14.55	12.62	96.07
	最小值	39.86	7.33	0.00	0.00	76.00
	均值	59.57	25.10	9.22	5.08	84.67
	标准差	12.40	13.87	4.76	4.35	6.34

续表

时期	项目	旱灾成灾面积占比	水灾成灾面积占比	低温成灾面积占比	风雹成灾面积占比	旱涝成灾面积占比
1980～1989 年	最大值	64.74	39.42	17.39	4.91	89.56
	最小值	44.32	20.12	7.27	1.31	67.99
	均值	56.39	27.31	11.91	2.96	83.70
	标准差	8.88	7.00	3.30	1.29	6.17
1990～1999 年	最大值	66.02	54.74	19.17	12.32	90.50
	最小值	20.09	17.24	7.25	2.14	74.64
	均值	46.40	35.14	11.97	6.50	81.54
	标准差	15.66	14.17	3.70	3.62	5.57
2000～2009 年	最大值	62.15	37.79	39.13	14.11	84.88
	最小值	3.38	11.37	3.00	3.38	15.95
	均值	30.05	21.24	10.64	9.23	51.29
	标准差	24.06	8.42	10.31	3.64	24.61
2010～2016 年	最大值	53.04	37.89	10.38	17.30	86.37
	最小值	30.58	21.33	3.82	4.94	66.10
	均值	44.29	30.11	7.08	11.92	74.39
	标准差	7.11	6.52	2.14	4.17	6.81

第三节 增强粮食生产抗灾、防灾能力的对策建议

在全球变暖背景下，极端气候事件发生的频率不断增加，将会出现旱时更旱、涝时更涝的情况。中华人民共和国成立以来，气象灾害已经对我国农业生产造成了不利影响，但是也通过科学有效的防范措施来减少农作物的成灾面积，进而增强了粮食生产的抗灾、防灾能力。因此，当前及未来一个时期，必须从保障国家粮食安全的战略高度出发，强化粮食生产应对气象灾害的关键技术、风险防范及管理。

一 充分利用气候资源调整作物播种期

考虑到气候变暖的影响，北方地区的农业生产活动应该适度推迟秋天播种时间、稍微提前春天播种时间。一般来说，华北平原地区的冬小麦秋

播可普遍推迟 7 天以上，并可选择更长生育期的玉米品种与之配套；东北平原玉米春播配合地膜覆盖可提前到日均气温稳定通过 7℃ 的时候；长江中下游早稻播种期可适当提前，中稻可选用相对晚熟的品种，以避减水稻伏旱、高温热害。

二　选育高产优质抗逆性强的作物品种

根据全球气候变暖背景下我国农业气象灾害发生的频率、强度和类型特征变化的时空差异，在进行粮食生产经营活动中要适当选择与培育高产、优质、抗性强的农作物品种。在华北平原、东北地区气候暖干化趋势加剧的地区、发生高温热害频次高的地区应积极培育耐旱耐热的作物品种；在气候暖湿化背景下，发生高温热害的地区应培育耐湿耐热的作物品种。黄淮海地区小麦育种可适度降低对冬性的要求，但必须保持或增强对春霜冻的抗性。

三　推广农业节水栽培模式

推广节水保水农业技术是缓解水资源供需矛盾的有效措施。华北冬麦区可适时足量浇好越冬水，冬前耙糖保墒和冬季镇压提墒；黄淮麦区南部旱地可改撒播为机播，秋冬干旱年冬前适时适量灌溉，冬季镇压或在白天高于 3℃ 时少量补灌。北方旱作春玉米可采用膜下滴灌技术。黄土高原和丘陵山区旱作玉米可采用集雨补灌，平原旱作玉米采用沟植垄盖就地集雨。

四　加强农业气象灾害风险管理

加强农业气象灾害的风险分析与预估，开展我国农业气象灾害的孕灾环境、致灾因子、承灾体脆弱性、抗灾能力等研究，加强农业气象灾害风险评估，有针对性地采取不同的风险管理对策。同时，进一步完善农业气象灾害的监测、预报和预警体系，特别是要加强数据分析和预测技术研发，建立各级气象灾害应急管理系统，研究主要作物的不同气象灾害危害防御机制及形态特征的鉴别标准与诊断方法，以实现高效的应急管理和紧急处置。大力推进农业灾害保险试点，构建不同主产区主要粮食作物适应气候变化的防灾减灾农业技术体系，构建具有中国特色的农业气象减灾理论体系与区域性减灾技术体系。

第十一章　气候变化、城镇化与粮食安全：
以中原城市群地区为例

　　新型城镇化已经深刻影响和决定着我国经济的可持续发展之路，释放我国经济发展的巨大潜力。随着城镇化的不断推进和国家战略的深入实施，城市群已经成为人类活动的集中区域和规模庞大的承灾体，更容易遭受气候变化带来的不利影响。从宏观层面上来说，气候变化引起城乡结构的失衡、区域发展的失衡、居民收入分配的失衡和人民正常享有的社会公平正义的失衡等，这些失衡的诸多问题也是我国城镇化在发展和推进过程中突出表现出来的矛盾方面，这些失衡所带来的严重后果首当其冲的就是粮食安全问题。基于此，本章以中原城市群为研究区域，选取1951～2015年的气象资料，采取距平、滑动平均法、Mann-Kendall检验对中原城市群区域年平均温度、最高温度、降水、干旱指数四个气象要素的变化特征进行分析，并将这四个要素与地区生产总值、城镇化率、城乡居民收入差距、全社会固定资产投资、粮食生产总量、小麦产量、粮食播种面积、乡村从业人数、耕地面积、灌溉面积等城镇发展综合指标进行相关性分析，来研究中原城市群气候变化特征及其对城市发展、粮食安全的影响。结果表明，年平均温度、年最高温度升高，年降水量、年干旱指数呈减小趋势，且年平均温度、年干旱指数变化趋势比较明显。各气象要素的变化倾向率分别为0.21℃/10a、0.09℃/10a、－6.72mm/10a、－0.35/10a，并且各气象要素均发生气候突变。年降水量减少趋势不明显。并且20世纪70～80年代为气温、降水和干旱指数发生突变的主要时期。从周期来看，温度表现出显著的2～4年的变化周期。地区生产总值、城镇化率、城乡居民收入差距、全社会固定资产投资、粮食生产总量、小麦产量、粮食播种面积、乡村从业人数、灌溉面积等各发展指标对年平均温度具有显著的正响应，对年降水量和年干旱指数的响应不显著。

第一节　文献回顾

全球变化是当前人类生存和发展共同面临的重大现实问题。城市群作为最有效的空间组织形式，人口密度大，经济集中度高，受气候变化的影响尤为严重。随着全球气候变暖和城市化进程的不断加快，温度升高、海平面上升、极端气候事件频发给城市居民生活带来严峻挑战，已经并将持续影响城市生命线系统运行、人居环境质量和生命健康安全。中原城市群作为七大国家级城市群之一，位于全国重要的"两横三纵"城市化战略格局陆桥通道与京广通道交会区域。中原城市群的快速发展对加快促进中部地区崛起、积极稳妥推进新型城镇化建设、努力拓展我国经济发展新空间具有十分重要的战略意义。因此，研究全球气候变暖背景下中原城市群的气候变化特征及其对城市发展的影响，为中原城市群城市应对内涝、干旱缺水、高温热浪、强风、冰冻灾害等问题，增强城市适应气候变化能力提供理论依据。

目前，关于城镇化与粮食安全的研究很多。杨志海和王雅鹏（2012）运用来自我国2005～2010年1462个县（市）的面板数据，以反映城镇化本质特征的人口城镇化与农村劳动力就业非农化两个指标衡量城镇化水平，从全国和东中西三大地带这两个层面上对我国县域尺度上的城镇化发展对地区粮食安全的影响进行了实证检验。研究指出，从全国层面来看，我国推进的县域城镇化发展对全国的粮食安全起到显著的促进作用；从区域层面来看，我国中部和西部的人口城镇化快速发展都能对我国的粮食安全水平具有显著的促进作用，并且东部地区的正向作用表现不显著；西部地区的非农就业明显不利于我国的粮食安全水平，并且东部和中部地区的表现恰恰与其相反。冷智花和付畅俭（2014）认为随着粮食主产区经济和社会的双重变革，以及城乡失衡和区域失衡环境下表现出来的粮食安全和城镇化不协调发展的困境，粮食主产区自南向北发展的历程折射出我国粮食安全所隐藏的深层次原因和机理，并且粮食价格与土地利益博弈是关键所在。徐建玲和查婷俊（2014）采用熵权法与多元回归相结合的方法，对江苏省2001～2012年的城镇化发展与粮食安全数据进行了实证分析，研究结果表明经济城镇化和人口城镇化对江苏省粮食安全具有积极作用，而土地城镇化和消费城镇化对江苏省粮食安全具有一定的抑制作用，尤其是土地城镇化对粮食安全的负面影响较为显著。李隆玲等（2016）利用广东省、山东省、浙江省、河南省、四川省和北京市6省（市）在外务工人员的调查数据，利用多元线性回归和方差分析等方法，研究不同收入水平下他们食物消费方面的收入弹性，进而探究不同的收入分布格局对外出务工人员食物消费支出的不同影响，揭示外出务工人员的食物消费特点。结果表明，当收入分布格局不变，外出务工人员的收入水平提高时，他们的食物消费支出及各类食物消费总量会明显增加；当只有低收入农民工或只有高收入农民工的收入水平增加时，他们的食物消费支出及各类食物消费总量也将出现增加趋势，但是一般增幅较小；当中等收入的农民工的收入水平增加时，食物消费支出及各类食物消费总量所表现的增长幅度达到最大。

关于城市发展应对气候变化的研究，成为国内外学者关注和探讨的焦点。国外研究方面，Karl（1990）通过全面比较美国城市和乡村气象站点的气候变化情况，发现城市增温和人口增加之间存在着明显的非线性关系。Broto和Bulkeley（2013）通过对全球100个城市样本的627个城市气候变化实验数据库进行实证分析，揭示世界不同地区城市适应气候变化治理中所涉及的决策者、城市环境、治理安排和技术标准的不同组合效应。Henderson等（2017）研究指出撒哈拉以南非洲地区气候变化与城市化之间具有显著的相关关系，干旱能够提高城镇化率和城市经济收入，这是因为干旱环境增加了农业转移人口市民化的机会，从而使得更多的人逃离农业成为城市移民并从事第二产业。Parandvash和Chang（2016）研究美国波特兰大都市区城郊地区气候变化对人均用水需求的影响，并指出郊区的人均水需求对气候和失业率变化的敏感度高于城市地区，因此在进行水资源管理与城市规划过程中，要紧密结合城市居民对用水需求提前做好气候适应的准备工作。针对我国城镇化发展的新阶段和独特的气候特点，国内学者也进行了卓有成效的研究。谢志清等（2017）基于长序列气象观测资料和卫星遥感数据分析了长三角城市集群化发展对极端高温事件空间格局的影响，指出2003～2013年城市集群化发展已经改变了长江三角洲极端高温事件空间格局，并以规模为492.8～932.6km²的城市规模影响最大。董锁成等（2011）对中西部地区五大城市群气候变化响应的实证分析表明，中西部城市群是气候变化影响的脆弱敏感地区，建议国家相关部门从国家安全的战略高度来重视城市群应对气候变化影响的迫切性，研究气候变化对中西部城市群的影响以及适应对策。彭飞和韩增林（2013）利用 1951～2011年地面观测站气象数据，采用气候倾向率、距平、5 年移动平均、Mann-Kendal 等方法检验分析环渤海城市群气候变化特征及其对城市发展的响应，研究结果表明近 60 年来环渤海沿海城市气候表现为明显的温度升高，年降水量、风速和相对湿度减小的特征。并且 2000～2010 年该地区城市化水平不断提升，城市化发展指数与各气象要素之间存在相关性，城市发展所造成的下垫面性质变化，粗糙度加大，人为热排放增多，环境污染等是影响气候变化的主要因素。董妍等（2014）选取陕西关中地区 12 个大、小城市 1970～2009 年逐月平均最高、最低和平均气温资料进行不同季节的城市热岛效应分析，结果表明，无论城市规模大小，关中城市群一年四季都存在热岛效应，热岛强度存在冬春季强、夏秋季弱，大城市比小城市大的特点。

现阶段关于城镇化与粮食安全影响因素的研究主要集中在经济发展、产业结构演变、土地利用、中心城市规模、人口流动与交通系统等方面，在评价指标的选取上，往往更加关注经济发展、社会发展、资源集约利用、空间结构等方面的指标，而对于诸如气候变化等生态环境指标关注较少。在研究对象的选择上，对我国东部地区相对成熟城市的研究较多，而对于中西部地区正在成长中的城市的城市发展与运行效率的研究关注较少，深度不够。并且已有的研究表明，气候变化和城市化两大环境因子在城市群的累积叠加将会使得城市群在发展过程中面临诸如气候灾害等不利影响的可能性和不确定性更高。基于此，本研究以中原城市群为研究区域，选取1951～2015 年的气象资料，采取距平、滑动平均法、Mann-Kendall 检验对中原城市群区域年平均温度、最高温度、降水、干旱指数四个气象要素的变化特征进行分析，并将这四个要素与地区生产总值、城镇化率、城乡居民收入差距、全社会固定资产投资、粮食生产总量、小麦产量、粮食播种面积、乡村从业人数、灌溉面积城乡发展相关指标进行相关性分析，研究中原城市群气候变化、城市发展对粮食安全的影响，有助于促进中原城市群城市化水平与粮食生产能力的同步提高。

第二节 数据来源与研究方法

2016 年 12 月 30 日,《中原城市群发展规划》获批, 中原城市群正式跻身国家七大城市群之列。从具体范围来看, 中原城市群范围涵盖河南、河北、山西、安徽、山东五省 30 个省辖市, 大中小城市数量众多、各具特色, 城镇空间聚合形态较好, 常住人口城镇化率接近 50%。本章选取河南省郑州、三门峡、洛阳、开封、安阳、新乡、驻马店、南阳、商丘、信阳、许昌, 山东省菏泽, 山西省晋城、运城、长治, 安徽省阜阳、宿州、蚌埠、亳州以及河北省邢台等具有代表性、时间序列相对完整的 20 个国家级气象台站 1951 ~ 2015 年的年平均温度、年最高温度、年降水量、年干旱指数作为气候分析数据。选取 1978 ~ 2015 年各地区地区生产总值、城镇化率、城乡居民收入差距、全社会固定资产投资、粮食生产总量、小麦产量、粮食播种面积、乡村从业人数、灌溉面积等 10 个指标作为衡量中原城市群城镇化与粮食生产的具体指标。其中, 气象数据来源于中国气象局气象数据中心, 城市发展相关数据来源于各省市 1979 ~ 2016 年统计年鉴。

在研究方法上, 采用距平分析、滑动平均、回归分析法和 M-K 气候突变分析检验等分析 1951 ~ 2015 年中原城市群的气温、降水和干旱指数的变化规律。在此基础上, 利用 Morlet 小波变换和小波功率谱分析对中原城市群 64 年来年平均温度、年降水量和干旱指数进行时频分析和非平稳信号的消噪处理, 建立 0.05 水平上的高斯白噪声检验, 采用相关分析方法研究城市化进程与城市气候要素之间的相互关系。

第三节 实证分析

一 1951 ~ 2015 年气候要素的基本特征

近 64 年来中原城市群城市年平均气温倾向率为 0.21℃/10a, 呈明显的增温趋势, 年最高气温倾向率为 0.09℃/10a, 但是增温趋势不明显。从图 11 - 1、图 11 - 2 可发现年平均温度距平在 1988 年以前主要表现在负距平, 在 1988 年之后以正距平为主, 这说明 1988 年后的年平均温度 (1988 ~ 2015 年平均温度为 14.06℃) 明显高于 1951 ~ 2015 年的平均温度 (1951 ~ 2015

年平均温度为 13.63℃），中原城市群气候变暖在 1988 年以后表现得尤为显著。通过 5 年滑动平均发现年平均温度有 2 次明显的波动，1953～1993 年以冷为主，1994 ～2015 年以暖期为主。年最高温度也经历了 1951～1958 年的冷期、1959～1961 年的暖期、1962～1976 年的冷期、1977～1981 年的暖期、1982～1992 年的冷期、1993～2015 年的暖期。总体说，中原城市群温度呈波动上升趋势，年均温经历了"冷→暖"的演变过程。特别是 20 世纪 90 年代以后，中原城市群年均温和最高温度都明显高于前期。

1951～2015 年中原城市群区域内年降水量呈略微减少的趋势（气候倾向率为 −6.72mm/10a）。总体来看，年降水量变率不稳定，正负距平值交替变化，波动性较大（见图 11 - 1c），最大年降水量出现在 1964 年，最小年降水量出现在 1986 年。通过 5 年的滑动平均可以发现年降水量距平有 4 次明显的波动时期，1951～1966 年表现以正距平为主，1967～2001 年表现以负距平为主，2002～2009 年表现以正距平为主，2010～2015 年表现为以负距平为主，并且降水量减少趋势明显。

1951～2015 年中原城市群干旱指数呈明显减小趋势，变化倾向率为 −0.35/10a。总体来看，干旱指数正负距平值交替变化，呈现一定的周期性特征（见图 11 - 1d），最大值出现在 1964 年，最小值出现在 1981 年。通过 5 年的滑动平均可以发现有 6 次明显的干湿波动时期，1951～1966 年表现为以正距平为主，1967～1970 年表现为以负距平为主，1971～1977 年表现为以正距平为主，1978～2002 年表现为以负距平为主，2003～2006 年表现为以正距平为主，2007～2015 年表现为以负距平为主，并且减小趋势明显。

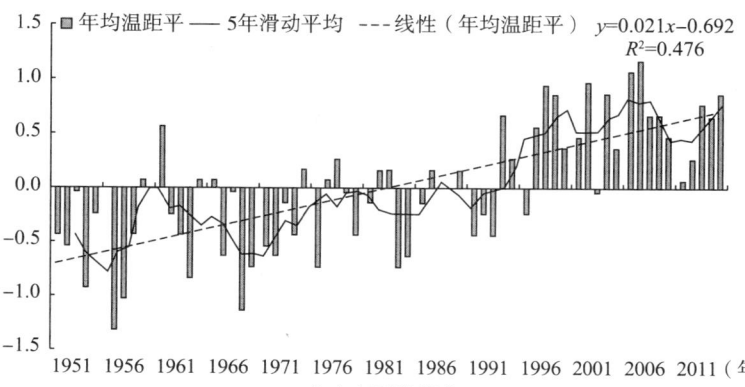

（a）年平均温度

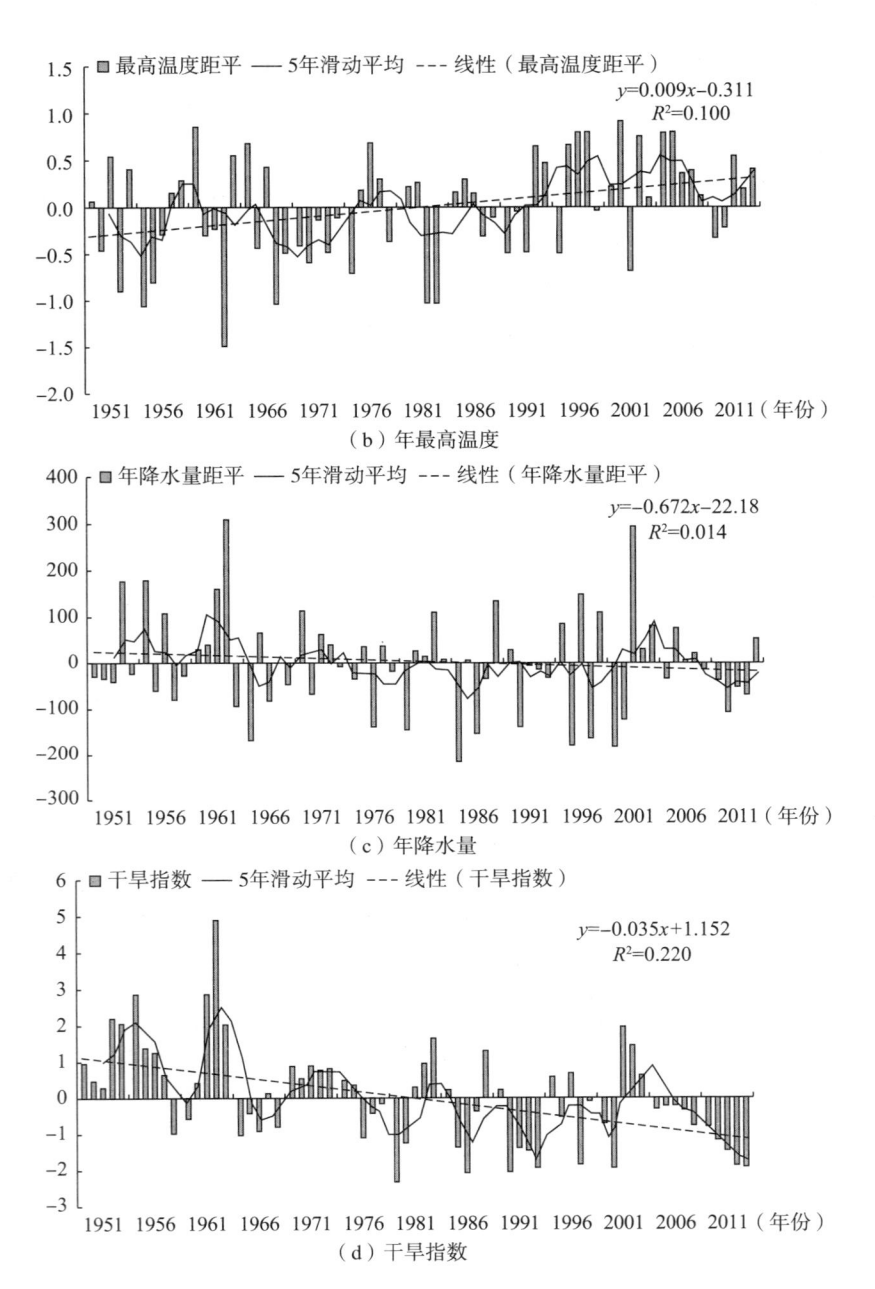

图 11－1　1951～2015 年中原城市群城市各气象要素距平、5 年滑动平均
和线性拟合方程；（a）为年均温度，（b）为年最高温度，
（c）为年降水量，（d）为年干旱指数

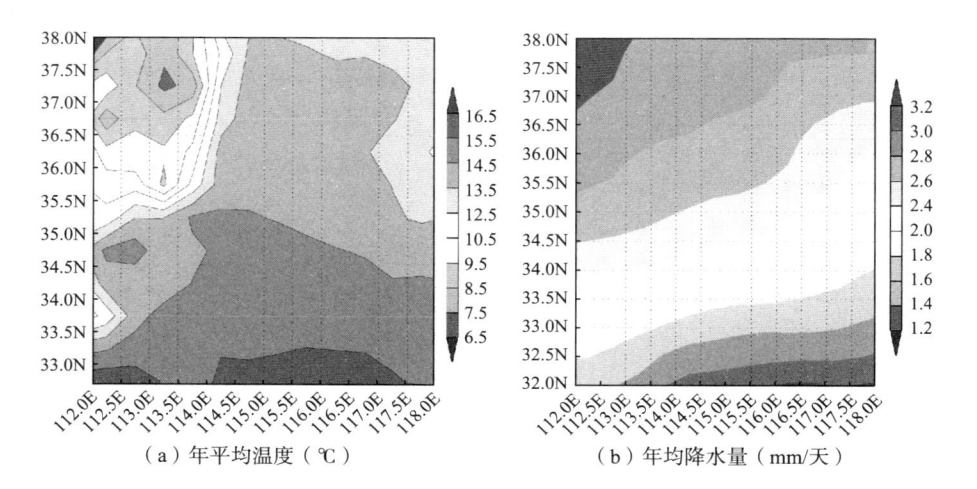

（a）年平均温度（℃）　　　　　　（b）年均降水量（mm/天）

图 11 - 2　1951 - 2015 年中原城市群温度和降水的空间分布；
（a）为年均温度，（b）为年降水量

二　Mann-Kendall 气候突变分析

Mann-Kendall 检验是世界气象组织推荐并已广泛应用到气候变化影响下的降水、干旱频次趋势检测的一种非参数统计方法，它可以有效区分这种时间序列的变化过程是存在自然波动还是存在某种规律性的变化趋势。在 Mann-Kendall 突变检验分析中，UF 与 UB 是突变检验分析中的两条曲线，定义其临界值为 ±1.96。若 UB 或者 UF 的数值大于 0 时，这表明所选取的时间序列呈缓慢上升趋势，数值小于 0 时则表明选取的时间序列呈缓慢下降趋势；当 UB 或者 UF 超过置信线时，则说明它们存在显著的上升或下降趋势；当 UF 与 UB 在临界值间有一个显著的交点，交点位于信度线之间，则此点可能就是突变点的开始。分别将中原城市群各气象要素的时间序列进 Mann-Kendall 突变检验，可得到各要素的突变检验图（见图 11 - 3）。如图 11 - 3 所示，年平均温度发生突变的年份为 1988 年，1988 年之前升温趋势变化不明显（气温倾向率为 0.1℃/10a），1988 年之后升温趋势显著（气温倾向率为 0.29℃/10a，p < 0.01），2000 年前后达到突变显著性水平。年最高温度的突变发生在 1980 年前后，1980 年以前升温趋势不明显，1980 年以后升温趋势明显，且在 2010 年达到显著水平。年降水量在 1952 ~ 1953 年前后连续发生突变以后，到 1973 年没有发生明显突变，在 1974 ~ 2009 年内突

变情况频繁发生。年干旱指数在 1976 年前后发生突变，1976 年以前呈波动增长趋势，1976 年后逐年下降，2003 年达到突变显著性水平，2007 年之后呈现微弱的增多趋势（见图 11 - 3）。

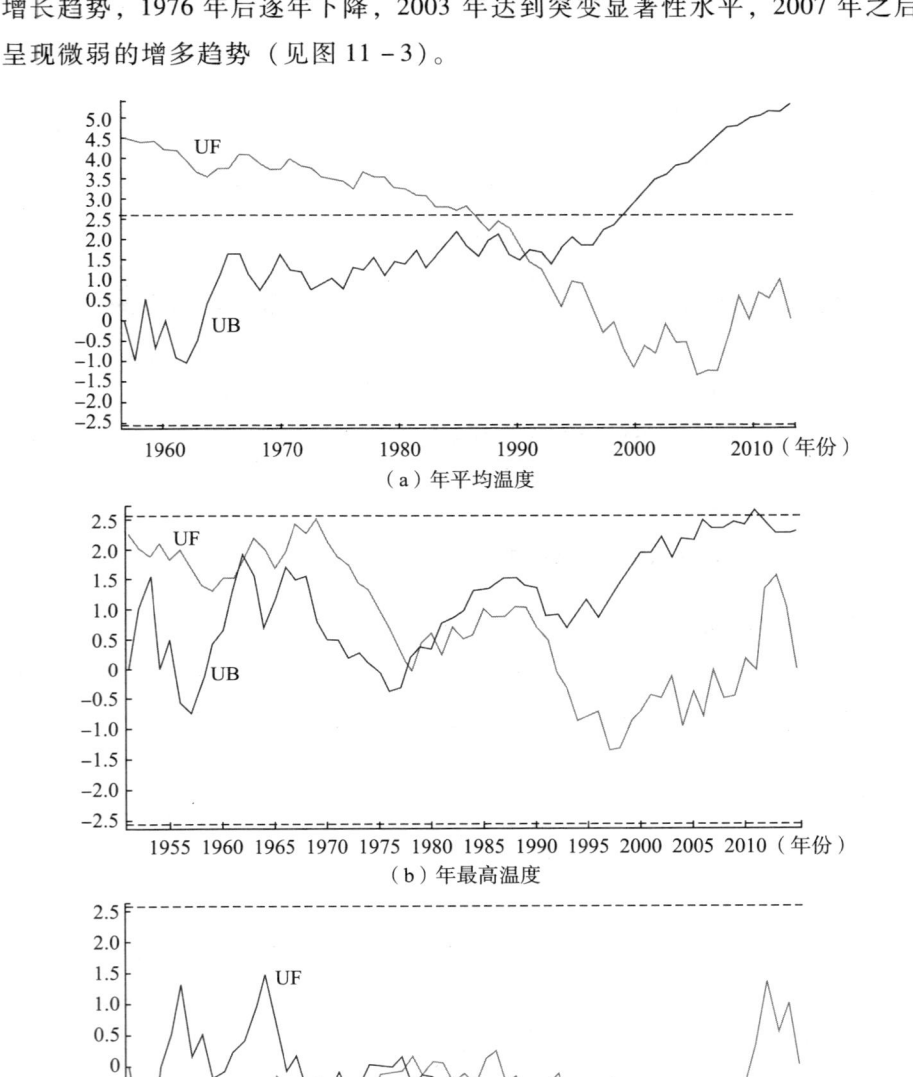

（a）年平均温度

（b）年最高温度

（c）年降水量

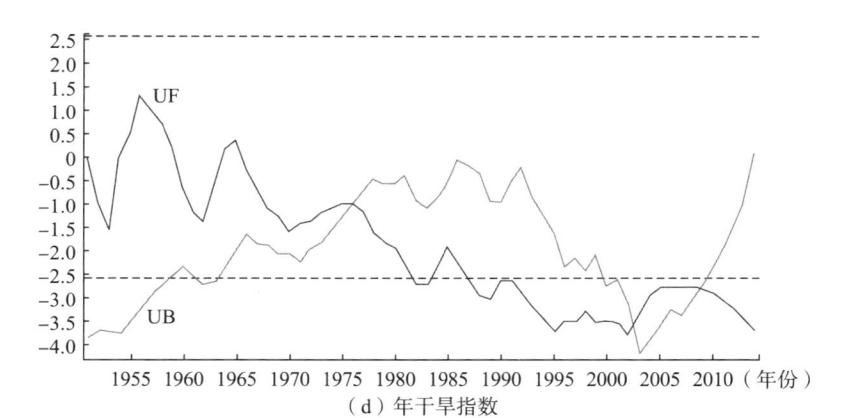

图 11 - 3　中原城市群各气象要素 Mann - Kendall 突变检验图；（a）为年均温度，（b）为年最高温度，（c）为年降水量，（d）为年干旱指数

三　Morlet 小波功率谱分析

图 11 - 4 是中原城市群 1951 ~ 2015 年年平均温度、年降水量和干旱指数的 Morlet 小波功率谱分析图。从图 11 - 4a 可知，中原城市群的温度存在显著的 2 ~ 4 年的尺度周期，但不连续。在 19 世纪 80 年代中后期有显著的 4 ~ 6 年的尺度周期，在 2010 年以后随着温度的不断升高，尺度周期并不明显存在。从图 11 - 4b 可以看出，降水的尺度周期变化不稳定，在 19 世纪 70 年代前降水存在 6 ~ 16 年周期，从 19 世纪 70 年代到 19 世纪 80 年代初期，降水的尺度周期不明显。从 19 世纪 80 年代初期到 19 世纪 90 年代初期，降水又表现出 6 ~ 10 年的尺度周期，进入 21 世纪之后没有明显的尺度周期存在。干旱指数在 19 世纪中期前后表现出明显不同的尺度周期，在 19

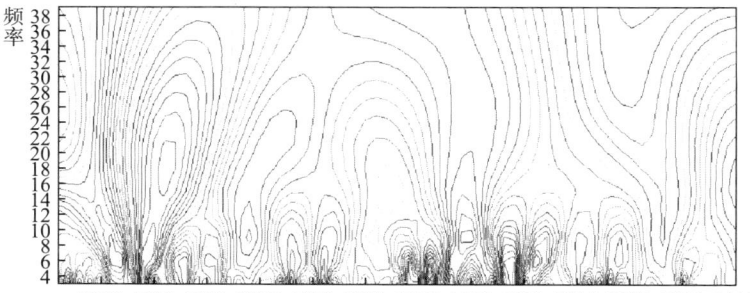

（a）年平均温度

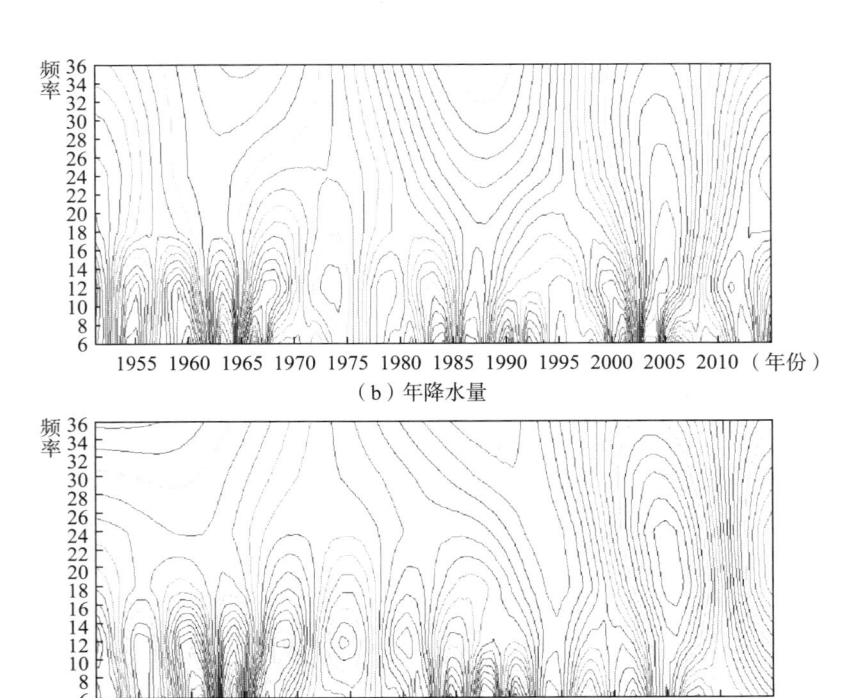

图 11 – 4　中原城市群各气象要素 Morlet 小波功率谱分析图（其中，a 为
年均温度，b 为年降水量，c 为年干旱指数）

世纪中期以前主要表现 6 ~ 16 年的尺度周期，在 19 世纪 70 年代中期以后主
要表现 6 ~ 12 年的尺度周期，但是到了 21 世纪以后，随着干旱指数的不断
降低，没有明显的尺度周期存在。

四　气候变化、城镇化与粮食安全相互关系分析

城市发展与气候变化的关系十分密切。气候变化与城市的规模扩张联
系在一起，促使城市群成为人口集中和财富密集的重要载体，从而不断面
临着城市灾害加剧的风险。特别是城市群形成以后，区域的土地利用和覆
盖方式发生了巨大的变化，不仅改变了下垫面的性质和城市微气候，也改
变了大气结构和稳定性，进而改变了干旱、雷暴和降雨发生的频次、强度
和分布，同时也加大了城市灾害的预防和应对的难度。另外，城市内涝、
高温热浪、城市热岛效应以及城市大气污染等也是城市群建设和管理所面

临的突出问题，尤其是在气候变化背景下，这些问题的应对亟待加强和完善。董锁成等（2010）研究指出，沿海五大城市群处于海—陆交互作用地带，受海陆复合型灾害的影响，而且承灾体庞大，在气候变化背景下更容易遭受重大灾害损失。赵守栋等（2014）研究指出，城市化对不同的气候要素均造成了显著的影响。气候变化是一个非常复杂的过程，城市化在不同地区所起的作用有多大，其在全球气候变化中的作用如何，还需要采用更准确的定量化研究深入阐释。吴蓉等（2016）研究城市化对安徽省极端气温事件的影响时指出，城市化对最高气温影响较弱，季节尺度的城市化影响基本都造成增温，春、秋季更明显，而增温贡献率以春、夏季更明显，冬季最小或不显著。基于以上理论分析，我们选取代表城镇化发展与粮食安全的地区生产总值、城镇化率、城乡居民收入差距、全社会固定资产投资、粮食生产总量、小麦产量、粮食播种面积、乡村从业人数、灌溉面积等10个指标来分别代表中原城市群发展过程中的农业、经济、人口、人民生活和社会发展情况，并利用SPSS16.0分析软件分析各发展指标与气候变化之间的相关关系，拟合中原城市群城市化进程、粮食安全与气候变化之间的响应方程。

从表11-1可以看出，中原城市群年平均温度与人均GDP、非农人口比重、第三产业比重、人口密度、城镇居民可支配收入、粮食产量、小麦产量、乡村从业人数、灌溉面积呈极显著的正相关关系，并通过了0.01显著水平检验，相关系数分别是0.484、0.584、0.530、0.641、0.623、0.656、0.695。年最高温度、年降水量、年干旱指数与人均GDP、非农人口比重、第三产业比重、人口密度、城镇居民可支配收入没有显著的相关关系，这说明这些气象因素受到城市下垫面性质、微气候等多种因素的影响具有很大的不确定性。由此可以看出，中原城市群城市发展对气候变化产生的影响主要表现在以下三个层面的气候效应：一是生产方式改变所产生的气候效应。人均GDP作为城市气候容量的重要测度指标，与年均温度呈显著的正相关关系，这表明经济增长对气候变化的作用是以温度改变的形式来体现。人均GDP增加，资本存量和资本积累也在增加，人均累计碳排放量也会增加，将会导致大气中CO_2浓度升高，进而引起温室效应。二是消费方式变动产生的气候效应。人口从农村地区转移到城市地区的过程自身就算作一个从低碳消费群体逐渐演变为高碳消费群体的变化过程。随着城镇居民可支配收入的不断增加、城市化进程的不断加快，以及中等收入人群比例的增大，城镇居民生活方式和消费方式的改变将会成为气候变化的重要驱动因素。以粮食为例，城镇居民消费所需要的粮食产品更加多样，对加工食品以及其他高附加价值产品的消费需求不断增长，更具营养价值和高附加价值的高端消费层次农产品将进一步替代低消费层次的初级农产品。对肉、蛋、奶、水产品这些高碳产品的消费，部分替代了小麦和大米等传统固碳产品的消费。与此同时，饲料用粮和加工用粮等非食用性农产品消费也将随着人们对畜牧产品和高级农产品需求的持续增长，在很长一段时间内保持增势。三是人口规模变动产生的气候效应，在本章中主要表现为非农人口比重和人口密度的增加对气候变化的影响。无论是人口的增长还是人口在城市集聚，都对气候变化产生一定的传导机制，可以简单地表现为假设在人均碳排量不变的情况下，城市人口的规模增加将导致 CO_2 及其他温室气体排放的增加，进而导致温室气体的排放总量明显增加。并且人口城镇化的快速发展同时带动了大规模产生人口的空间集聚，进而加速了城市居民现代快捷的生活方式有效替代农村居民传统生活方式的进程，这种结果将会引起城市居民生活排放的污染物及 CO_2 等温室气体的总量在不断增加，同时也使得能源消耗和环境压力不断增大，在有限的城市生态环境容量和生态承载力的条件下，进而引起城市环境质量出现恶化，城市热岛效应加剧。另外，人口城镇化也推动着生产方式和消费方式的变动，不仅体现在产业分工不同和产业分布差异，还表现在人们的交通方式、消费方式、居住方式以及对产品结构需求变动所导致的能源强度和能源消费碳强度发生变化等方面，这些都可以通过人口的规模变动引起碳排放总量变动，也可以通过人均碳排放量的增加引起碳排放总量的增加，进而产生气候效应。国内外学者研究表明，人口的规模变动对城市气候变化的影响愈演愈烈，人类活动排放到大气中 CO_2 的弹性系数最高可达 1.65，成为城市应对气候变化面临的巨大挑战。Knapp（1996）利用格兰杰因果关系分析 1880~1989 年全世界范围内人口增长和 CO_2 排放量之间的影响程度，研究指出人口规模增长是引起全球范围内 CO_2 排放量增加的主要动因，但是这两者之间没有存在长期的平衡关系。谢欣露和郑艳（2014）通过研究上海城市居民气候灾害风险及适应性认知分析得出，快速城市化、人口和产业集聚加剧了城市的气候暴露度和脆弱性，导致城市气候风险增加。张明顺和王义臣（2015）通过对北京市高温热浪脆弱性的评价指出，城市建筑密度、城市人

表 11 - 1　中原城市群气候变化与城市化指标相关关系

	温度	降水	干旱指数	GDP	城镇化率	城乡居民收入差距	全社会固定资产投资	粮食产量	小麦产量	粮食播种面积	乡村从业人数	耕地面积	灌溉面积
温度	1	-.064	-.164	.484**	.584**	.530**	.408*	.641**	.623**	.364	.656**	.234	.695**
		.704	.332	.002	.000	.001	.011	.000	.000		.000	.163	.000
降水	-.064	1	-.742**	.012	.067	.036	-.010	.074	.081	-.011	.027	-.051	.103
	.704		.000	.944	.688	.831	.953			.950	.874	.763	.538
干旱指数	-.164	-.742**	1	.261	-.087	-.154	-.252	-.059	-.025	-.188	-.188	-.008	
	.332	.000		.190	.607	.362	.133	.730	.885	.265	.265	.962	
GDP	.484**	.012	.261	1	.969**	.993**	.976**	.897**	.887**	.897**	.732**	.885**	.798**
	.002	.944			.000	.000	.000	.000	.000	.000	.000	.000	.000
城镇化率	.584**	.067	-.087	.969**	1	.989**	.903**	.951**	.949**	.823**	.853**	.824**	.897**
	.000	.688	.607	.000		.000	.000	.000	.000	.000	.000	.000	.000
城乡居民收入差距	.530**	.036	-.154	.993**	.989**	1	.949**	.926**	.919**	.913**	.606**	.892**	.685**
	.001	.831	.362	.000	.000		.000	.000	.000	.000	.000	.000	.000
全社会固定资产投资	.408*	-.010	-.252	.976**	.903**	.949**	1	.809**	.799**	.738**	.724**	.667**	.905**
	.011	.953	.133	.000	.000	.000		.000	.000	.000	.000	.000	.000
粮食产量	.641**	.074	-.059	.897**	.951**	.926**	.809**	1	.988**	.924**	.793**	.863**	.848**
	.000		.730	.000	.000	.000	.000		.000	.000	.000	.000	.000
小麦产量	.623**	.081	-.025	.887**	.949**	.919**	.799**	.988**	1	.919**	.931**	.652**	.905**
	.000		.885	.000	.000	.000	.000	.000		.000	.000	.000	.000

	温度	降水	干旱指数	GDP	城镇化率	城乡居民收入差距	全社会固定资产投资	粮食产量	小麦产量	粮食播种面积	乡村从业人数	耕地面积	灌溉面积
粮食播种面积	.364*	−.011	−.188	.897**	.823**	.865**	.913**	.738**	.724**	1	.487**	.852**	.540**
	.025	.950	.264	.000	.000	.000	.000	.000	.000		.002	.000	.000
乡村从业人数	.656**	.123	.027	.732**	.853**	.793**	.606**	.924**	.931**	.487**	1	.946**	.570**
	.000	.461	.874	.000	.000	.000	.000	.000	.000	.002		.000	.000
耕地面积	.234	−.051	−.188	.885**	.824**	.863**	.892**	.667**	.652**	.852**	.946**	1	.570**
	.163	.763	.265	.000	.000	.000	.000	.000	.000	.000	.000		.000
灌溉面积	.695**	.103	−.008	.798**	.897**	.848**	.685**	.919**	.905**	.540**	.570**	.570**	1
	.000	.538	.962	.000	.000	.000	.000	.000	.000	.000	.000	.000	

口密度、低收入人口比例、建成区绿化覆盖率、高温预警和信息传播能力、公众对高温危害的认知程度、基础设施建设和服务水平七项指标在区别不同区域高温热浪脆弱性分布方面发挥了重要作用。

年降水量、年干旱指数与城镇化率的相关关系不显著。由此可以说明，随着中原城市群城市化水平的不断提高，经济规模不断壮大，全社会固定资产投资不断增加，城市人类活动不断增强，城市区域内土地利用和土地覆盖方式发生改变，形成以城市建设用地为主的城市发展格局，这样会严重影响城市下垫面热力结构和热力性质，从而导致城市增温明显，容易形成城市热岛效应。

中原城市群年降水量、年干旱指数与地区生产总值、城镇化率、城乡居民收入差距、全社会固定资产投资、粮食生产总量、小麦产量、粮食播种面积、乡村从业人数、灌溉面积没有显著的相关关系，这说明年降水量受到城市下垫面性质、微气候等多种因素的影响而具有很大的不确定性。因此，在拟合方程中我们只需考虑年平均温度的影响。从图 11 - 5 可以看出，年平均温度与地区生产总值、城乡居民生活收入差距、全社会固定资产投资呈显著的对数关系，方差解释量分别为 42%、43.6% 和 42.8%；与城镇化率呈显著的二次方程关系，方差解释量为 49.4%。与粮食产量、小麦产量、粮食播种面积、乡村从业人数、灌溉面积呈显著的线性关系，方差解释量分别为 41%、38.8%、13.2%、43.0% 和 48.3%。

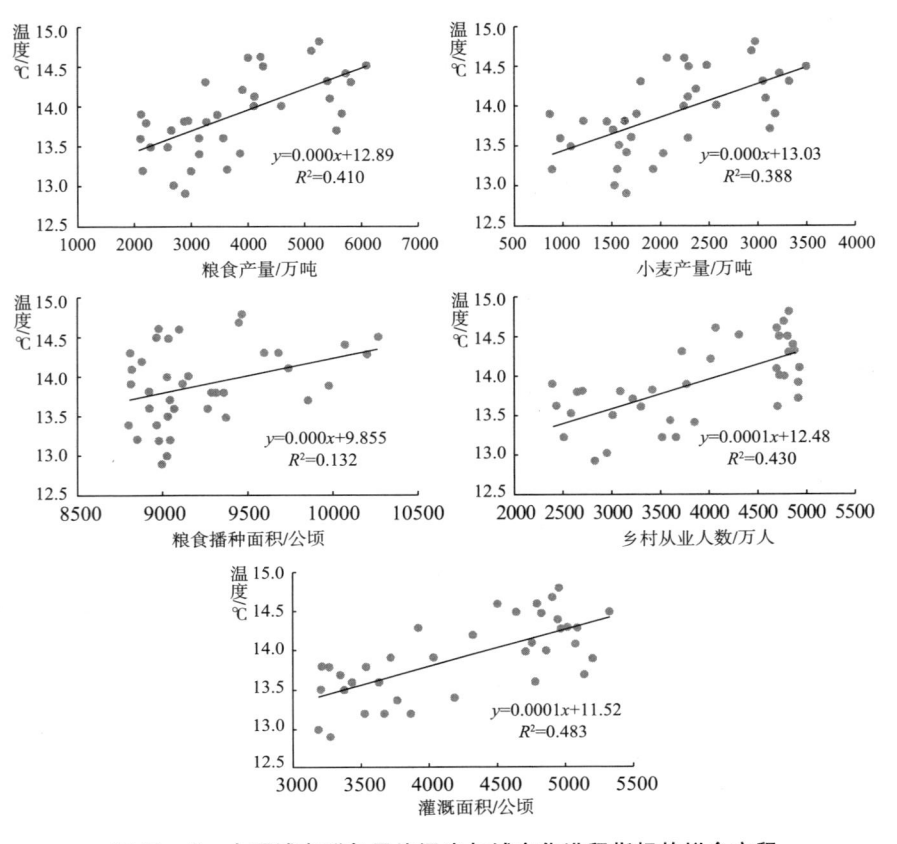

图 11－5　中原城市群年平均温度与城市化进程指标的拟合方程

第四节　研究结论及政策建议

一　主要结论

本章通过滑动平均、回归分析、Morlet 小波变换、相关分析和 M-K 气候突变分析检验等方法分析 1951～2015 年中原城市群的温度、降水和干旱指数的变化规律以及 1978～2015 年中原城市群地区生产总值、城镇化率、城乡居民收入差距、全社会固定资产投资等城市发展指标与气候变化之间的响应关系。结果表明：

（1）1951～2015 年中原城市群气候变化特征明显，主要表现为年平均温度升高，年降水量、年干旱指数呈减小趋势，且年平均温度、年干旱指数变化趋势比较明显。各气象要素的变化倾向率分别为 0.21℃/10a、-6.72mm/10a、-0.35/10a，并且气温、降水和干旱指数等气象要素都经历了不同时期的波动变化。通过 Mann-Kendall 气候突变分析表明，年平均温度发生突变的年份为 1988 年，年降水量在 1973 年前后，年干旱指数在 1976 年前后。

（2）从气候变化的周期来看，温度表现出显著的 2~4 年的尺度周期；年降水量和年干旱指数在 20 世纪 70 年代以前表现出 6~16 年的尺度周期，尤其是进入 21 世纪以后，基本不存在明显的尺度周期。

（3）1978~2015 年中原城市群地区生产总值、城镇化率、城乡居民收入差距、全社会固定资产投资、粮食产量、小麦产量、乡村从业人数、灌溉面积等城市化进程和粮食安全指标对年平均温度具有显著的正响应，对年降水量和年干旱指数的响应不显著。这表明，随着城市化水平的不断提高，经济规模不断壮大，城市人类活动不断增强，中原城市群表现出明显的城市"热岛效应"。

二　政策建议

城市适应气候变化事关人民群众切身利益，事关城市是否生态宜居和持续健康发展，事关粮食安全保障问题，事关全面建成小康社会。在全球变暖和城市化加速发展的背景下，中原城市群整体应对未来气候变化的不确定性和风险很可能加剧，提升城市群适应气候变化的能力是一个系统工程，需要多点支撑、共同发力。基于此，通过以上分析，就中原城市群城市发展、粮食生产适应气候变化提出以下四个方面的政策建议。

（1）加强中原城市群适应气候变化的顶层设计。城市适应气候变化是一项系统工程，涉及城市规划、城市管理、产业与能源低碳转型等各个方面。加强中原城市群适应气候变化的顶层设计对于科学阐述规划和城市灾害风险管理具有重要作用。在编制城市群发展战略规划、国民经济发展规划、城市生态环境规划时要充分考虑气候变化的影响，明确城市适应气候变化的重点领域、优先序、承载力及可能风险。研究出台中原城市群适应气候变化的行动方案，探索建立区域适应气候变化的技术支持机构或专家委员会，建立灾害风险统计和监测信息平台，制定高温热浪、低温雨雪、暴雨内涝和持续性干旱等各类极端天气气候事件情景下中原城市群在用水、用电和城市交通等方面安全保障的应急联动预案等。

（2）提高城市基础设施适应气候变化的支持能力。根据中原城市群城市发展与温度、降水量的相关关系，进一步完善供水、供电、供气、通信等城市基础设施的建设标准，提高城市生命线支持系统的稳定性和抗压性。将极端高温、极端降水、极端干旱等极端天气气候事件监测预警纳入城市基础设施规划与建设中，进一步提升道路、能源、电力等耐受气候变化影响的变幅阈值。强化城市低碳化建设，在建筑施工设计过程中要充分考虑到当前及未来气候变化对新建建筑的可能影响，积极发展节能、环保、可持续的绿色装配式建筑。有效促进建筑废弃物资源的循环再生，建立健全城市垃圾填埋的回收利用机制。支持发展城乡社区低碳化，推进共享单车、城市步行系统建设，着力倡导绿色、低碳的生活方式。

（3）积极开展气候适应型城市建设。推进气候适应型城市生态系统建设，依托中原城市群地处南北气候过渡带的生态优势，以及太行山、伏牛山、桐柏—大别山三大山地生态屏障，积极发展城市绿地和城市水系，统筹推进山水林田湖衔接联通，开展城市生态修复、城市修补"双修"工作，着力构建城市"斑块—廊道—基质"绿色化发展格局，有效发挥城市小气候调节和消减功能。加强海绵城市建设，通过多种方式建设微型湿地、生物滞留带等城市海绵体和雨洪回收利用体系，提高城市应对高温、干旱的响应能力。进一步完善城市适应气候变化的社会参与机制，不断强化企业的主体作用和低碳责任意识。加强国内外城市群之间应对气候变化的交流与合作，吸收借鉴先进经验和先进技术，构建公平、共赢、共享的全球气候治理体系。

（4）加强科技研究，健全科研成果推广体系。科学技术是第一生产力，应该充分重视科学技术对粮食生产的作用。国家应该加大对中原城市群地区农业科技的投资力度，要在优质、高产、稳产农作物新品种的研究和推广方面下大功夫，并且高新技术的研究及推广应用应该加快。要高度重视农业推广机构的建立，健全队伍，加快使科学技术这一潜在生产力向现实生产力转化。同时，要以品种创新为重点，进一步加强五大经济作物的良种繁育中心建设，加速优良品种的选育进程，提高育种效率，以促进和提高粮食生产水平。加强农机科研开发体系，不断提高农业机械的利用率。

第十二章 气候变化对辽宁省玉米产量的影响：基于 SPEI 指数（标准化降水蒸散指数）分析

开展区域干旱机理分析与时空动态演变特征研究，探究区域干旱形成及其分异规律，对于不断提高科学预警与管理干旱水平具有重要意义。本章基于辽宁省 25 个典型气象站 1957～2013 年的气象资料和 1981～2012 年的玉米生产资料，分析辽宁省玉米生长季的干旱风险时空变化和周期变化特征，计算其标准化降水蒸散指数（Standardized Precipitation Evapotranspiration Index，SPEI），并验证了其与玉米减产率的相关关系。结果表明，SPEI 能够较好地反映辽宁省历史干旱变化的时空特征和玉米产量的变化情况；从干旱发生频率来看，孕穗、抽穗期＞成熟期＞生育前期，孕穗、抽穗期是玉米生长季干旱发生的主要阶段，同时在生育前期春旱发生相对频繁；从空间分布特征来看，玉米不同生长季干旱频率和干旱程度存在空间差异，总体上从东南到西北递增，干旱最为严重是辽西北的清源、朝阳、建平等地区；从周期特征来看，生育前期干旱具有 2～5 年的周期，孕穗、抽穗期和全生育期干旱具有 10 年左右的周期；从统计分析结果来看，辽宁省大部分地区不同生长阶段 SPEI 与玉米减产率呈正相关关系，玉米全生育期干旱指数与玉米减产率相关性较大，其中丹东最为显著，相关系数高达 0.55（$p < 0.01$），表明玉米生长季的干湿状况对玉米产量的影响较大。

第一节 文献回顾

全球气候变暖引发的区域性干旱发生频次多、影响范围广、持续时间长，是当前气候变化研究关注的热点问题。我国地处东亚季风区域，受干旱影响较为严重，特别是农业生产、水资源和人类活动。据统计，我国每年因干旱减产粮食产量达50亿公斤，其中20世纪50～80年代损失的粮食产量能占到全国粮食产量的一半左右。因此，准确把握干旱发生特征，定量研究区域干旱指数，有效规避区域性干旱造成的不利影响，对制定气候变化农业适应策略，加强干旱风险管理具有十分重要的指导和借鉴意义。

近年来，关于干旱的定量研究方法很多，从最初的基于水分平衡的帕尔默干旱指数（PDSI），到只考虑降水因子的标准化降水指数（SPI），再到基于 Peman-Monteith 公式的标准化降水蒸散指数（SPEI-PM）以及应用最为广泛的标准化降水蒸散指数（Standardized Precipitation Evapotranspiration Index，SPEI）。关于标准化降水蒸散指数是基于降水与蒸散盈亏平衡，既具有 SPEI 对温度的敏感性，又具有 SPI 多尺度、多空间的特征，应用前景广泛。王文举等（2012）基于标准化降水蒸散指数（SPEI），分析了湖北省近50年不同时间尺度干旱演变特征。指出不同时间尺度干湿变化频率、持续时间、干旱强度、发生范围存在明显差异，但其年际变化特征基本一致，程度略有差异。在6个月及更长时间尺度上，20世纪60年代前期、70年代前期及80年代至90年代前期是湖北省较为湿润的时期，20世纪90年代后期以来尤其是21世纪初的10年湿期明显减少，干期明显增加。李翔翔等（2017）利用黄淮海平原45个气象站点1961～2014年月值气象数据，基于 Peman-Monteith 蒸散模型计算了标准化降水蒸散指数（SPEI），对黄淮海平原近54年干旱变化趋势、发生频率和持续性特征进行了分析，并探讨了 SPEI 指数与河南、河北和山东省农业干旱面积的关系，结果表明，近54年黄淮海农区干旱演变具有明显的代际差异，20世纪60年代干旱频率最高，而21世纪初干旱频率整体偏低；其中20世纪60年代遭受的持续性干旱最为严重，平均干旱持续时长约2.6个月，21世纪初下降到1.5个月。农业干旱面积与 SPEI 具有中等以上的相关强度，其中对山东省受灾、成灾和绝收面积相关系数达到 -0.7以上。张玉静等（2015）利用华北冬麦区45个气象站1961～2010年逐月温度与降水数据，选取标准化降水蒸散指数 SPEI 作为区域干旱指数进行华北冬麦区近50年干旱时空特征分析。研究表明，近50年来华北地区平均温度明显上升，整体呈现干旱化加剧趋势。不同区域之间增温率不同，导致干旱化趋势存在差异。闫研和李忠贤（2015）利用河南省24个地面气象站1961～2009年逐日降水和气温资料计算 SPEI，并按照 SPEI 的标准界值将干旱强度划分为轻度干旱、中度干旱和极端干旱。研究指出冬小麦各个生育阶段均出现过不同程度的干旱，只是不同地区、不同年份发生的频率和强度不同，但各阶段均存在着轻度干旱发生的概率最大，而极端干旱发生的概率最小的特点。

辽宁省（38°43′~43°26′N，118°53′~125°46′E）位于我国东北地区南部，总面积约 14.59 万平方公里，是我国重要的优质玉米生产基地和玉米出口基地（Wu 等，2004；郭庆法等，2004）。研究区属于暖温带大陆性季风气候区，多年平均温度在 7℃~11℃，年总降水量在 700~1100mm，降水分布不均匀，季节性干湿变化明显，干旱频率多发，特别是西部地区。根据历史旱灾资料记载，辽西北地区在 1689~1948 年的 260 年间，共发生大小旱年 40 次，平均每 6.5 年一次。1949~2008 年共发生旱灾 28 次，平均约每 2 年发生一次。尤其是近年来，随着全球气候变暖和人类活动的加强，进一步加重了旱灾的发生，特别是 2000~2012 年的 13 年间，全省发生较严重旱灾的年份达到 8 年，干旱频次明显增高。干旱灾害频次和程度的日益增加，给当地的经济社会发展、人民生活和农业生产带来了严重危害（陈瑞和沈英浩，2004；高西林和刘焕莉，2011）。因此，本章基于 SPEI 指数对辽宁省 1957~2013 年干旱时空变化特征进行分析，并结合玉米生育前期、孕穗、抽穗期、成熟期等不同生长阶段研究玉米产量与干旱指数之间的相互关系，以期为辽宁省玉米生产和干旱风险管理提供参考和指导。

第二节　数据来源与研究方法

一　数据来源与处理

本研究选取了辽宁省 25 个代表性站点的气象数据。所需的气象数据主要来源于中国气象局的气象数据共享中心（http：//cdc.cma.gov.cn/），包括辽宁省 25 个站点的月降水量、月平均温度和月日照时数，时间长度为 1957~2013 年。玉米生产资料包括 1978~2012 年辽宁省玉米播种面积、单位面积产量和总产量等数据，数据来源于辽宁省统计年鉴、新中国农业 60 年统计资料及辽宁省农业厅数据库。

基于 25 个代表性站点的气象资料计算出每个站点不同时间尺度的

SPEI，然后利用 SPEI 指数分类确定干旱发生的不同等级并根据干旱频率公式得到每个站点不同干旱等级的干旱发生频率，并利用 ArcGIS 软件计算生成辽宁省干旱频率区域分布图，用来分析辽宁省干旱的空间分布特征。与此同时，将 25 个气象站点的 3 个月、6 个月、9 个月和 12 个月时间尺度的不同 SPEI 值进行算术平均后得到辽宁省玉米不同生长期的 SPEI 时间序列分布，然后对它们进行时间序列的变化趋势分析。最后，结合辽宁省玉米生产资料计算出玉米干旱减产率，并利用 SPSS 统计分析软件对玉米干旱减产率和气象指标及不同时间尺度的 SPEI 进行相关性检验。

二　SPEI 计算方法

SPEI 指数（标准化降水蒸散指数）是以每月平均温度、每月降水量和每月日照时数为输入数据，通过在计算 SPI 指数（标准化降水指数）的基础上引入蒸散量的正态标准化处理得到的。SPEI 计算软件来自 http：//digital. csic. es/handle/10261/10002，具体计算过程主要分为以下 4 个步骤：

第一步：基于 Thornthwaite 方法计算逐月的潜在蒸散量（Potential Evapotranspirtation，PET），计算公式如下：

$$PET = 16K(\frac{10T_i}{H})^a \tag{1}$$

式（1）中 K 为纬度和每月的订正系数；T_i 为月平均温度（℃）；H 为每年的热量指数，由 12 个月的月平均热量指数累加得到；a 为常数。当每月的平均温度值 $T_i \leq 0℃$，则该月的热量指数值 $H_i = 0$，该月的潜在蒸散量 $PET_i = 0$。

第二步：计算逐月的水平衡值：

$$D_i = P_i - PET_i \tag{2}$$

P_i 为每月的降水量（mm），PET_i 为月潜在蒸散量。

第三步：建立不同时间尺度的水分盈（亏）累积序列：

$$D_n^k = \sum_{i=0}^{k-1}(P_{n-i} - PET_{n-i}) ， n \geq k \tag{3}$$

其中，k 为以月为单位的时间尺度，n 表示计算次数。

第四步：基于三种参数的 log-logistic 分布对当地降雨量与潜在蒸散之差

D 按照概率密度函数拟合所建立的时间序列：

$$f(x) = \frac{\beta}{\alpha}(\frac{x-\gamma}{\alpha})^{\beta-1}[1 + (\frac{x-\gamma}{\alpha})^{\beta}]^{-2} \tag{4}$$

式（4）中，α 为尺度函数，β 为形状参数，γ 为 origin 参数，这些参数可通过线性矩阵法（L-moment）求得。其中，给定时间尺度的累积概率计算公式为：

$$F(x) = [1 + (\frac{\alpha}{x-\gamma})^{\beta}]^{-1} \tag{5}$$

通过对时间序列进行标准正态分布转换，得到相应的 SPEI：

$$SPEI = W - \frac{C_0 + C_1 W + C_2 W^2}{1 + d_1 W + d_2 W^2 + d_3 W^3} \tag{6}$$

$$W = \sqrt{-2\ln(P)}$$

当 $P \leq 0.5$ 时，$P = 1 - F(x)$；当 $P > 0.5$ 时，$P = 1 - P$，同时将 $SPEI$ 变换相应的符号。式（6）中的常数项分别表示为 $C_0 = 2.51557$，$C_1 = 0.802853$，$C_2 = 0.010328$，$d_1 = 1.432788$，$d_2 = 0.189269$，$d_3 = 0.001308$。

我们根据 SPEI 指数确定不同的划分干旱等级的标准，如表 12-1 所示，依据这个标准我们就可以确定辽宁省某个站点在当年发生干旱是否严重。

表 12-1　标准化降水蒸散指数（SPEI）对应的干旱等级划分

干旱等级	无旱	轻微干旱	中等干旱	严重干旱	极端干旱
SPEI 值	(-0.5, 0]	(-1.0, 0-0.5]	(-1.5, -1.0]	(-2.0, -1.5]	(-∞, -2.0]

三　玉米生长季干旱分析方法

辽宁省玉米生长季可分为四个阶段：（1）生育前期：包括播种前的土地整理、播种及出苗阶段，对应于玉米生长季的 3~5 月，以 5 月份的 3 个月时间尺度的 SPEI 表征（May-SPEI-3）；（2）孕穗、抽穗及灌浆期：对应于玉米生长季的 6~8 月，以 8 月份的 3 个月时间尺度的 SPEI 表征（Aug-SPEI-3）；（3）成熟期：通常辽宁省玉米在 9 月中下旬收获，对应于玉米生长季的 7 ~ 9 月，以 9 月份的 3 个月尺度的 SPEI 表征（Sep-SPEI-3）；（4）全生育期：辽宁省玉米全生育期对应于 4 ~ 9 月，以 9 月份 6 个月尺度的 SPEI 表征（Sep-SPEI-6）。

玉米生长季干旱等级划分标准如下：－0.5 < SPEI < 0 表示轻度干旱，－1 < SPEI ≤ －0.5 表示中度干旱，－2 < SPEI ≤ －1 表示重度干旱，SPEI ≤ －2 表示极端干旱。根据生长季干旱等级划分标准计算每一个站点生长季不同阶段每一等级干旱发生的频率 F，其中 F = 发生某一等级干旱的月份记录数/总月份记录数。

四 玉米产量计算方法

在分析长时间序列的作物产量与气象因子之间关系时，一般将作物产量分离出气象产量、趋势产量和随机产量三部分（房世波，2011）。本文假设玉米产量的构成表达式为：

$$y = y_t + y_d + y_c \tag{7}$$

其中 y 为玉米的实际产量；y_t 为玉米的趋势产量，主要反映历史时期科技进步等生产力发展水平；y_d 为玉米受气候影响的波动产量；y_c 为随机产量，一般忽略不计。采取线性模拟计算玉米的趋势产量，并得出玉米减产率指标 $\hat{y}_t$：

$$\hat{y}_t = \frac{y - y_t}{y_t} \times 100\% \tag{8}$$

五 M-K 检验

对辽宁省年平均温度和年总降雨时间序列变化的趋势检验选用常见的 Mann-Kendall 气候突变检验方法。Mann-Kendall 检验在数理统计上是一种非参检验，该方法的优点是基本不需要考察样本是否遵从一定的分布，同时也不受少数奇异值的干扰，具体的计算方法如下。

对于具有 n 个样本量的时间序列 x，构造一秩序列：

$$S_k = \sum_{i=1}^{k} r_i , \quad k = 2, \ 3, \ 4 \cdots , \ n,$$

其中：$r_i = \begin{cases} +1, & \text{当 } x_i \geqslant x_j \\ 0, & x_i < x_j, \end{cases} \quad j = 1, 2, \cdots, i$

秩序列 Sk 是第 i 个数值大于第 j 个数值个数的累计值。

假设时间序列呈随机独立分布，则我们定义统计量

$$UF_k = \frac{[S_k - E(S_k)]}{\sqrt{var(S_k)}}, k = 1, 2, \cdots, n$$

式中 UF1 = 0，E（S_k），var（S_k）是累计数 sk 的均值和方差，

$$\begin{cases} E(S_k) = \dfrac{k(k-1)}{4} \\ var(S_k) = \dfrac{k(k-1)(2k+5)}{72} \end{cases} \quad k = 2, 3, \cdots, n$$

UFi 是标准的正态分布，我们给定它的显著性水平 α，如果 | UFi | > U_α，那么说明所研究序列则存在比较明显的趋势变化。当 $UB_k = -UF_k$（k = n，n−1，…，1），也就是 UF_k 和 UB_k 两条曲线在某个地方出现了交点，并且交点恰好在这两个临界线之间，表明这个交点所对应的横坐标就是气候突变点开始的时间。

六　EOF 分析方法

对辽宁省 25 个气象站点 1957～2013 年的 SPEI 指数矩阵实施经验正交分解，这样就可以全面了解辽宁省玉米种植区的干旱分布和变化特征。一般来说，经验正交函数分析（EOF）在研究气候变化时间序列中应用非常广泛。它的主要优势是没有固定的生产函数，而且能够在非常有限的区域对气象站点的不规整分布执行极其迅速的展开与收敛，并将研究变量场的大部分信息都集中在具有代表性的少数变量模态上，从而分离出代表一定物理价值的空间模态结构。对于一个由 m 个气象台站 n 次观测记录组成的函数变量场，通过 EOF 正交分解，可以把原来变量场 Xmn 分解成为互相正交的空间正交函数 Vmi 与时间正交函数 Tin 的乘积之和：Xmn = Vmi · Tin。最后，利用主成分分析将这些正交函数按照不同的方差贡献率进行大小排列，它们代表了这些要素场最基本多种分布形式，从而可以实现用前面几个有效的空间函数和与之相对应的时间函数的线性组合对原始变量场做出相应的估计和解释。

第三节　实证分析

一　1957～2013年辽宁省增温趋势及其对区域干旱化的影响程度

对辽宁省1957～2013年平均降水量和年平均温度进行M-K气候突变检验（见图12-1），由此可以清楚地看出二者随时间的变化趋势。自1967年开始辽宁省全年平均降水量出现减少的趋势，从1970年开始辽宁省年平均温度出现一次明显的变暖趋势，从1983年开始辽宁省的这种气候增暖趋势通过了95%的置信水平检验，后期甚至超过了99%的置信水平检验，这表明辽宁省全年平均温度上升的趋势十分明显，增温现象显著。年平均温度的UF曲线与UB曲线的交叉点位于1983年，这样可以认定这一年是全省温度开始突变的时间点。年平均温度的升高和降水的减少，同时增加地表蒸散，从而进一步加剧了辽宁省气候暖干化趋势，造成水分亏损严重，不利于农作物生长。

从图12-2可以看出，生育前期SPEI值沿着0上下剧烈波动，反映出短期降水对夏玉米生长前期的影响。而且，随着时间尺度的增大，这种波动显得较为平缓，且存在一定的周期性，表明在孕穗期、抽穗期、灌浆期和成熟期受到干湿变化规律性影响。从全生育期来看，这种变化规律体现得更为明显，且持续周期长。从图12-3可以看出，抽穗期、成熟期与全生育期变化趋势基本一致，且1975～1985年、1997～2009年容易发生连续性干旱。

辽宁省年均温度的M-K检验曲线

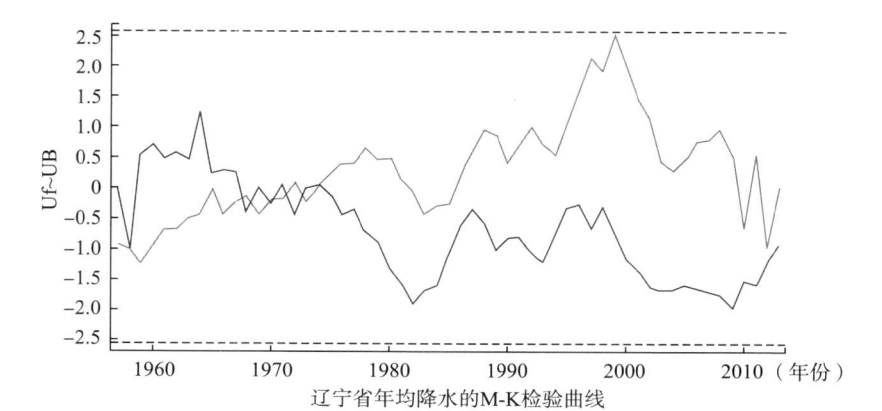

辽宁省年均降水的M-K检验曲线

图 12 – 1 辽宁省年均温度、年均降水的 M – K 检验曲线

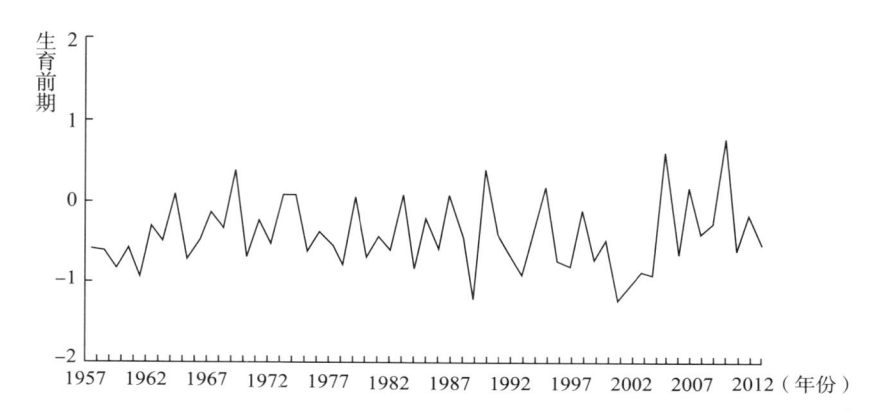

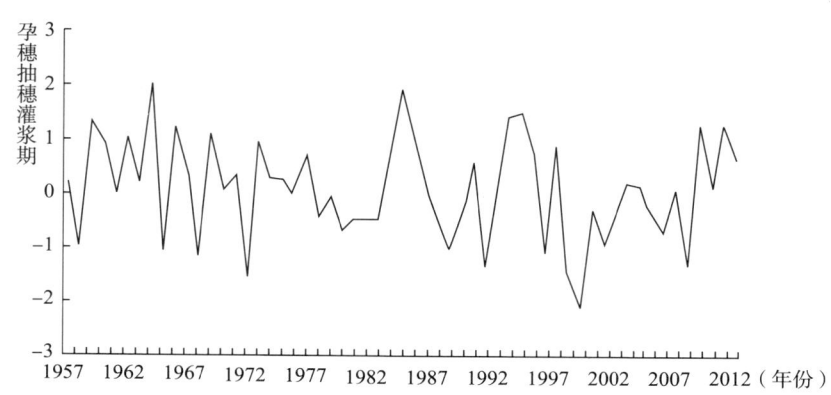

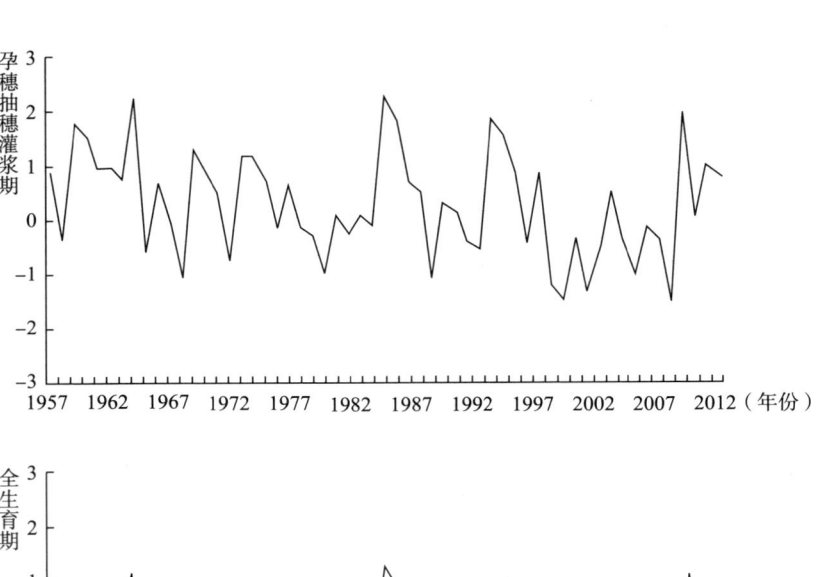

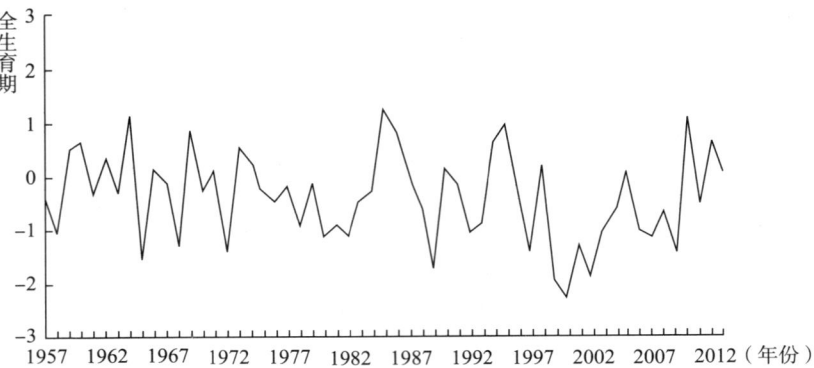

图 12 - 2 辽宁省玉米生长季不同尺度 SPEI 序列值变化

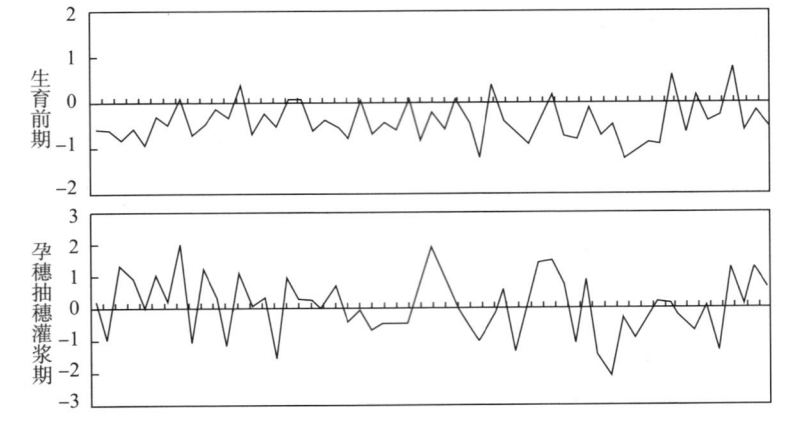

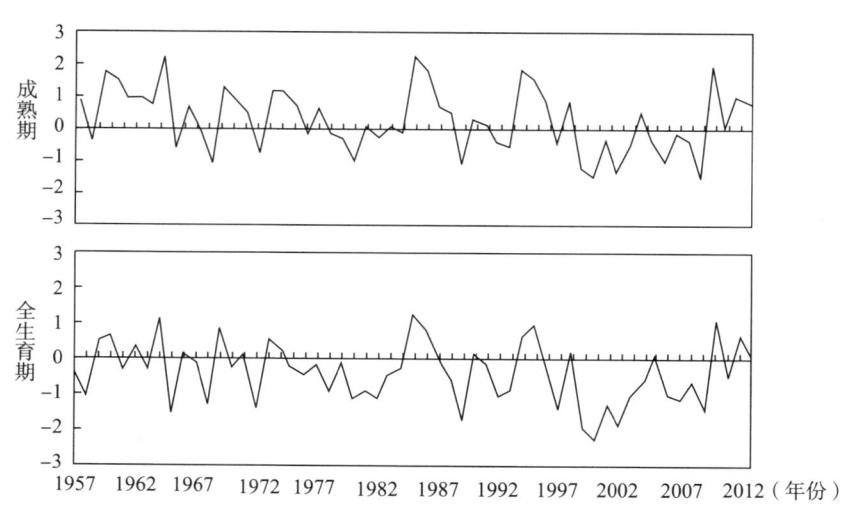

图 12-3 辽宁省玉米生长季不同尺度 SPEI 序列值对比分析

二 1957~2013 年辽宁省气候变化及玉米生长季不同尺度 SPEI 序列值周期分析

从周期分析可以看出, 辽宁地区的温度周期具有 2~5 年的周期, 降水的周期不显著, 一般具有 10 年左右的周期变化特征。在玉米生长前期, 主要存在 2~5 年的短周期变化波动, 在孕穗期、抽穗期和灌浆期存在着 10 年左右的长周期变化波动。从整个全生育周期来看, 仍然存在着 10 年左右的长周期变化波动, 并且这一周期变化与年降水量的周期变化一致 (见图 12-4)。

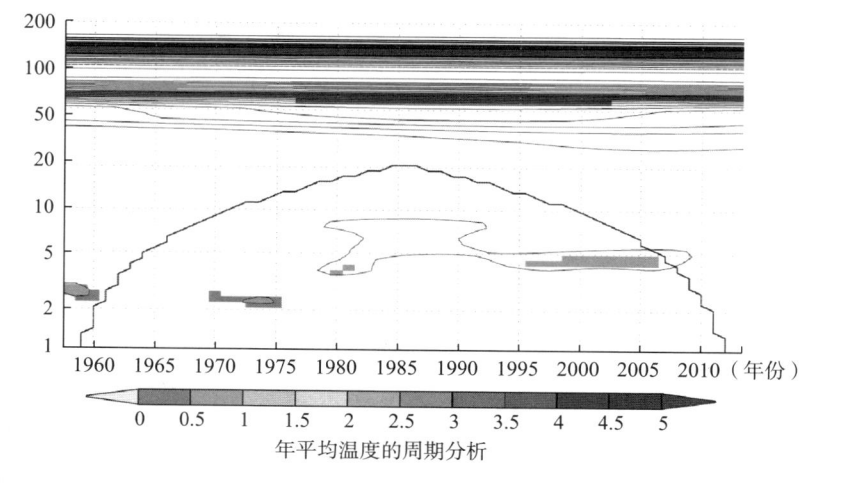

年平均温度的周期分析

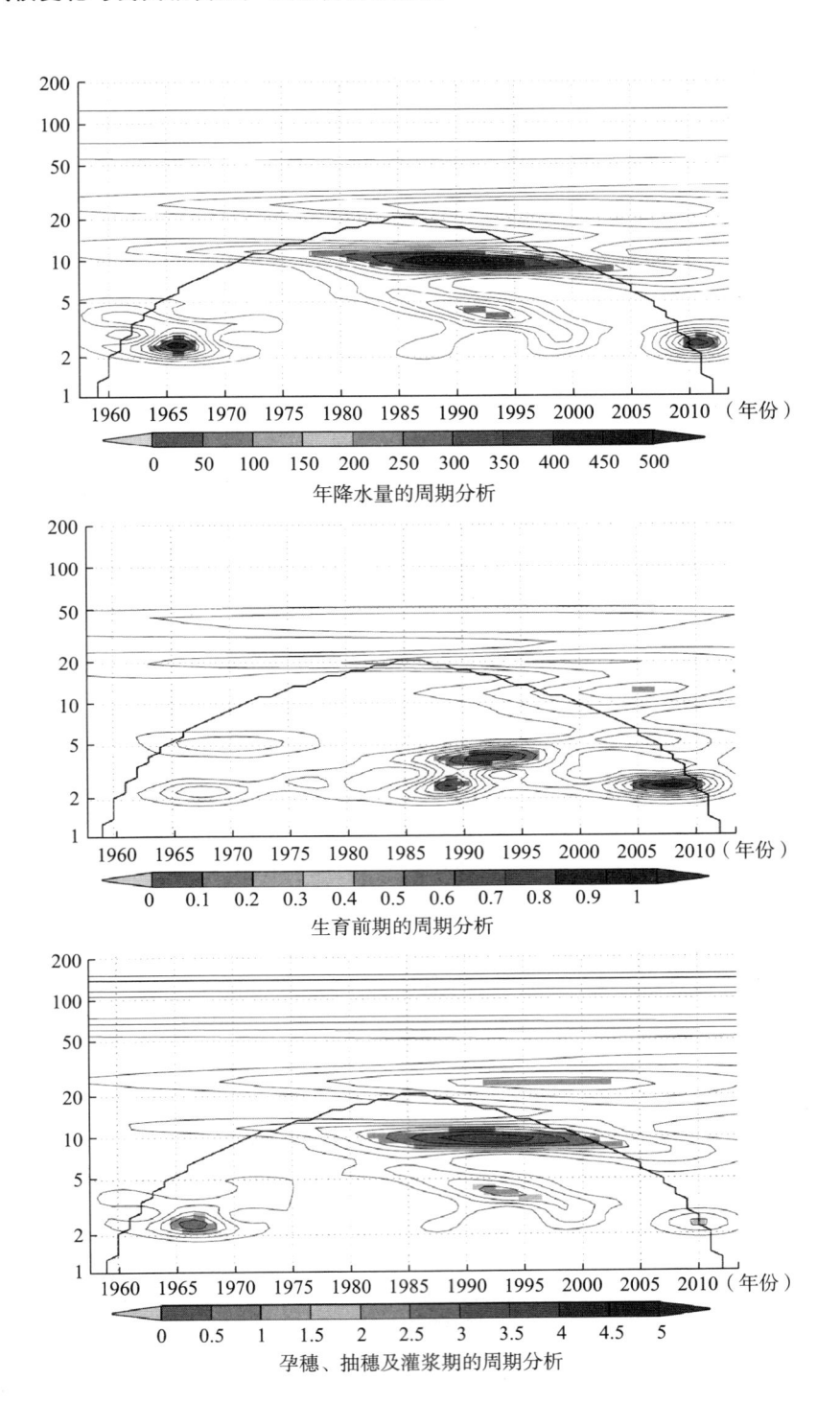

年降水量的周期分析

生育前期的周期分析

孕穗、抽穗及灌浆期的周期分析

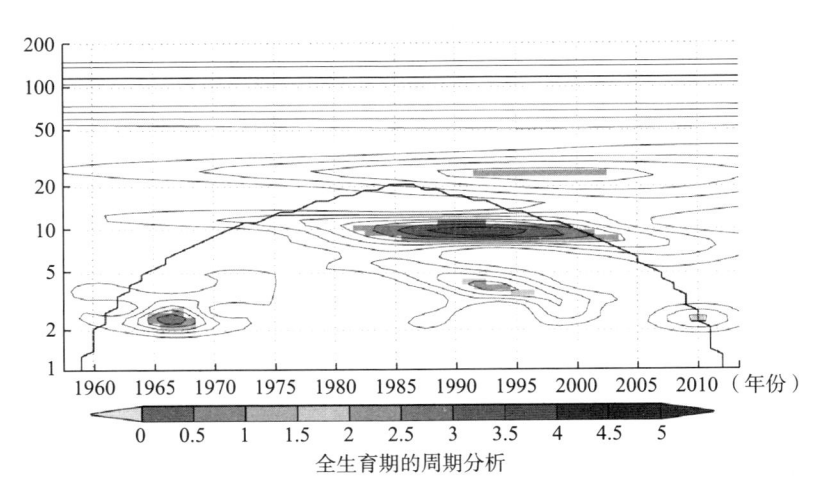

图 12 – 4　1957～2013 年辽宁省温度、降水及玉米生长季不同
尺度 SPEI 序列值周期分析

三　1957～2013 年辽宁省玉米生长季不同尺度 SPEI 序列值变化空间分析

从空间分布可以看出，1957～2013 年全省干旱指数从西北到东南递减。在全球变暖背景下，从生育前期到全生育期，全省干旱面积在不断扩大，玉米生长季干旱地区主要集中分布在辽西北地区的建平、朝阳、阜新、彰武、开原、清源等地。从干旱频率变化来看，1957～2013 年辽宁省玉米生长季干旱发生频率从东南到西北递增。生育前期、全生育期干旱发生较为频繁，孕穗期、抽穗期相对较少，辽西、辽北、辽中地区干旱较为严重，频次较高。玉米生长的全生育期干旱最为严重是辽西北的清源、朝阳、建平，平均每 2 年就发生一次干旱。

四　1981～2013 年辽宁省不同地区玉米生长季不同尺度 SPEI 序列值与玉米减产率的相关分析

从 1981～2013 年辽宁省不同地区玉米生长季不同尺度 SPEI 序列值与玉米单产和总减产的减产率的相关分析可以看出，1981～2013 年辽宁省粮食总产量与单产量年际波动一致。辽宁省大部分地区不同生长阶段 SPEI 与玉米减产率呈正相关关系，其中丹东最为显著，相关系数高达 0.55（p < 0.01），为有效预测区域玉米产量提供依据。

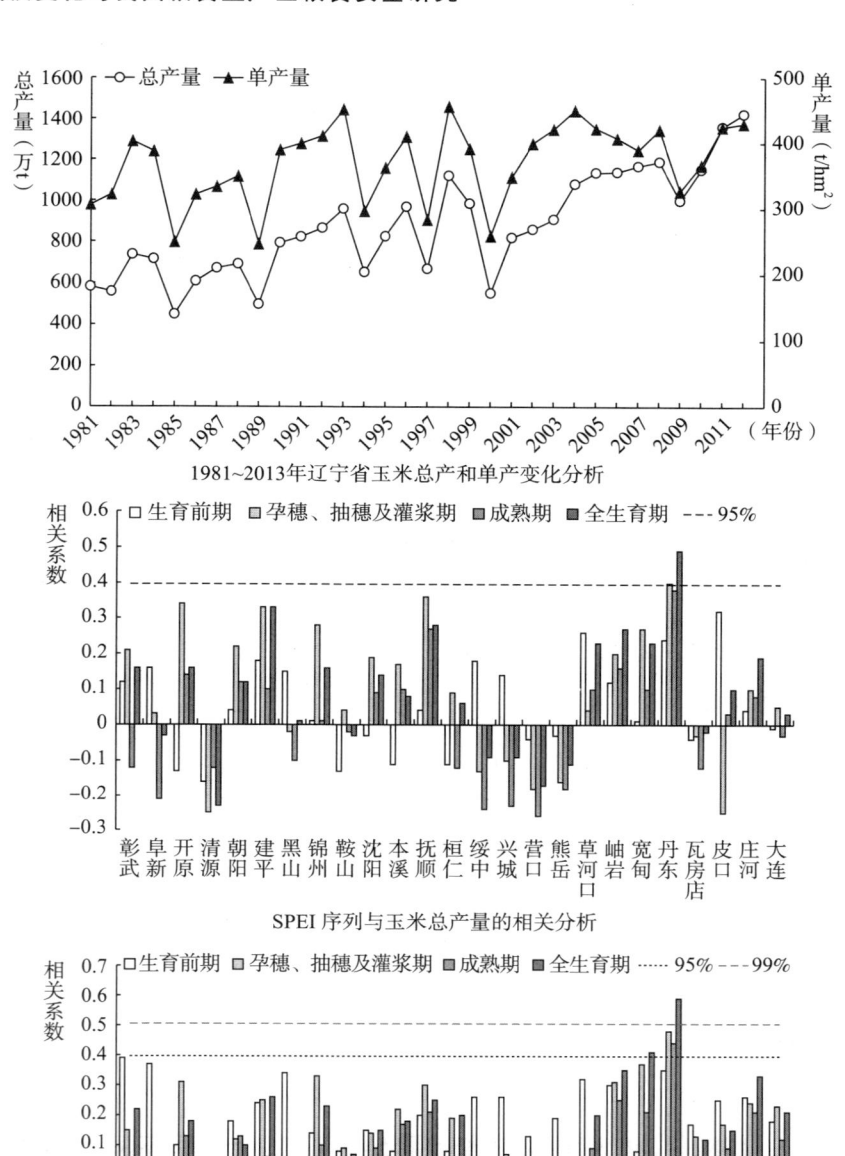

图 12 - 5   1981～2013 年辽宁省总产和单产变化以及不同地区玉米生长
季不同尺度 SPEI 序列与玉米减产率的相关分析

第四节　研究结论及对策建议

一　主要研究结论

SPEI 能够较好地反映辽宁省干旱变化的时空特征，孕穗期、抽穗期是玉米生长季干旱发生的主要阶段，同时春旱频繁发生。

从空间分布特征来看，玉米不同生长季干旱频率存在空间差异，总体上从东南到西北递增，干旱最为严重的地区是辽西北的清源、朝阳、建平，平均每 2 年就发生一次干旱。

从周期特征来看，生育前期干旱具有 2～5 年的周期，孕穗期、抽穗期和全生育期干旱具有 10 年左右的周期。

辽宁省大部分地区不同生长阶段 SPEI 与玉米减产率呈正相关关系，其中丹东最为显著，相关系数高达 0.55（p < 0.01）。

二　对策建议

一是优化玉米生产布局。研究发现，辽宁西北地区玉米高温风险大，东南部地区高温风险较小，因此要适当减少西北部地区的玉米种植，增加其他耐热作物种植面积，构建合理的种植制度是区域应对干旱风险的有效措施。

二是选择耐旱的玉米品种。研究发现，耐旱玉米基因型在高温胁迫下具有较高的叶绿素含量和光合能力，能够较好适应高温环境，产量受到高温的影响较小。因此选择结实较好、植株叶片短且厚实、叶片直立且持绿时间长、光合效率高的耐逆品种是降低高温对玉米伤害的有效措施。

三是调整玉米播期。一般来说，提前播种可以有效躲避灌浆期的干旱，早播配合使用地膜能够更好地培养壮苗，构建壮株和耐高温群体，减轻后期高温对玉米生产的不利影响。

四是使用合理的土壤耕作技术，可以有效地改变土壤的水热状况，促进玉米的生长发育。研究发现，深松能够促进玉米根系生长，提高花后的灌浆速率。因此，推广以深松为代表的宽窄行种植技术，不仅可以改善土壤水肥条件，也可以增大玉米单株叶面积，提高玉米叶片的光能利用率，增加单株干物质量。

第十三章　改革开放以来河南省粮食生产变化态势及影响因素分析

本章在阐述改革开放以来河南省粮食生产变化态势、河南省气候变化的基础上，实证分析气候变化对河南粮食生产的影响。结果表明，温度对河南省主要粮食作物产量影响的正效应比较显著，温度升高能促进粮食生产。其中 4 月份温度与水稻产量呈显著正相关；3 月、10 月、年、春季、秋季温度与小麦产量呈显著的正相关；10 月、秋季温度与玉米产量呈显著正相关。降水对河南省主要作物粮食产量的影响不显著，只有 5 月份降水与水稻产量呈显著正相关。另外，粮食生产是一个复杂系统，集粮食生产、消费、流通和贸易等各个环节于一体的链状组织体系，是粮食"产购储加销"一体化发展的集聚方式，与经济发展、耕地资源、农田水利投入、化肥投入、灌溉、资本和技术进步等生产要素的投入和配置有密切关系。运用主成分分析法对粮食产量的影响因素进行归类分析。研究结果表明，影响河南省粮食生产的因素包括经济—社会—技术综合影响因子（又细分为经济发展影响因子、农业技术影响因子、农业产出影响因子、农田水利影响因子和政策引导影响因子 5 类）、社会—自然综合影响因子和自然影响因子 3 个方面。为了保障国家粮食安全、提高河南省粮食综合生产能力，本章提出了从积极培育现代农业经营主体、完善粮食科技创新和推广服务机制、加大农田水利基础设施建设、加强农业政策扶持、严格保护耕地数量和质量、改善粮食生产的生态环境六个方面着手建立粮食稳产增产长效机制的政策建议。

第一节　文献回顾

粮食安全始终是关系我国国民经济发展、社会稳定和国家自立的全局性重大战略问题（国家发展改革委，2008）。保障我国粮食安全，对实现全面建成小康社会的宏伟目标，构建社会主义和谐社会和推进新型农业现代化建设具有十分重要的理论和现实意义。自改革开放以来，我国粮食综合生产能力不断提高，基本实现自给自足，粮食安全形势总体较好。2004 ~ 2015 年，我国实现了粮食总产量的"十二连增"，并且产量增速在波动中呈现放缓趋势。但是，粮食安全问题始终没有得到彻底解决，粮食生产面临经济、社会和自然等多种因素的制约性影响依然存在，如何解决好十几亿人口的吃饭问题仍然是一个重大的现实问题。随着全球金融危机深层次的影响不断凸显，世界性的粮食危机再次爆发，粮食供需不平衡现象加重以及国际粮食价格高企震荡，为中国更长期的粮食安全敲响了警钟。因此，提高国家粮食安全保障能力，实现粮食稳产增产，有效规避环境变化对粮食生产的不利影响，已成为政府和学术界普遍关心的热点问题之一。

近年来，国内外学者对粮食生产的影响因素研究非常广泛，主要包括影响粮食生产的农业政策、粮食价格、粮食生产能力调整和环境变化等方面。具有代表性的研究有：Rosegrant 等（1998）基于 1969 ~ 1990 年印度尼西亚的全国数据，通过构建粮食作物总产出模型、播种面积模型和单位产出模型，研究技术进步、价格波动与投入水平等因素的影响，认为农业投资政策和价格支持政策是影响粮食产量的主要因素。陈飞等（2010）基于 1995 ~ 2008 年我国省际农业面板数据，通过构建 GMM 模型估算农业政策对三大粮食作物（小麦、玉米、稻谷）的播种面积、单产及总产的影响，并定量分析粮食生产调整能力及农业政策影响的长期效应，结果表明，现阶段各项农业政策对粮食生产均具有显著积极影响，农业支出政策和农村固定资产投资是粮食产量增长的最重要因素，预期价格水平和市场经济的价格杠杆作用影响较弱。吕开宇等（2008）利用中国 1979 ~ 1996 年的分省面板数据，分析了土壤侵蚀和盐碱化等环境变化对农业产出的影响。研究认为土壤侵蚀和盐碱化都对农业产出造成了负面影响，分别达到了 - 13% 和 - 11%。史文娇和陶福禄（2014）利用 1961 ~ 2010 年的非洲地区玉米产量和生长季气候数据来分析和评价在不同管理水平下玉米产量对气候变化的响应及适应机制，研究表明，非洲玉米产量受气候变化的影响最为明显，气候变化已经并将继续对其产生较大的负面影响，采用更加科学的灌溉技术和提高肥料利用效率是未来维持玉米稳定增产的重要因素。

河南作为全国重要的农业大省、产粮大省和粮食加工大省,被誉为"中原粮仓",其农业的基础地位非常稳固,农业生产优势明显,在维护国家粮食安全中具有举足轻重的地位。本章在借鉴前人研究成果的基础上,利用主成分分析方法分析改革开放以来河南省经济、社会、自然等各类因素对粮食生产的影响,并在此基础上提出相关的政策建议,对于维持河南省粮食增产稳产和保障国家粮食安全具有十分重要的战略和现实意义。

第二节 数据来源与研究方法

一 数据来源

基于数据的可获得性、完整性、相关性等原则以及前期相关研究,河南省粮食产量的变化主要取决于粮食播种面积、农业生产资料投入及政策引导等的变化。因此,选取与粮食生产密切相关的因素指标共计 22 个,分别为城镇居民家庭人均可支配收入 $x1$(元)、农村居民家庭人均经营纯收入 $x2$(元)、城镇居民消费支出 $x3$(元)、农村居民消费支出 $x4$(元)、化肥施用量 $x5$(万吨)、农村用电量 $x6$(亿千瓦时)、农用机械总动力 $x7$(万千瓦)、农用塑料薄膜施用量 $x8$(万吨)、机播面积 $x9$(万亩)、机耕面积 $x10$(万亩)、人均粮食产量 $x11$(吨)、粮食单位面积产量 $x12$(千克/亩)、农业总产值 $x13$(亿元)、有效灌溉面积 $x14$(千公顷)、总人口 $x15$(万人)、乡村从业人数 $x16$(万人)、城镇化率 $x17$、农作物播种面积 $x18$(千公顷)、年底常用耕地面积 $x19$(千公顷)、受灾面积 $x20$(千公顷)、年均温 $x21$(℃)、年总降水量 $x22$(mm)。研究数据主要来源于《中国统计年鉴》《河南省统计年鉴》《河南农村统计年鉴》以及有关部门的研究报告等。

二 研究方法

(一)粮食产量自然波动的提取方法

应用历史统计数据来研究粮食产量对不同气候要素的响应是目前的主要研究方法。通过线性回归的方法把粮食实际产量分离出气候产量来分析气候变化对粮食生产的影响。一般来说,粮食实际产量随时间序列的波动可以分为长时间序列尺度所表示的一定规律性趋势的缓慢变化以及短时间序列尺度上的不规整波动。将粮食实际产量的长时间序列的趋势变化称为趋势产量，反映历史时期社会生产力水平提升以及经济社会发展等因素的变化。我们把偏离趋势产量那部分的变化表示为气候产量，反映在粮食生产过程中要受到外界不稳定因素尤其是气候因素波动的影响。在不稳定的粮食生产系统中，气候因素的波动幅度较大，而且不可控制，因此气候产量的波动幅度也会随之变大。也就是说，可以用气候产量来表征气候变化的波动对当前粮食生产的不同影响。

　　基于此，本章在分析长时间序列的粮食产量与气象因子之间关系时，一般将粮食产量分离出气象产量、趋势产量和随机产量三部分，其构成表达式为：

$$y = y_t + y_d + y_c \tag{1}$$

　　其中式（1）中 y 为粮食作物的实际产量（万吨）；y_t 为粮食作物的趋势产量（万吨），主要反映历史时期科技进步等生产力发展水平的影响；y_d 为粮食作物受气候影响的波动产量（万吨）；y_c 为随机产量，一般忽略不计。粮食作物的趋势产量采用滑动平均方法进行模拟。该方法是一种线性回归模型和滑动平均相结合的模拟方法，它的优点是在不损失样本序列的前提下，不必主观判定粮食产量历史演变的曲线类型，从而能真实地反映粮食产量历史演进的趋势变化，是一种较好的趋势模拟方法。本研究采用 9 年的滑动平均法来求得。

（二）主成分分析法

　　主成分分析法（Principal Components Analysis）早在 1993 年由霍特林（Hotelling）提出，它是在尽量不损失过多信息的前提下通过数理统计模型将多种指标转化为具有代表性的几个综合指标来实现把数据降维的一种多元统计方法。并且每一个主成分都能很大程度地保留原有变量所包含的绝大多数信息，而且彼此变量之间互不相关。利用主成分分析方法可以从事物之间错综复杂的关系中找出一些主要成分，从而能有效利用大量统计数据进行定量分析，揭示变量之间的内在依存关系。

　　我们采用 SPSS16.0 统计分析软件来对粮食生产和气候变化序列进行主

成分分析，得到了河南省粮食生产变化 22 个影响因子的特征值、方差贡献率、累积方差贡献率与主成分因子载荷矩阵（见表 13 - 1、表 13 - 2）。根据表 13 - 1 的分析结果可以看出，前面 3 个主成分的特征值大于 1，累积贡献率为 92.831%，即包含了原始数据的信息总量达到了 92.831%，说明这 3 个主成分可以代表原来 23 个指标反映粮食生产的动态变化。从表 13 - 2 可以看出，第一主成分主要由 $x1$ ~ $x17$ 支配；第二主成分主要由 $x18$、$x19$ 支配；第三主成分主要由 $x20$、$x21$、$x22$ 支配。进一步分析可知，第一主成分主要反映经济、社会和技术水平发展因素，可以将其命名为经济—社会—技术综合影响因子；第二主成分主要反映经济和自然因素的共同因素作用，将其命名为经济—自然综合影响因子；第三主成分受受灾面积、年均温和年降水量的影响，将其命名为自然影响因子。

表 13 - 1　1978 ~ 2013 年河南省粮食生产影响因素主成分分析总方差分解表

单位：%

因子	特征值	方差贡献率	累积方差贡献率
$x1$	18.321	79.659	79.659
$x2$	2.019	8.778	88.437
$x3$	1.011	4.395	92.831
$x4$	0.730	3.173	96.005
$x5$	0.360	1.566	97.57
$x6$	0.204	0.886	98.456
$x7$	0.117	0.510	98.966
$x8$	0.080	0.346	99.312
$x9$	0.071	0.307	99.619
$x10$	0.043	0.187	99.806
$x11$	0.019	0.082	99.888
$x12$	0.007	0.032	99.92
$x13$	0.006	0.027	99.947
$x14$	0.004	0.019	99.967
$x15$	0.003	0.012	99.979
$x16$	0.002	0.008	99.986
$x17$	0.001	0.004	99.991

因子	特征值	方差贡献率	累积方差贡献率
x18	0.001	0.003	99.994
x19	0.001	0.003	99.997
x20	0	0.002	99.998
x21	0	0.001	99.999
x22	0	0	100

表 13 - 2　1978 ~ 2013 年河南省粮食生产影响因素主成分因子载荷矩阵

因子	主成分 1	主成分 2	主成分 3
x1	0.967	- 0.226	0.029
x2	0.959	- 0.233	0.006
x3	0.974	- 0.194	0.015
x4	0.958	- 0.236	0.004
x5	0.988	0.128	0.002
x6	0.996	- 0.05	- 0.002
x7	0.994	0.026	0.027
x8	0.992	0.069	0.003
x9	0.993	- 0.02	0.024
x10	0.959	- 0.032	- 0.02
x11	0.948	0.008	- 0.006
x12	0.958	0.158	- 0.022
x13	0.975	- 0.191	- 0.009
x14	0.936	0.25	- 0.049
x15	0.939	0.257	- 0.037
x16	0.926	0.355	- 0.033
x17	0.984	- 0.117	0.046
x18	0.754	0.866	0.033
x19	0.723	- 0.554	0.125
x20	- 0.564	0.42	- 0.135
x21	0.688	0.322	- 0.271
x22	- 0.039	0.322	0.935

第三节　实证分析

一　河南省粮食生产变化态势

（一）粮食总产量变化

自改革开放以来，河南省粮食生产有了长足发展，粮食总产量由 1978 年的 2097.4 万吨增长到 2015 年的 6067.1 万吨，增长了近两倍，年均增长 4.33%。由于粮食生产受气候、经济、技术、政策等因素的影响，河南省粮食产量呈现出明显的阶段性波动变化态势。如图 1 所示，1978～2015 年河南省粮食产量共分为以下五个阶段，第一阶段：快速增长期（1978～1983 年），由于改革开放的不断深入和实行农村家庭联产承包责任制，极大地调动了农民生产积极性，因此迎来了第一个粮食快速增长期，粮食产量由 1978 年的 2097.4 万吨增加到 1983 年的 3303.66 万吨，增长了 1206.26 万吨。第二阶段：徘徊波动期（1984～1994 年），由于过度重视工业生产而忽视了农业生产，耕地面积不断下降，再加上自然灾害等因素的影响，这一时期粮食产量徘徊在 3000 万吨左右。第三阶段：突破增长期（1995～1998 年），这一阶段国家实施粮食省长负责制，地方政府纷纷采取措施促进粮食生产，粮食产量连续四年实现增长，粮食产量由 1995 年的 3466.5 万吨增加到 1998 年的 4009.61 万吨，比 1995 年增长了 15.67%，并且粮食种植面积出现恢复性增长。第四阶段：快速下降期（1999～2003 年），随着国内农产品市场供求关系的深刻变化，农业生产结构的优化调整以及自然灾害等多重影响，粮食产量出现大幅度下降，由 1999 年的 4253.25 万吨减少到 2003 年的 3569.47 万吨，减少了 683.78 万吨，减少了 16.08%。第五阶段：恢复增长期（2004～2015 年），从 2004 年开始，国家出台一系列强农惠农政策诸如取消农业税、对种粮农民实施补贴等恢复粮食生产，并连续十二年出台"一号文件"，极大地调动了农民从事粮食生产的积极性，河南省粮食产量出现恢复性增长。粮食产量由 2004 年的 4260 万吨增加到 2015 年的 6067.1 万吨，增加了 1807.1 万吨，粮食增产实现"十二年增"，连续 10 年超千亿斤，粮食总产始终占全国 1/10 左右，小麦始终占全国 1/4 以上。

2003～2010 年河南省连续七年位居全国粮食生产第一大省，2011～2015 年位居全国第二，是我国名副其实的粮食大省（见图 13 -1）。

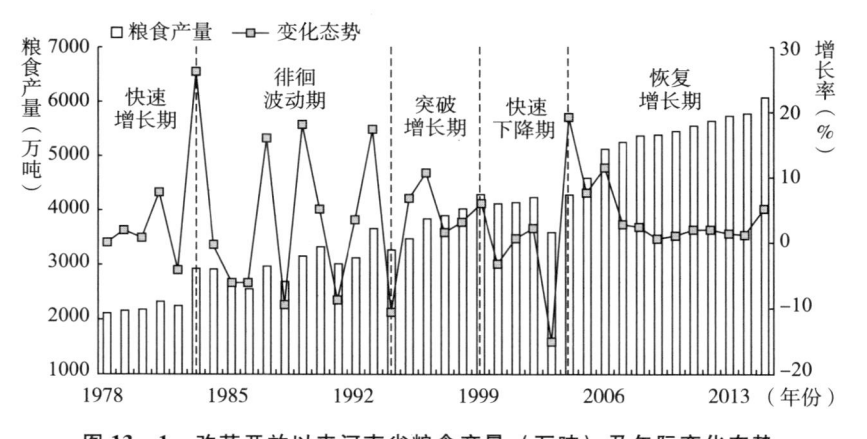

图 13 - 1 改革开放以来河南省粮食产量（万吨）及年际变化态势

（二）水稻、小麦和玉米三大粮食作物产量变化

如图 13－2 所示，1949～2013 年河南省水稻总产量处于不断波动中。水稻总产量从 1949 年的 40 万吨上升到 2013 年的 485.8 万吨，年增长达 6.21 万吨（$R^2 = 0.87$，$p < 0.01$）。河南省水稻总产量呈现阶段性变化特点，1949～1958 年稳中有升，1959～1964 年呈下降趋势，1965～1977 年呈迅速上升趋势，1978～1998 年呈缓慢上升趋势，1999～2003 年呈显著下降趋势，2004～2013 年呈显著上升趋势。

小麦总产量从 1949 年的 254.5 万吨上升到 2013 年的 3266.44 万吨，年增长达 49.01 万吨（$R^2 = 0.92$，$p < 0.01$）。河南省小麦总产量也呈现阶段性变化特点，1949～1958 年稳中有升，1959～1964 年呈显著下降趋势，1965～1989 年呈迅速上升趋势，1990～2001 年呈缓慢上升趋势，2002～2013 年呈显著上升趋势（见图 13－3）。

1949～2013 年河南省玉米总产量也处于不断波动中。玉米总产量从 1949 年的 66.5 万吨上升到 2013 年的 1796.5 万吨，年增长达 25.25 万吨（$R^2 = 0.88$，$p < 0.01$）。河南省玉米总产量也呈现阶段性变化特点，1949～1958 年稳中有升，1959～1980 年呈快速上升趋势，1981～2003 年呈缓慢上升趋势，2004～2013 年呈显著上升趋势（见图 13－4）。

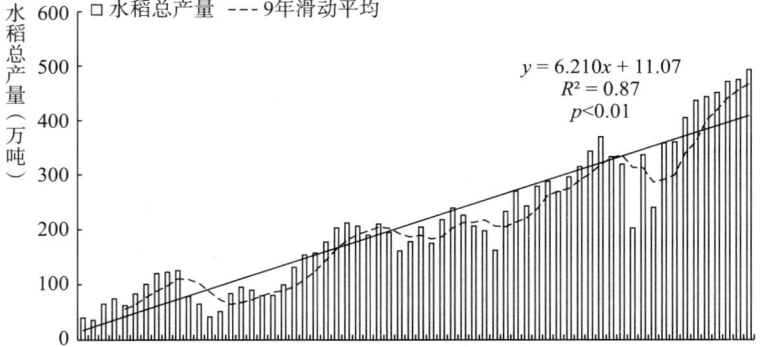

图 13 - 2 1949～2013 年河南省水稻产量变化及 9 年滑动平均和线性趋势拟合

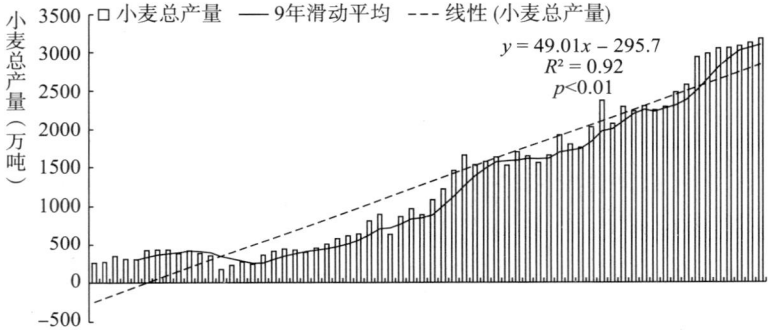

图 13 - 3 1949～2013 年河南省小麦产量变化及 9 年滑动平均和线性趋势拟合

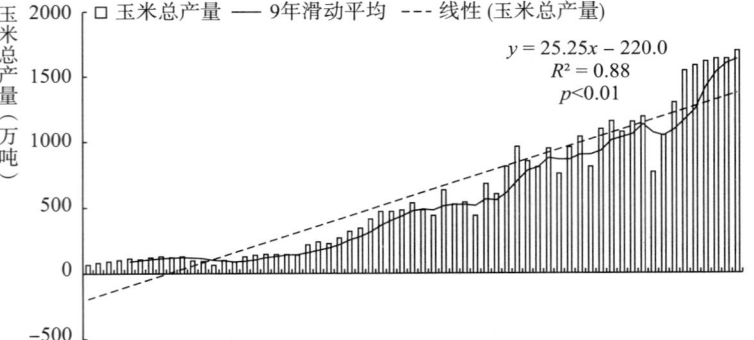

图 13 - 4 1949～2013 年河南省玉米产量变化及 9 年滑动平均和线性趋势拟合

二 河南省气候变化的特点与趋势

近 57 年来，河南省温度处于年际波动中，年平均温度呈显著上升趋势，平均每十年上升 0.23℃。季节性温度变化趋势也比较显著，主要表现在春、秋、冬季节，其中春季上升最为显著，平均每十年 0.34℃；冬季平均每十年上升 0.30℃；秋季平均每十年上升 0.22℃；夏季温度上升趋势不显著（见图 13 – 5）。

1957～2013 年，河南省年总降水量呈下降趋势，但是不显著，平均每十年下降 1.87mm。降水的季节性变化趋势不一致，有升有降。其中，春季降水总量平均每十年下降 5.17mm，秋季降水总量平均每十年下降 4.69mm；夏季降水总量平均每十年上升 7.28mm，冬季降水总量平均每十年上升 0.7mm（见图 13 –6）。

总体来说，近 57 年来河南省温度平均升高约 1.3℃，高于全国 100 年增高 1.1℃ 和全球 100 年增高 0.74℃；57 年间的年降水总量平均减少了约 12mm，说明河南省气候变暖趋势明显，将对该省经济社会、生态环境和人民生活造成诸多影响。

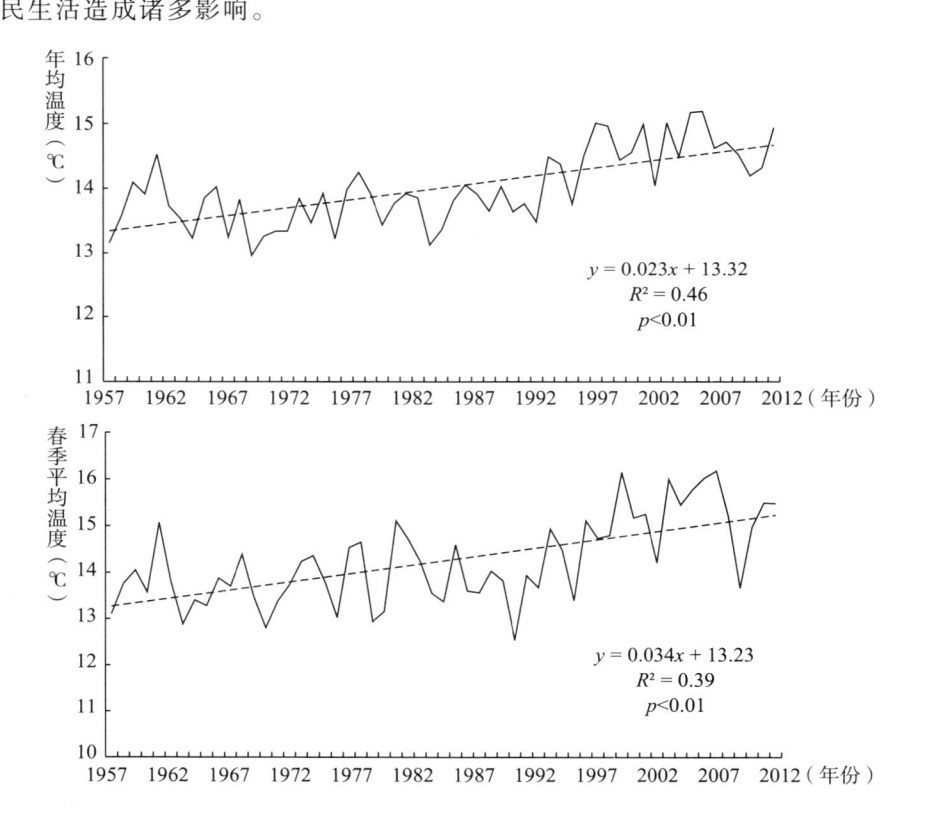

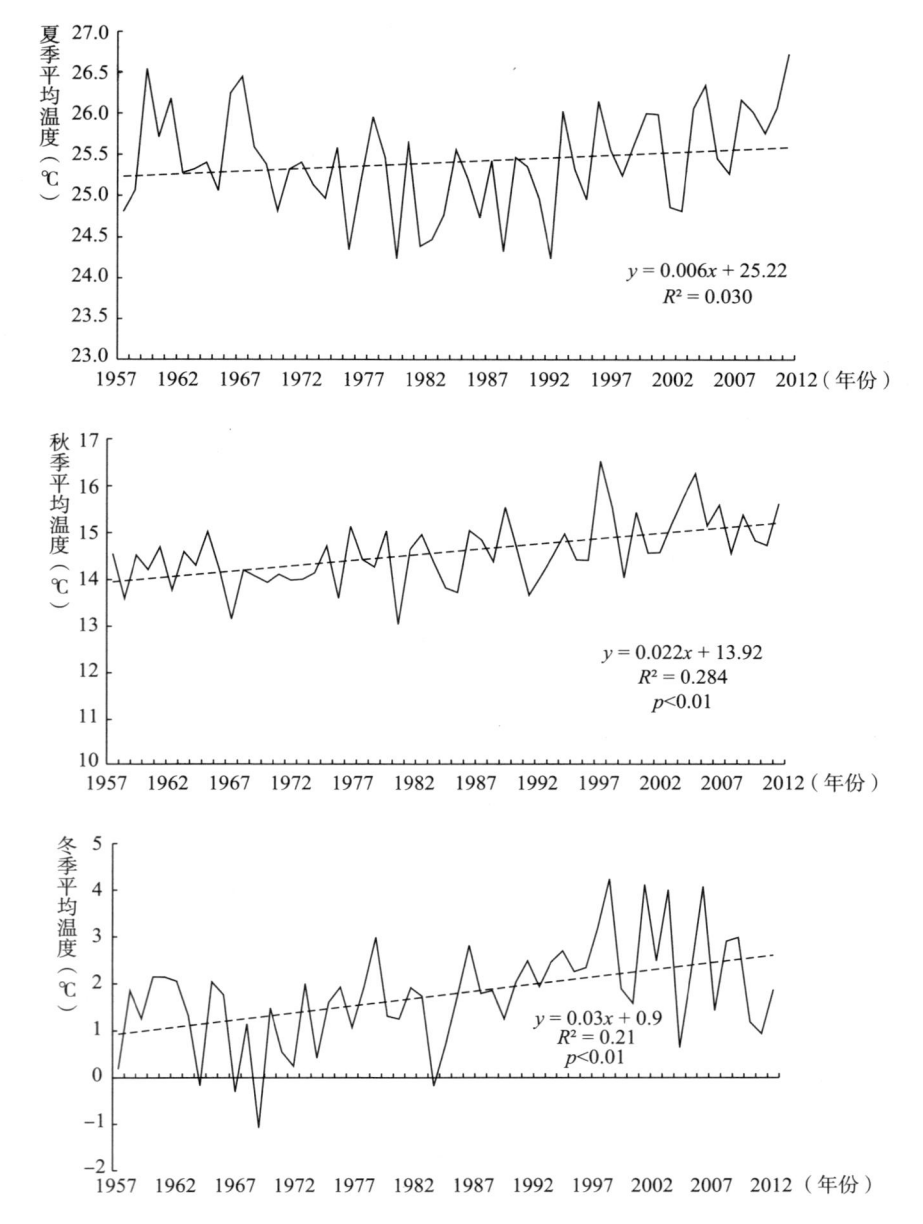

图 13 - 5　1957～2013 年河南省年平均温度、季节（春、夏、
秋、冬）平均温度的变化趋势

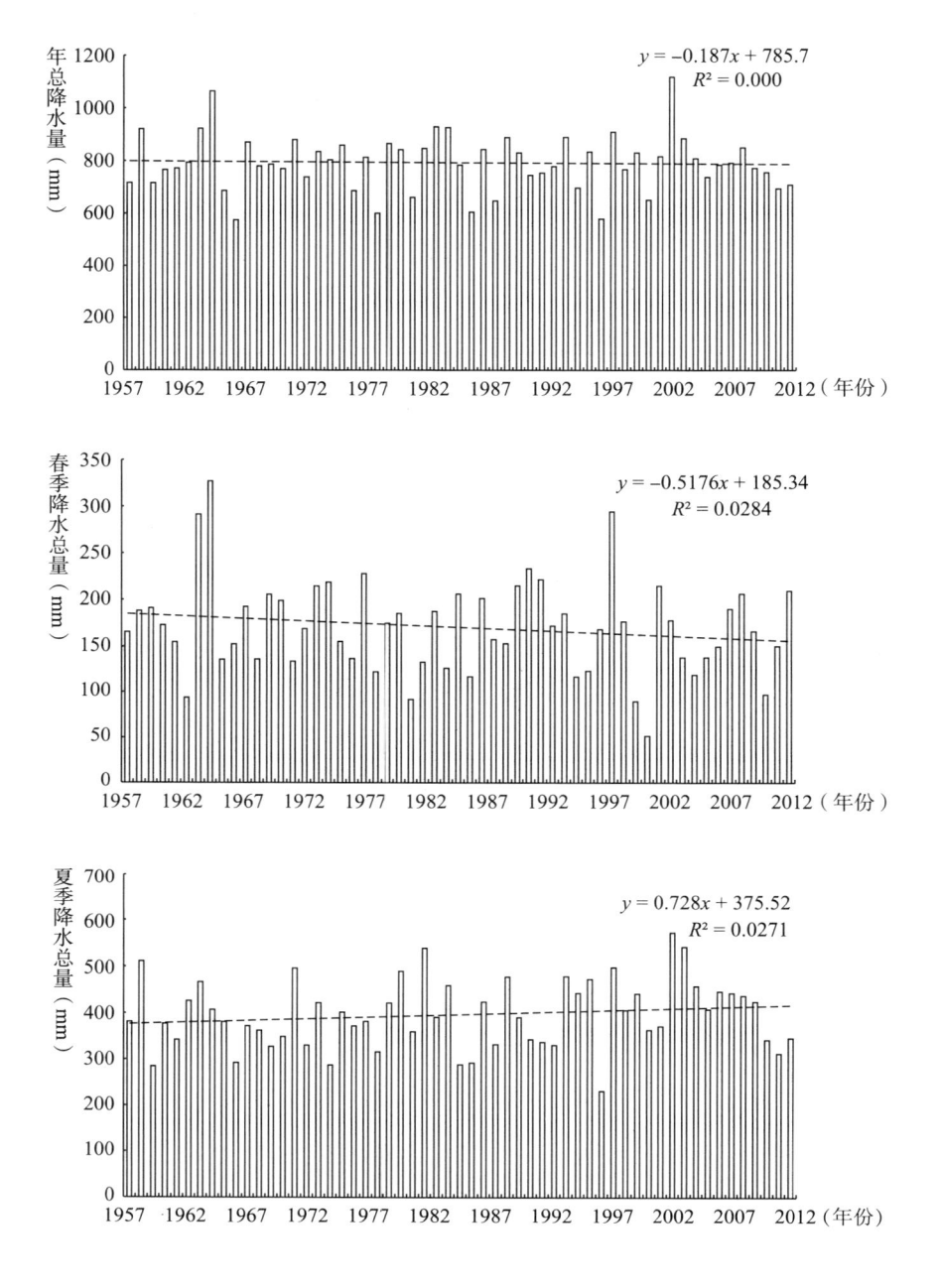

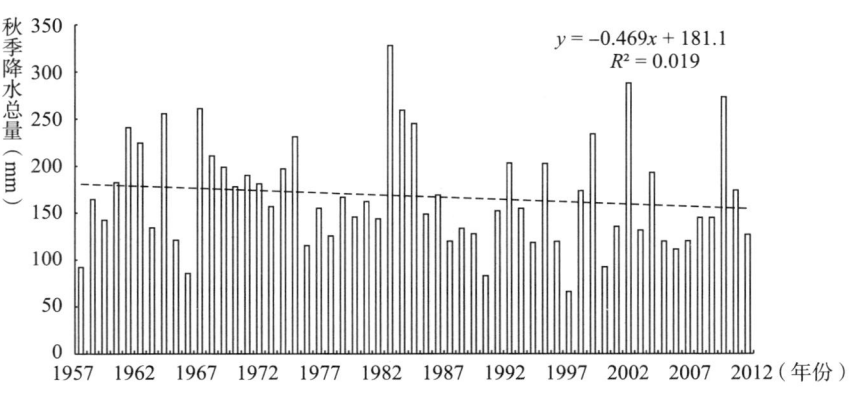

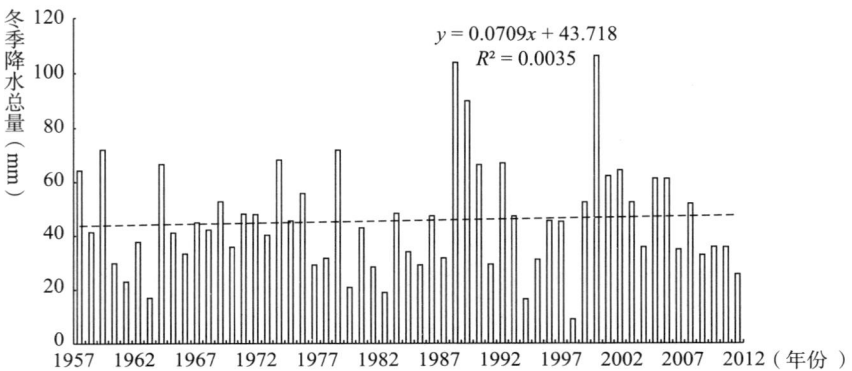

图 13 - 6　1957 ~ 2013 年河南省年总降水量、季节（春、夏、
秋、冬）降水量的变化趋势

三　单因子气候变化对粮食产量的影响

（一）　对水稻产量的影响

　　选取 1957 ~ 2013 年每月的平均温度、年均温度以及季节性平均温度与水稻的气象产量进行相关分析。分析结果表明：3 ~ 4 月、8 ~ 12 月、年、春季、秋季平均温度与水稻产量呈正相关，其中 4 月份相关显著（p < 0.05）；1 ~ 2 月、5 ~ 7 月、夏季和冬季的温度与水稻产量呈负相关。3 ~ 5 月、7 月、年降水量、春季降水量与水稻产量呈正相关，其中 5 月份相关极显著，相关系数高达 0.39（p < 0.01）；1 ~ 2 月、6 月、8 月、10 ~ 12 月、夏季、秋季和冬季降水量与水稻产量呈负相关（见图 13 - 7）。

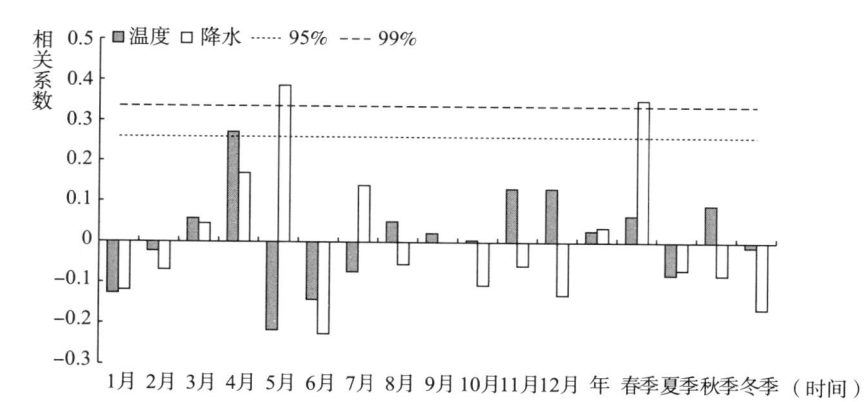

图 13 – 7　1957 ~ 2013 年水稻产量与气候因子的相关分析

（二）对小麦产量的影响

每月、年、季节平均温度与小麦产量均呈正相关关系，其中 3 月、10 月、年、春季、秋季达到了极显著相关水平（p < 0.01），相关系数最高为年平均温度，为 0.48（p < 0.01）；1 ~ 2 月、9 月、11 ~ 12 月、秋季和冬季的降水与小麦产量呈正相关；3 ~ 8 月、10 月、年、春季和夏季降水量与水稻产量呈负相关，但都不显著（见图 13 – 8）。

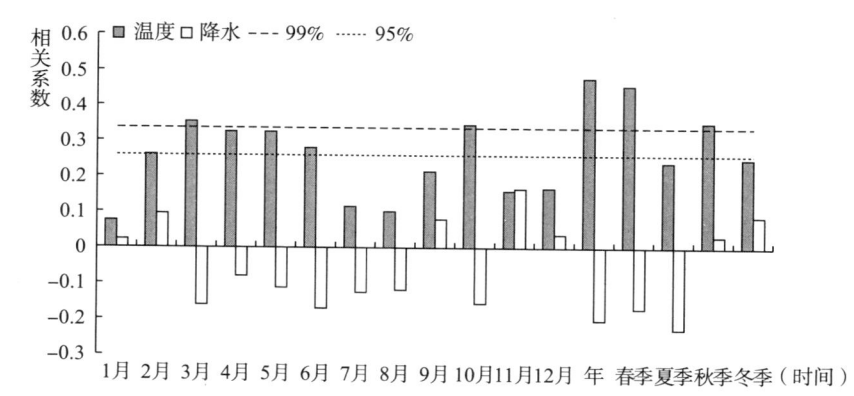

图 13 – 8　1957 ~ 2013 年小麦产量与气候因子的相关分析

（三）对玉米产量的影响

2 ~ 3 月、6 ~ 12 月、年、季节平均温度与玉米产量呈正相关关系，其中 10 月、秋季达到了显著相关水平（p < 0.05）；1 月、4 ~ 5 月平均温度与玉

米产量呈负相关关系；1~3月、5月、春季和冬季的降水与玉米产量呈正相关；4月、6~7月、9~12月、年、夏季和秋季降水量与玉米产量呈负相关，但不显著（见图13-9）。

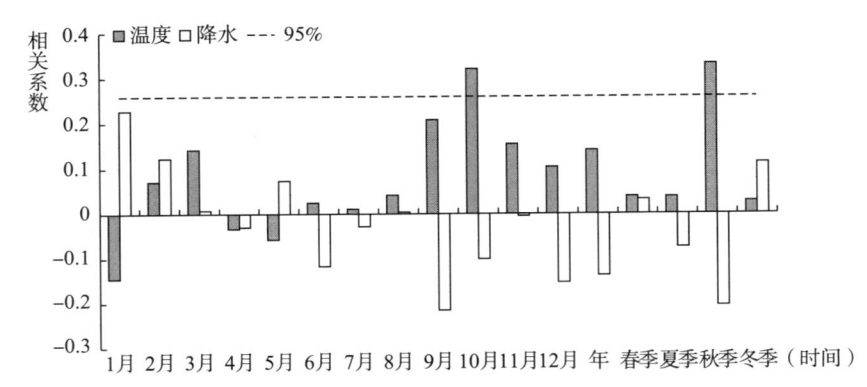

图13-9 1957~2013年玉米产量与气候因子的相关分析

四 复合因素对粮食生产的影响分析

（一）经济—社会—技术综合影响因子

由表13-1可以看出，第一主成分的方差贡献率为79.659%，是影响粮食生产的主导因子，能够在一定程度上体现河南省的经济社会发展变化与技术进步水平。我们把经济—社会—技术的综合影响因子对河南省粮食生产的影响可以划分为经济发展影响因子、农业技术影响因子、农业产出影响因子、农田水利影响因子和政策引导影响因子五种类别。

经济发展影响因子。作为传统的粮食生产大省和国家粮食生产核心区，河南省的经济社会发展给粮食综合生产能力带来了深刻的影响。经济社会的快速发展增加了城乡居民收入，提高了城乡居民用于购买农业生产资料的支出水平，通过增加农业资本投入促进了粮食生产和农产品加工业的发展，形成农工贸一体化的良好发展格局。由图13-10可以看出，城镇居民家庭人均可支配收入、农村居民家庭人均纯收入、城镇居民消费支出和农村居民消费支出，能够在一定程度上反映经济发展对粮食生产的影响。1978~2013年河南省城镇居民家庭人均可支配收入、农村居民家庭人均纯收入、城镇居民消费支出和农村居民消费支出均呈现增加趋势。其中城镇居民家庭人均可支配收入增加了 22083.03 元，年均增长 13.13%；农村居民家庭人均纯收入增加了 8370.63 元，年均增长 13.33%；城镇居民消费支出增加了 14547.98 元，年均增长 11.89%；农村居民消费支出增加了 5546.03 元，年均增长 12.85%。这说明，自改革开放以来，城乡居民收入与支出水平的提高在粮食产量的增长过程中发挥了重要的作用。随着城乡居民收入水平和生活水平的不断提高，人们对食物的多样性需求也越来越高。人们更加注重粮食方便化、营养化和专用化，这就进一步促进粮食生产转向粮食精深加工增值、延伸粮食产业链条、提高粮食附加值。全省紧紧依托粮食主产区资源优势，连续 20 多年把食品工业作为支柱产业扶持，做大做强食品加工产业，充分发挥市场在资源配置中的决定性作用，把规模分散的小农经营方式融入大市场，同时把粮食加工创造获得的那一部分收益通过产业化规模化经营的方式返还给农民，从而实现了农民增收与粮食增产的协同发展。

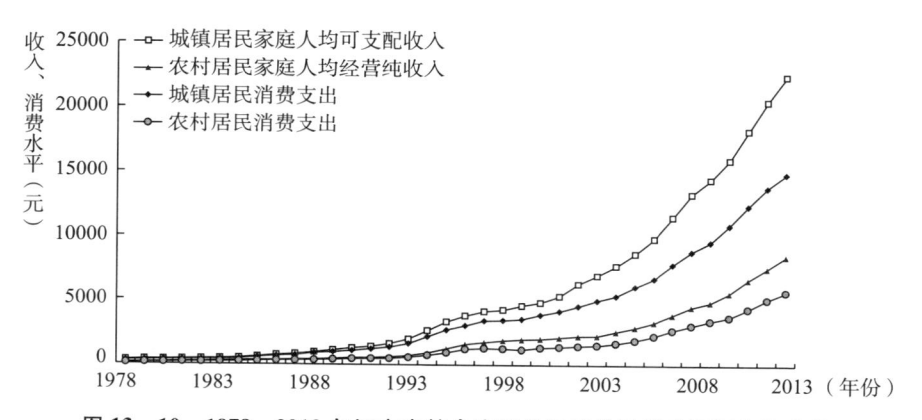

图 13 - 10　1978 ~ 2013 年河南省粮食产量的经济发展影响因子年际变化

农业技术影响因子。农业技术就是把包含先进技术的农业机械以及农业生产资料用于农业生产的全过程，它作为粮食生产的主要工具和要素，通过作用于影响粮食生产的各种因素来对粮食增产做出积极的贡献。农业技术的快速发展把农民从繁重的体力劳动中解脱出来，提高了农业劳动生产率和农村劳动力素质，为实现农业的规模经营奠定了物质基础。20 世纪 90 年代以前，由于河南省人口众多，人均耕地严重不足，并且以家庭为单位的分散式经营为主要表现形式，农业的组织化、规模化程度不高，从而在某种程度上制约了进一步提高农业机械化水平，因此农业机械化程度对当前粮食产量的影响不很突出。但是，随着农业现代化的发展和农业适度规模经营，农业技术将成为主要影响粮食产量的制约因素，农村用电量、农田化肥施用量、农田薄膜使用量以及农业机械总动力也将成为促进粮食稳定增产的重要途径。从图 13 – 11 可以看出，1978 ～ 2013 年河南省机耕面积、机播面积、农村用电量、农用薄膜、农用化肥施用量和农用机械总动力均有不同程度的增加。其中，机耕面积增加了 591.8 万亩，增长了 192.64%；机播面积增加了 937.93 万亩，年均增长 108.24%；农村用电量增加了 292.17 亿千瓦时，年均增长 61.25%；农用薄膜使用量增加了 16.73 万吨，年均增长 829.56%；农用化肥施用量增加了 643.83 万吨，年均增长 34.04%；农用机械总动力增加了 10175.56 万千瓦，年均增长 29.01%。

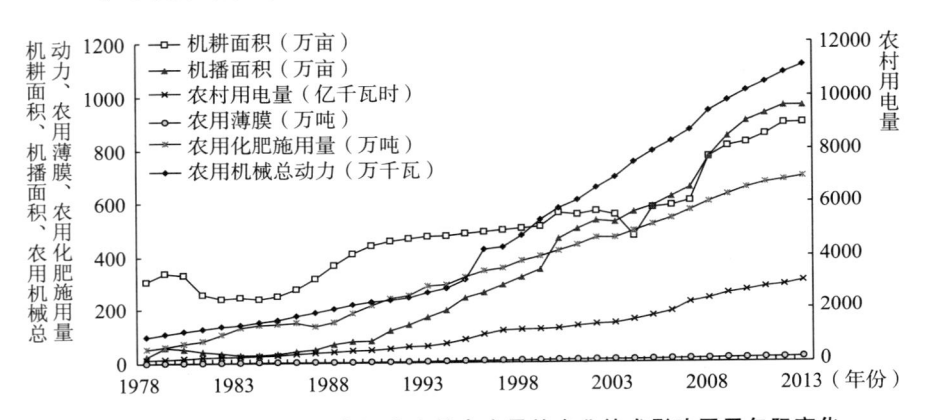

图 13 – 11　1978 ～ 2013 年河南省粮食产量的农业技术影响因子年际变化

农业产出影响因子。农业产出水平是一个国家或地区对农业生产的各种要素投入—产出的综合反映。它主要受人口快速增长、经济社会发展和资源环境消耗等因素的制约。农业产出水平的高低直接决定了一个国家或地区的粮食安全保障能力和农业发展水平。人均粮食产量、农业总产值和粮食单位面积产量是反映河南省农业产出水平的主要影响因素。从图 13 – 12 可以看出，1978 ～ 2013 年，粮食单位面积产量、人均粮食产量和农业总产值均呈现出波动式的增加趋势。其中，人均粮食产量增加了 240 千克，增长率达 80%，年均增长率为 2.22%；粮食单位面积产量增加了 239.94 千克/亩，年均增长 4.8%；农业总产值增加了 4120.56 亿元，年均增长 140.03%。

农田水利影响因子。有效灌溉面积是指基本配套完全灌溉工程设施，水源稳定、土地较为平整，并且在一般年景下当年就可以实现正常灌溉所

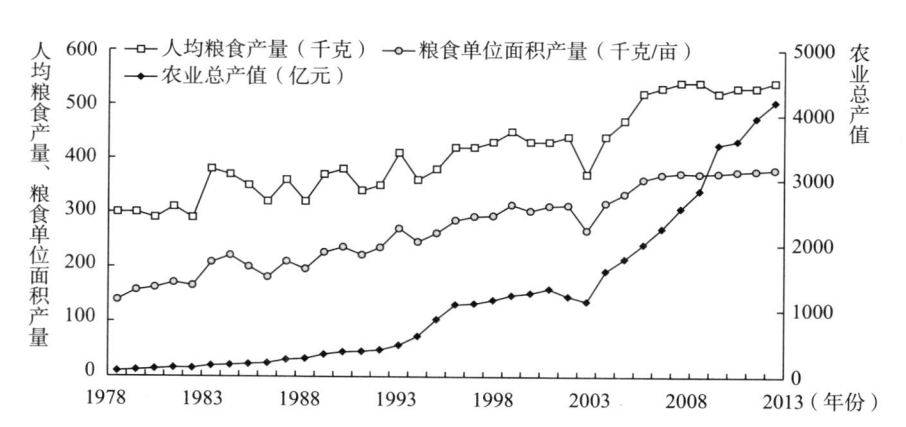

图 13 – 12　1978～2013 年河南省粮食产量的农业产出影响因子年际变化

占的耕地面积，是历年来最能综合反映农田水利的主要指标之一。有效灌溉面积是提高农业生产能力、促进粮食增产增收、保障粮食安全的基本条件。近年来，河南省以提高农业综合生产能力、实现粮食高产稳产、保障国家的粮食安全为首要目标，进一步加强农田水利基础设施建设，加大投入力度改善农业生产经营条件，进一步推进大中型灌区的配套节水技术改造，进一步改善农业生产生态环境，农田有效灌溉面积得到大幅度提高，抗灾减灾能力明显增强，基本实现大范围旱涝保收。由图 13 – 13 可以看出，1978～2013 年，农田有效灌溉面积增加了 125.33 万公顷，增长率达到了 33.67%；并且有效灌溉面积占耕地总面积的比重由 1978 年的 52% 上升到 2013 年的 61%，提高了 9 个百分点。值得注意的是，自 2003 年以后，随着大量的有效灌溉耕地被占用，有效灌溉面积增加缓慢，到 2103 年底，有效

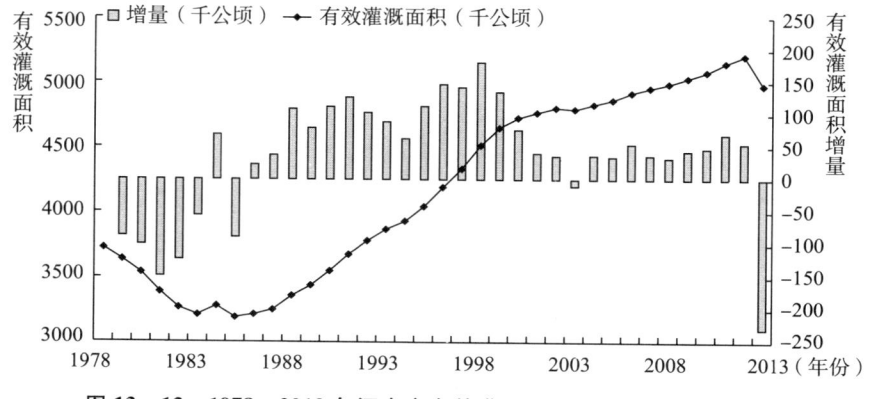

图 13 – 13　1978～2013 年河南省有效灌溉面积及其净增量年际变化

灌溉面积净减少 22.97 万公顷。因此，如何在确保耕地种植粮食作物的同时，提高农田有效灌溉面积，是河南省粮食生产面临的严峻挑战。

政策引导影响因子。政策引导和政策支持同样是影响河南省粮食生产极其重要的因素。总人口、乡村从业人数可以在一定程度上反映河南省控制人口总量增长，通过"强农富农"的惠民政策积极引导农民从事粮食生产、增加乡村从业人数，调动农民种粮积极性，从而保持粮食稳产增产；城镇化率在一定程度上反映河南省通过加快推进新型城镇化建设积极引导农业转移人口市民化，并通过土地流转、培育新型农业主体等方式实现农业的适度规模经营，提高了农业生产效率，保证了粮食的稳产高产。从图 13 - 14 可以看出，1978 ~ 2013 年河南省总人口增加了 3534 万人，增长率为 50%，年均增长率为 1.4%；乡村从业人数增加了 2467 万人，增长率为 103.48%，年均增长率为 2.87%；城镇化率提高了 30.17 个百分点。

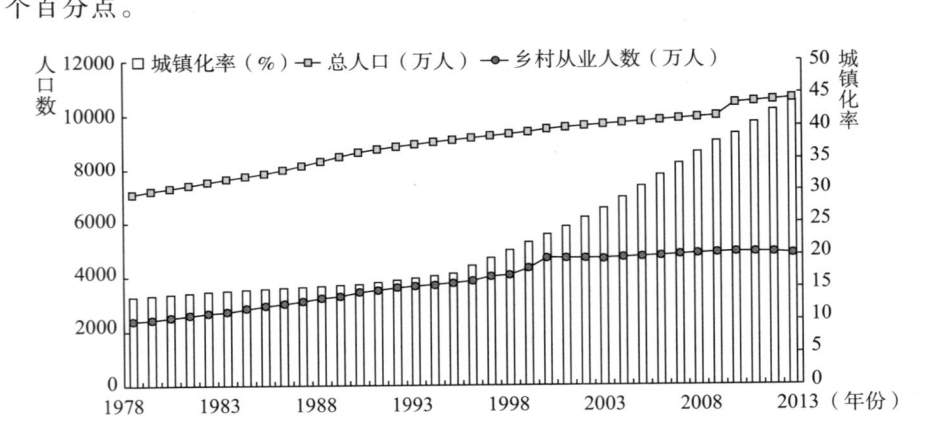

图 13 - 14　1978 ~ 2013 年年河南省粮食产量的政策引导影响因子年际变化

（二）社会—自然综合影响因子

农作物播种面积和年底常用耕地面积一般会受到农村劳动力投入、自然环境因素和土地综合利用方式等不同因素的影响制约，可以在一定程度上影响粮食综合生产能力。从图 13 - 15 可以看出，1978 ~ 2013 年河南省农作物播种面积增加了 335.68 万公顷，增长率达到了 3.06%；年底常用耕地面积增加了 99.43 万公顷，增长率达到了 1.39%。

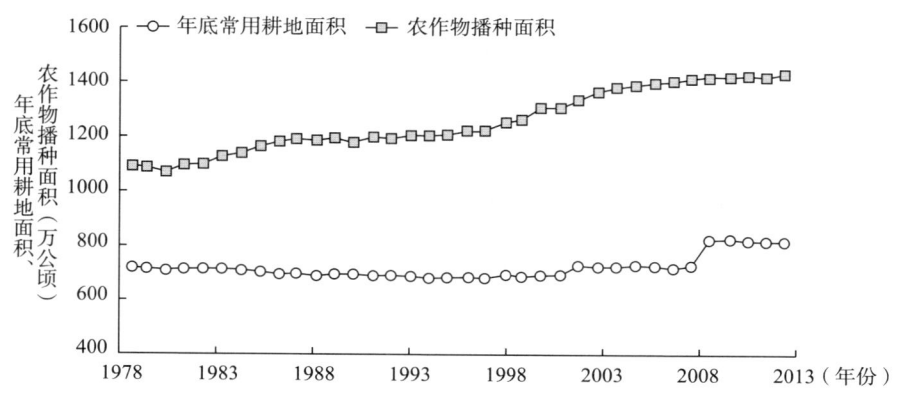

图 13 – 15　1978 ~ 2013 年年河南省粮食产量的社会—自然影响因子年际变化

（三）自然影响因子

温度、降水是影响粮食作物生长发育的主要自然因素。随着全球气候变暖趋势的不断加强，极端气候事件频发，对粮食生产的不利影响也越来越突出。因此，受灾面积也可以表征粮食生产的间接自然影响因素。从图 13 – 16 可以看出，1978 ~ 2013 年，河南省温度处于年际波动中，年平均温度呈显著上升趋势，平均每 10 年上升 0.36℃；年降水量呈下降趋势，但是不显著，平均每 10 年下降 0.57mm；受灾面积减少了 383.02 万公顷，减少率为 68.40%。

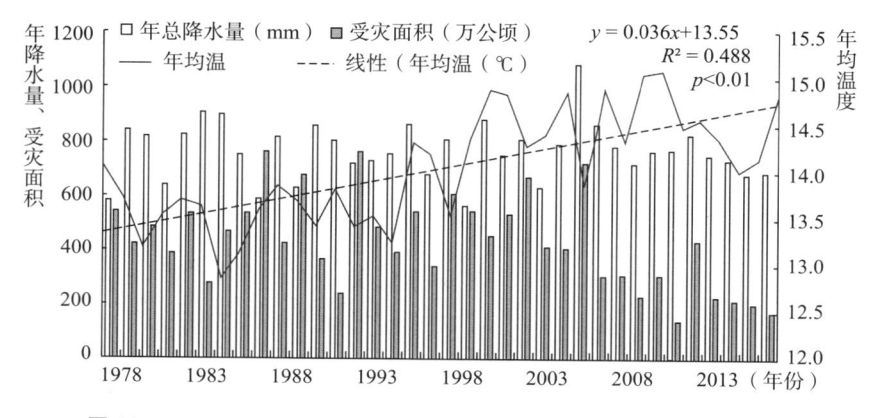

图 13 – 16　1978 ~ 2013 年河南省粮食产量的自然影响因子年际变化

第四节 研究结论及政策建议

从总体上看，河南省的粮食产量呈增加态势，但是粮食生产同时受到自然、经济、技术、政策等多重因素的影响，河南省粮食产量又呈现出明显的阶段性波动变化态势。气候因子相关分析表明，温度对河南省主要作物粮食产量影响的正效应比较显著，温度升高能促进粮食生产。其中4月份温度与水稻产量呈显著正相关；3月、10月、年、春季、秋季温度与小麦产量呈显著的正相关；10月、秋季温度与玉米产量呈显著正相关。降水对河南省主要作物粮食产量的影响不显著，只有5月份降水与水稻产量呈显著正相关。利用主成分分析结果表明，对河南省粮食生产产生影响的因素主要包括经济—社会—技术综合影响因子（又可以细分为经济发展影响因子、农业技术影响因子、农业产出影响因子、农田水利影响因子和政策引导影响因子5类）、社会—自然综合影响因子和自然影响因子3个方面。

在经济—社会—技术、社会—自然和自然影响因素的综合作用下，河南省粮食产量将继续保持稳产增产的良好态势。为保障国家粮食安全、提高粮食综合生产能力，河南省将从积极培育现代农业经营主体、完善粮食科技创新和推广服务机制、加大农田水利基础设施建设、加强农业政策扶持、严格保护耕地数量和质量、改善粮食生产的生态环境、高度重视气候变化对粮食生产的不利影响七个方面着手建立粮食稳产增产的长效机制。

一 积极促进资源要素向农村配置

推动农村地区配置优势资源是推进农业发展方式转变，增强农村经济发展活力的重要着力点。一是营造良好的种粮环境，加快形成农村发展的内生动力机制，深化农村地区土地承包经营体制改革、推动农村基层管理体制创新等，激活种粮大户、家庭农场、联户经营、农民合作社、专业服务公司、专业技术协会、农业龙头企业、返乡创业农民工、农村经纪人等多种农村经济发展主体，有效盘活农村土地、闲散资金、剩余劳动力等资源，不断激发农民的自主创新意识，催生农业发展和农村进步的内部活力，不断增强农业、农村、农民的造血功能和自我发展能力。二是不断加大投入力度，进一步完善公共财政向粮食生产、农村发展的投入倾斜，完善国民收入分配格局的调整机制，推动公共资源向农村落后地区发展，积极引导各种生产要素向农村地区配置，不断加大国家向农业农村的财政投入力度，进一步缩小城乡基础设施与公共事业的发展差距，逐步实现城乡基本公共服务均等化。三是不断强化引导，加强形成多种资源要素的回流机制，进一步加强粮食生产与财政政策、农村地区金融政策的有效配套与衔接，大力鼓励和引导国外资本资金、银行存量资金、社会闲散资金投入粮食生产经营活动中，着力盘活农业农村投融资的利益引导机制。

二　完善农业科技创新机制

农业科技是粮食保持稳产高产的决定性因素。尤其是作为粮食生产核心区，要想挖潜现有耕地面积的能力十分有限，因此，粮食增产必须依靠科技进步，积极构建现代农业技术创新体系，把主攻粮食单产、提高粮食生产质量作为粮食稳产增产的首要目标。一是不断加强对育种、化肥、机耕、农用机械动力等科技投入的支持力度，加强粮食生产协同创新研究，完善粮食科研平台、创新团队和创新能力建设，充分发挥农业高校、高职高专、科研单位以及农业科技公司的人力资源和技术优势，大力推广粮食新技术和新品种的应用，提高粮食科技成果的产出率和转化利用率。二是强化节水、高产技术组装配套，以 50 万亩高效节水灌溉项目为平台，加强先进节水农业机械的研发和普及，积极实施沃土行动和丰收工程，促进农业生产规模化、集约化发展。三是进一步完善基层农业技术推广服务体系，促进农业科技成果快速转化。鼓励大学、农科院等省内科研单位、大中专院校、重点农业龙头企业和农民专业合作组织，以多种形式组织开展农业科技援助服务，开展农民农业生产技能培训，推动实施农业农村科技入户计划，加强农业技术推广普及力度，积极引导农民开展测土配方施肥工作，改善耕地质量，完善耕作制度，改善种植结构，提升科学种田水平和质量。

三　加强农田水利基础设施建设

农田水利基础设施建设是确保粮食增产的生命线。要加强抗旱水源工程建设，扩大农业有效灌溉面积，着力保障农业用水需求。一是积极推广节水灌溉技术，加强农田水利建设管理，形成集土壤蓄水、人工聚水和灌溉技术于一体的节水体系，提高农业水资源利用率。二是建立农田水利投入稳定增长机制，主要从公共财政投入、金融支持、民间融资三个方面着手，建立起以政府投入为主导、农户自愿投入为基础、其他经济组织积极参与的多元化投入机制。三是完善农田基础设施的科学建管机制。全面实行项目法人制、招投标制、合同管理制和工程监理制等管理制度，设立财政专户，实行资金封闭运作，政府统一采购，直接供应物资，确保水利工程建设的高质量、高水平、高效益。四是创新小型水利设施管理机制。按照市场化运作原则，明确管理主体，加强田间节水灌溉配套等小农水工程管理，切实保障水利设施的良性运转。创新农村小型基础设施产权管理机制，加强农业基础设施管护。

四 加大农业政策扶持力度

一是加快推进新型城镇化进程，构建合理的农业转移人口市民化的成本分担机制，推动实现把符合条件的农业转移人口优先转变为城镇居民，为实现土地规模经营提供基础。二是积极制定土地流转优惠政策，在稳定和完善现存的农村基本经营制度的前提下，遵照依法、自愿、有偿的基本原则，积极引导农村土地向种粮大户、专业合作社及社会化服务组织集中，提高粮食生产现代化水平。三是健全种粮农民的收入保障机制，探索形成农业补贴同粮食生产挂钩机制，提高粮食补贴标准，增加粮食直接补贴比例，提高农民在土地增值收益中的比重，进而调动农民种粮积极性。四是积极推动粮食生产产业化经营，引导粮食企业向订单粮食、土地托管种植转变，逐步建设高产优质粮食生产基地，鼓励新型产业组织和新型科技推广服务组织参与国家科技项目，通过农业综合开发专项、农业产业化集群专项、农业科技成果转化专项、科技型中小企业创新基金等渠道，对全省粮食生产给予重点支持。

五 严格保护和节约耕地

耕地是保障粮食安全的重要载体，是农业农村发展的先决条件。促进粮食稳产增产，应该明晰粮食主产区的总体定位，强化农业生产的主体功能意识，严格保护耕地资源，稳定种植面积，努力实现基本农田达到总量不减少、用途不改变、质量有提高。一要加强农业土地资源的保护，坚持实行最严格的土地利用与保护制度，不得越过耕地红线，依法规范建设用地。加快建立耕地保护补偿机制，设立耕地保护基金，对农民和集体管护耕地特别是基本农田给予直接补贴。二要节约用地。按照"盘活存量、用好增量"的要求促进土地高效配置和节约利用。严格厘定公益性建设用地和经营性建设用地标准，不断缩小征地范围，进一步完善建设用地征地补偿机制。加强建设项目选址和用地评价，严格控制耕地的不合理征占，新增建设用地总量不得突破粮食生产和其他农作物生产对耕地需求的底线。三要深挖潜力。不断加大土地投入力度，通过土地综合整治、土地综合开发、土地复垦、低丘缓坡科学利用、废旧矿区综合整治等途径，努力扩大可利用耕地再造规模。积极推进低丘缓坡土地资源开发利用，并结合农村土地综合整治和土地开发复垦工程建设，增加耕地面积，为粮食增产提供充足的后备土地资源。

六　改善粮食生产的生态环境

构建实现粮食稳产增产的环境治理与保护机制，积极发展水资源、耕地资源和种子资源的资源节约型农业，不断提高农业农村投入产品的有效利用率。一是加大预防和治理农业面源污染力度，杜绝伴随工业化向产粮大县可能带来的"污染转移"，建立饮用水源保护区制度，以改善重点流域区域环境质量为重点，大力进行环境综合整治。二是认真实施林业生态省建设规划，加大林业生态省建设力度，改善粮食生长的小环境，减少气候变暖对粮食增产的不利影响。继续组织实施太行山地生态涵养区、伏牛山地生态涵养区、桐柏—大别山地生态涵养区、豫中平原生态涵养区和沿黄河生态涵养带、南水北调中线工程生态走廊以及沿淮河生态保育带"四区三带"的天然林资源保护、退耕还林、山区绿化等国家林业重点工程及区域生态体系建设、生态廊道网络建设、城市林业生态建设、村镇绿化等省级重点林业生态工程。三是开展库区和湖区等水保综合治理、国家重点水保工程建设、坡耕地水土综合整治等水土保持工程建设。

七　充分认识气候变暖对国家粮食安全的影响程度

在我国，农业抵御灾害的能力比较弱，现在由于气候的影响更加剧了农业的脆弱性，这样不仅导致农业生产环境的恶化，而且更加剧了沙漠化以及重新分配水热资源等。温室效应的影响，最终导致降雨量低于蒸发量，从而加速了土地的退化。另外，由于全球温度的逐渐升高，海平面逐渐升高，这样沿海附近的可耕地也会减少。依据相关的探究发现，假如海平面上升1米，而不采取相应的应对措施，那么珠江三角洲将会有3500平方千米的土地被淹没。假如出现海平面上升，往往还会出现海水倒灌及相应的土地盐渍化等问题。中国气象局原局长郑国光指出，假如我国依然采用传统的种植制度以及种植品种，那么到2030年，我国种植业的生产潜力将受到影响，一般下降5%～10%。极端气候的影响可能使我国粮食出现自然的波动，一般情况下会从10%发展到20%，有时还会达到30%。农业可以为人们提供赖以生存的物质，属于弱质型行业，往往容易受到气候变化的影响。气候变暖对农业带来的影响，一般有如下几个方面：地理分布格局、自然灾害以及相应的粮食产量，对其进行深入研究分析，可以有效地提高粮食的有效供给，促进区域农业的可持续发展。

参考文献

[1] Baker J. T. , Allen L. H. (1993) "Contrasting crop species responses to CO_2 and temperature: rice, soybean and citrus," *Vegetatio*104 – 105: 239 – 260.

[2] Bristow K. L. , Campbell G. S. (1984) "On the relationship between incoming solar radiation and daily maximum and minimum temperature," *Agric For Meteorol* 31: 159 – 166.

[3] CCSA (The Compiling Committee of State Atlas) (ed) (1989) *The agricultural atlas of China. Cartographic Publishing House of China*, Beijing, pp. 34 – 93.

[4] Chmielewski F. M. , Muller A. , Bruns E. (2004) "Climate changes and trends in phenology of fruit trees and field crops in Germany, 1961 – 2000," *Agric For Meteorol* 121: 69 – 78.

[5] Conroy J. P. , Seneweera S. , Basra A. S. , Rogers G. , Nissen-Wooller B. (1994) "Influence of rising atmospheric CO_2 concentrations and temperature on growth, yield and grain quality of cereal crops," *Aust J. Plant Physiol* 21: 741 – 758.

[6] Dhakhwa G. B. , Campbell C. L. (1998) "Potential effects of differential day-night warming in global climate change on crop production," *Clim Change* 40: 647 – 667.

[7] Frolking S. , Qiu J. , Boles S. , Xiao X. , Liu J. , Zhuang Y. , Li C. , Qin X. (2002) "Combining remote sensing and ground census data to develop new maps of the distribution of rice agriculture in China," *Global Biogeochem Cycles* 16: 1091.

[8] Iglesias A. , Quiroga S. (2007) "Measuring the risk of climate variability

to cereal production at five sites in Spain," *Clim Res* 34: 47 – 57.

[9] IPCC (2001) *Climate change 2001: impacts, adaptation, and vulnerability. Contribution of Working Group* II *to the 3rd Assessment Report of the Intergovernmental Panel of Climate Change*, Cambridge University Press, Cambridge.

[10] Jones G. V. , Goodrich G. B. (2008) "Influence of climate variability on wine regions in the western USA and on wine quality in the Napa Valley," *Clim Res* 35: 241 – 254.

[11] Koti S. , Raja Reddy K. , Kakani V. G. , Zhao D. , Gao W. (2007) "Effects of carbon dioxide, temperature and ultraviolet-B radiation and their interactions on soybean (Glycine max L.) growth and development," *Environ Exp Bot* 60: 1 – 10.

[12] Lobell D. B. (2007) "Changes in diurnal temperature range and national cereal yields," *Agric For Meteorol* 145: 229 – 238.

[13] Lobell D. B. , Asner G. P. (2003) "Climate and management contributions to recent trends in US agricultural yields," *Science* 299: 1032.

[14] Lobell D. B. , Field C. B. (2007) "Global scale climate-crop yield relationships and the impacts of recent warming," *Environ Res Lett* 2: 014002.

[15] Lobell D. B. , Burke M. B. , Tebaldi C. , Mastrandrea M. D. , Falcon W. P. , Naylor R. L. (2008) "Prioritizing climate change adaptation needs for food security in 2030," *Science* 319: 607 – 610.

[16] Matsui T. , Horie T. (1992) "Effect of elevated CO_2 and high temperature on growth and yield of rice. II. Sensitivity period and pollen germination rate in high temperature sterility of rice spikelets at flowering," *Jpn J. Crop Sci* 61: 148 – 149.

[17] Metho L. A. , Hammes P. S. , Groeneveld H. T. , Beyers E. A. (1999) "Effects of photoperiod and temperature on grain yield, grain number, mean kernel mass and grain protein content of vernalized and unvernalized wheat (Triticum aestivum L.)," *Biotronics* 28: 55 – 71.

[18] Mitchell T. D. , Jones P. D. (2005) "An improved method of constructing a database of monthly climate observations and associated high-resolution

grids," *Int J. Climatol* 25: 693 – 712.

[19] Muchow R. C. (1990) "Effect of high temperature on grain growth in field-grown maize," *Field Crops Res* 23: 145 – 158.

[20] Nicholls N. (1997) "Increased Australian wheat yield due to recent climate trends," *Nature* 387: 484 – 485.

[21] Peng S., Huang J., Sheehy J. E., Laza R. C. and 5 others (2004) "Rice yields decline with higher night temperature from global warming," *Proc Natl Acad Sci USA* 101: 9971 – 9975.

[22] Qiu J., Tang H., Frolking S., Boles S. and 5 others (2003) "Mapping single-, double-, and triple-crop agriculture in China at 0.5° × 0.5° by combining county-scale census data with a remote sensing-derived land cover map," *Geocarto Int* 18: 3 – 13.

[23] Rosenzweig C., Parry M. L. (1994) "Potential impact of climate change on world food supply," *Nature* 367: 133 – 138.

[24] Rosenzweig C., Tubiello F. N. (1996) "Effects of changes in minimum and maximum temperature on wheat yields in the central US: a simulation study," *Agric For Meteorol* 80: 215 – 230.

[25] Schoper J. B., Lambert R. J., Vasilas B. L. (1986) "Maize pollen viability and ear receptivity under water and high temperature stress," *Crop Sci* 26: 1029 – 1033.

[26] Tao F., Yokozawa M. (2005) "Risk analyses of rice yield to seasonal climate variability in China," *Jpn J. Agric Meteorol* 60: 885 – 887.

[27] Tao F., Yokozawa M., Hayashi Y., Lin E. (2003) "Changes in agricultural water demands and soil moisture in China over the last half-century and their effects on agricultural production," *Agric For Meteorol* 118: 251 – 261.

[28] Tao F., Yokozawa M., Zhang Z., Hayashi Y., Grassl H., Fu C. (2004) "Variability in climatology and agricultural production variability in China in association with East Asian monsoon and El Niño Southern Oscillation," *Clim Res* 28: 23 – 30.

[29] Tao F., Yokozawa M., Xu Y., Hayashi Y., Zhang Z. (2006) "Climate changes and trends in phenology and yields of field crops in China, 1981 –

2000," *Agric For Meteorol* 138: 82 – 92.

[30] Tao F., Hayashi Y., Zhang Z., Sakamoto T., Yokozawa M. (2008) "Global warming, rice production and water use in China: developing a probabilistic assessment," *Agric For Meteorol* 148: 94 – 110.

[31] Tubiello F. N., Rosenzweig C., Goldberg R. A., Jagtap S., Jones J. W. (2002) "Effects of climate change on US crop production: simulation results using two different GCM scenarios. Part I. Wheat, potato, maize, and citrus," *Clim Res* 20: 259 – 270.

[32] Wilkens P., Singh U. (2001) "A code-level analysis for temperature effects in the CERES models. In: White J (ed) Modeling temperature response in wheat and maize," *CIMMYT, El. Batan*, p. 1 – 7.

[33] Lobell, D. B., Schlenker W. & Costa-Roberts, J. (2011) "Climate trends and global crop production since 1980," *Science* 333, 616 – 620.

[34] Butler E. & Huybers P. (2013) "Adaptation of US maize to temperature variations. Nat," *Climate Change* 3, 68 – 72.

[35] Wheeler T. & Von Braun, J. (2013) "Climate change impacts on global food security," *Science* 341, 508 – 513.

[36] Asseng S. eds. (2013) "Uncertainty in simulating wheat yields under climate change. Nat," *Climate Change* 3, 827 – 832.

[37] Urban D., Roberts M. J., Schlenker W. & Lobell D. B. (2012) "Projected temperature changes indicate significant increase in interannual variability of U. S. maize yields," *Climatic Change* 112, 525 – 533.

[38] Osborne T. M. & Wheeler T. R. (2013) "Evidence for a climate signal in trends of global crop yield variability over the past 50 years. Environ. Res," *Lett.* 8, 024001.

[39] Chen C., Baethgen, W. E. & Robertson A. (2013) "Contributions of individual variation in temperature, solar radiation and precipitation to crop yield in the North China Plain, 1961 – 2003," Climatic Change 116, 767 – 788.

[40] Li Y. eds. (2013) "Rural livelihoods and climate variability in Ningxia, Northwest China," *Climatic Change* 119, 891 – 904.

[41] Mottaleb K. A., Mohanty S., Hoang H. T. K. & Rejesus R. M. (2013)

"The effects of natural disasters on farm household income and expenditures: A study on rice farmers in Bangladesh. Agricultural Syst," 121, 43 – 52.

[42] Reidsma P. , Ewert F. , Lansink A. O. & Leemans R. （2010） "Adaptation to climate change and climate variability in European agriculture: The importance of farm level responses," *Eur. J. Agronomy* 32, 91 – 102.

[43] Slingo J. M. , Challinor A. J. , Hoskins B. J. & Wheeler T. R. （2005） Introduction: food crops in a changing climate. Phil. Trans. R. Soc. B 360, 1983 – 1989.

[44] Ray D. K. , Mueller N. D. , West P. C. & Foley J. A. （2013） Crop yield trends are insufficient to double global food production by 2050. PLoS. ONE 8: e66428.

[45] Ray D. K. , Ramankutty N. , Mueller N. D. , West P. C. & Foley J. A. （2012） Recent patterns of crop yield growth and stagnation. Nat. Commun. 3, 1293.

[46] Olesen J. E. eds. （2011） "Impacts and adaptation of European crop production systems to climate change. Eur," *J. Agronomy* 34, 96 – 112.

[47] Tao F. eds （2013） "Single rice growth period was prolonged by cultivars shifts but yield was damaged by climate change during 1981 – 2009 in China, and late rice was just opposite," *Global Change Biol.* 19, 3200 – 3209.

[48] Rowhani P. , Lobell D. B. , Linderman M. & Ramankutty N. （2011） "Climate variability and crop production in Tanzania. Agricultural Forest Meteorol," 151, 449 – 460.

[49] Zhang T. & Huang Y. （2011） "Impacts of climate change and inter-annual variability on cereal crops in China from 1980 to 2008," *J. Sci. Food Agric.* 92, 1643 – 1652.

[50] Harris I. , Jones P. D. , Osborn T. J. & Lister D. H. （2014） "Updated high-resolution grids of monthly climatic observations—the CRU TS3. 10 dataset," *Int. J. Climatol.* 34, 623 – 642 （2014）.

[51] Foley J. A. el. （2011） "Solutions for a cultivated planet," *Nature* 478, 337 – 342.

[52] Piesse J. & Thirtle C. （2009） "Three bubbles and a panic: An explanatory

review of recent food commodity price events," *Food Policy* 34, 119 – 129.

[53] Wright B. D. (2011) "The economics of grain price volatility. Appl. Econ. Perspect," *Policy* 33, 32 – 58.

[54] Portmann F. T., Siebert S. & Do¨ll, P. (2010) MIRCA2000—Global monthly irrigated and rainfed crop areas around the year 2000: A new high-resolution data set for agricultural and hydrological modeling. Global Biogeochem. Cycles 24, GB1011.

[55] Fang Q. eds. (2010) "Irrigation strategies to improve the water use efficiency of wheat-maize double cropping systems in North China Plain. Agric," *Water Manag.* 97, 1165 – 1174.

[56] Zhang S., Sadras V., Chen X. & Zhang F. (2014) "Water use efficiency of dryland maize in the Loess Plateau of China in response to crop management," *Field Crops Res.* 163, 55 – 63.

[57] Lobell D. B. eds. (2013) "The critical role of extreme heat for maize production in the United States. Nat," Climate Change 3, 497 – 501.

[58] Nishimura S., Sawamoto T., Akiyama H., Sudo S. & Yagi K. (2004) Methan and nitrous oxide emissions from a paddy field with Japanese conventional water management and fertilizer application. Global Biogeochem. Cycles 18, GB2017.

[59] Peng S. eds. (2004) "Rice yields decline with higher night temperature from global warming. Proc. Natl Acad," *Sci. USA* 101, 9971 – 9975.

[60] Naylor R. L., Battisti D. S., Vimont D. J., Falcon W. P. & Burke M. B. (2007) "Assessing risks of climate variability and climate change for Indonesian rice agriculture. Proc. Natl Acad," *Sci.* USA 104, 7752 – 7757.

[61] Chapagain A. K. & Hoekstra A. Y. (2011) "The blue, green and grey water footprint of rice from production and consumption perspectives," *Ecol. Econ.* 70, 749 – 758.

[62] Lobell D. B., Sibley A. & Ortiz-Monasterio J. I. (2012) "Extreme heat effects on wheat senescence in India. Nat," *Climate Change* 2, 186 – 189 (2012).

[63] Hammer G. L., Holzworth D. P. & Stone R. (1996) "The value of skill in

seasonal climate forecasting to wheat crop management in a region with high climate variability," *Australian J. Agric. Res.* 47, 717 – 737.

[64] Potgieter A. B., Hammer G. L. & Butler D. (2002) "Spatial and temporal patterns in Australian wheat yield and their relationship with ENSO," *Australian J. Agric. Res.* 53, 77 – 89.

[65] Asseng S., Foster I. & Turner N. C. (2011) "The impact of temperature variability on wheat yields," *Global Change Biol.* 17, 997 – 1012.

[66] Phillips J. G., Cane M. A. & Rosenzweig C. (1998) "ENSO, seasonal rainfall patterns and simulated maize yield variability in Zimbabwe. Agric," *Forest Meteorol.* 90, 39 – 50.

[67] Cane M. A., Eshel G. & Buckland R. W. (1994) "Forecasting Zimbabwean maize yield using eastern equatorial Pacific sea surface temperature," *Nature* 370, 204 – 205.

[68] Walker N. J. & Schulze R. E. (2008) "Climate change impacts on agro-ecosystem sustainability across three climate regions in the maize belt of South Africa," *Agric. Ecosyst. Environ.* 124, 114 – 124.

[69] Amissah-Arthur A. & Jagtap S. (2002) "Rosenzweig Spatio-temporal effects of El Nino events on rainfall and maize yield in Kenya," *Int. J. Climatol.* 22, 1849 – 1860.

[70] Tingem M., Rivington M. & Colls J. (2008) "Climate variability and maize production in Cameroon: Simulating the effects of extreme dry and wet years," *Singapore J. Tropical Geogr.* 29, 357 – 370.

[71] Adejuwon J. O. (2005) "Food crop production in Nigeria. I. Present effects of climate variability," *Climate Res.* 30, 53 – 60.

[72] Bayala, J. eds (2012) "Cereal yield response to conservation agriculture practices in drylands of West Africa: A quantitative synthesis," *J. Arid Environ.* 78, 13 – 25.

[73] Coo J. & Cox C. Effects of rainfall variability on maize yields. In: Atlas of African Agriculture Research & Development (ed. Kate Sebastian) (International Food Policy Research Institute, 2014) doi: http://dx.doi.org/10.2499/9780896298460.

[74] Peltonen-Sainio P. el. (2010) "Coincidence of variation in yield and climate in Europe. Agric," Ecosyst. Environ. 139, 483 – 489.

[75] Chloupek O. , Hrstkova P. & Schweigert P. (2004) "Yield and its stability, crop diversity, adaptability and response to climate change, weather and fertilization over 75 years in the Czech Republic in comparison to some European countries," *Field Crops Res.* 85, 167 – 190 (2004).

[76] Maracchi G. , Sirotenko O. & Bindi M. (2005) "Impacts of present and future climate variability on agriculture and forestry in the temperate regions: Europe," *Climatic Change* 70, 117 – 135.

[77] Wriedt G. , Velde M. V. , Aloe A. & Bouraoui F. (2009) "Estimate irrigation water requirements in Europe," *J. Hydrol.* 373, 527 – 544.

[78] Schaldach R. , Koch J. , der Beek, T. A. , Kynast E. & Flo¨rke M. (2012) "Current and future irrigation water requirements in pan-Europe: An integrated analysis of socio-economic and climate scenarios," *Global Planetary Change* 94 – 95, 33 – 45.

[79] Olesen, J. E. eds. (2011) "Impacts and adaptation of European crop production systems to climate change," *Eur. J. Agronomy* 34, 96 – 112.

[80] Porter J. R. & Semenov M. A. (2005) "Crop responses to climatic variation. Phil," *Transact. Royal Soc. B* 360, 2012 – 2035.

[81] Vander Velde M. , Wriedt G. & Bouraoui F. (2010) "Estimating irrigation use and effects on maize during the 2003 heatwave in France," *Agric. Ecosyst. Environ.* 135, 90 – 97.

[82] Hawkins, E. eds. (2013) "Increasing influence of heat stress on French maize yields from the 1960s to the 2030," *Global Change Biol.* 19, 937 – 947.

[83] Nielsen D. C. , Vigil M. F. & Benjamin J. G. (2009) "The variable response of dryland corn yield to soil water content at planting," *Agric. Water Manag.* 96, 330 – 336.

[84] Lobell D. B. eds. (2014) "Greater sensitivity to drought accompanies maize yield increase in the U. S. Midwest," *Science* 344, 516 – 519.

[85] Schlenker W. & Roberts M. J. (2009) "Nonlinear temperature effects indicate severe damages to U. S. crop yields under climate change. Proc. Natl

Acad," *Sci. USA* 106, 15594 – 15598.

[86] National Climate Data Center (NCDC) available from http: //www. ncdc. noaa. gov/cdo-web/.

[87] Brown M. E. & Funk C. C. (2008) "Food security under climate change," *Science* 319, 580 – 581.

[88] Avnery S. , Mauzerall D. L. , Liu J. & Horowitz L. W. (2011) *Global crop yield reductions due to surface ozone exposure: 1. Year 2000 crop production losses and economic damage.* Atmos. Environ. 45, 2284 – 2296.

[89] Gourdji S. M. , Sibley A. M. & Lobell D. B. (2013) *Global crop exposure to critical high temperatures in the reproductive period: historical trends and future projections.* Environ. Res. Lett. 8, 024041.

[90] Sultan B. , Baron C. , Dingkuhn M. , Sarr B. & Janicot S. (2005) *Agricultural impacts of large-scale variability of the West African monsoon. Agric. Forest Meteorol.* 128, 93 – 110.

[91] Iizumi T. eds. (2013) *Prediction of seasonal climate-induced variations in global food production.* Nat. Climate Change 3, 904 – 908.

[92] Bebber D. P. , Ramotowski M. A. T. & Gurr S. J. (2013) *Crop pests and pathogens move polewards in a warming world.* Nat. Climate Change 3, 985 – 988.

[93] Finger R. , Hediger W. & Schmid S. (2011) *Irrigation as adaptation strategy to climate change—a biophysical and economic appraisal for Swiss maize production.* Climatic Change 105, 509 – 528.

[94] Ray D. K. & Foley J. A. (2013) "Increasing global crop harvest frequency: Recent trends and future directions," *Environ. Res. Lett.* 8, 044041.

[95] VanWey L. K. , Spera S. , deSa R. , Mahr D. & Mustard J. F. (2013) "Socioeconomic development and agricultural intensification in Mato Grosso," *Phil. Trans. R. Soc. B* 368, 1619.

[96] Sacks W. J. , Deryng D. , Foley J. A. & Ramankutty N. (2010) "Crop planting dates: an analysis of global patterns," *Glob. Ecol. Biogeogr.* 19, 607 – 620.

[97] Poudel S. & Kotani K. (2013) *Climatic impacts on crop yield and its vari-*

ability in Nepal: do they vary across seasons and altitudes? Climatic Change 116, 327 – 355.

[98] Timsina J. & Connor D. J. (2001) *Productivity and management of rice-wheat cropping systems: issues and challenges.* Field Crops Res. 69, 93 – 132.

[99] Rurinda J. eds. (2013) *Managing soil fertility to adapt to rainfall variability in smallholder cropping systems in Zimbabwe.* Field Crops Res. 154, 211 – 225.

[100] Traore B., Corbeels M., Van Wijk M. T., Rufino M. C. & Giller K. E. (2013) *Effects of climate variability and climate change on crop production in southern Mali.* Eur. J. Agronomy 49, 115 – 125.

[101] Garrett R. D., Lambin E. F. & Naylor R. L. (2013) *Land institutions and supply chain configurations as determinants of soyabean planted area and yields in Brazil.* Land Use Policy 31, 385 – 396.

[102] West P. C. eds. (2014) "Leverage points for improving global food security and the environment," *Science* 345, 325 – 328.

[103] IPCC, 2014: Climate Change 2014: Synthesis Report. Contribution of Working Groups I, II and III to the Fifth Assessment Report of the Intergovernmental Panel on Climate Change [Core Writing Team, R. K. Pachauri and L. A. Meyer (eds.)]. IPCC, Geneva, Switzerland, 151 pp.

[104] Mandryk Reidsma, Van Ittersum, Martin K. (2017) "Crop and farm level adaptation under future climate challenges: An exploratory study considering multiple objectives for Flevoland, the Netherlands," *Agricultural Systems* (152): 154 – 164.

[105] Mase Amber S., Benjamin M., Linda Stalker. Climate change beliefs, risk perceptions, and adaptation behavior among Midwestern U. S. crop farmers. Climate Risk Management, 2016 http://dx. doi. org/10. 1016/j. crm. 2016. 11. 004

[106] Yohe G., Burton I., Rosegrant M. W. (2008) Climate Change in the Context of Asia: Pro-poor Adaptation, Risk Management and Mitigation Strategies, No. 3, FAO.

[107] Tenge D, Hella J. (2004) "Social and economic factors affecting the a-

doption of soil and water conservation in West Usambara Highlands, Tanzania," *Land Degradation and Development*, 15 (2): 99 – 114.

[108] Nhemachena C, Hassan R. (2007) "Micro-level analysis of farmer's adoption to climate change in south Africa," *IFPRI Discussion Paper from International Food Policy Research Institute*, No. 714.

[109] Maddison D. (2007) "The perception of and adaption to climate change in Africa," *Policy Research Working Paper*, 4308. Washington DC: World Bank, Development Research Group.

[110] Knowler D, Bradshaw B. (2007) "Farmers' adoption of conservation agriculture: A review and synthesis of recent research," *Food Policy*, 32 (1): 25 – 48.

[111] Chen H, Wang J, Huang J. (2014) "Policy support, social capital, and farmers' adaptation to drought in China," *Global Environmental Change*, 24: 193 – 202.

[112] Deressa T, Hassan R, Ringer C, eds. (2009) "Determinants of farmers' choice of adoption methods to climate change in the Nile Basin of Ethiopia," *Global Environmental Change*, 19 (2): 248 – 255.

[113] 吕亚荣、陈淑芬:《农民对气候变化的认知及适应性行为分析》,《中国农村经济》2010 年第 7 期, 第 75 ~ 86 页。

[114] 朱红根、周曙东:《南方稻区农户适应气候变化行为实证分析——基于江西省 36 县 (市) 346 份农户调查数据》,《自然资源学报》2011 年第 7 期, 第 1119 ~ 1128 页。

[115] 王世金、李曼、谭春萍:《山区居民对气候变化及其影响与适应的感知分析——以玉龙雪山地区为例》,《气候变化研究进展》2013 年第 3 期, 第 216 ~ 222 页。

[116] 吴婷婷:《南方稻农气候变化适应行为影响因素分析——基于苏皖两省 364 户稻农的调查数据》,《中国生态农业学报》2015 年第 12 期, 第 1588 ~ 1596 页。

[117] 汪兴东、陈昭玖、蔡波:《农民气候变化认知及适应性措施选择——基于鄱阳湖区的调查研究》,《农林经济管理学报》2016 年第 3 期, 第 316 ~ 326 页。

［118］邓可洪、居辉、熊伟、杨修：《气候变化对中国农业的影响研究进展》，《中国农学通报》2006 年第 5 期，第 439~441 页。

［119］彭俊杰：《气候变化对全球粮食产量的影响综述》，《世界农业》2017 年第 5 期，第 40~45 页。

［120］谢志清、杜银、曾燕、高苹、苗茜：《长江三角洲城市集群化发展对极端高温事件空间格局的影响》，《科学通报》2017 年第 Z1 期，第 233~244 页。

［121］董锁成、陶澍、杨旺舟、李泽红、李宇：《气候变化对我国中西部地区城市群的影响》，《干旱区资源与环境》2007 年第 2 期，第 72~76 页。

［122］董锁成、陶澍、杨旺舟、李飞、李双成、李宇、刘鸿雁：《气候变化对中国沿海地区城市群的影响》，《气候变化研究进展》2010 年第 4 期，第 284~289 页。

［123］彭飞、韩增林：《环渤海沿海城市气候变化特征及其对城市发展的响应》，《海洋开发与管理》2013 年第 11 期，第 30~34 页。

［124］董妍、彭艳、李星敏、王繁强、杜川利：《陕西关中城市群热岛效应指标初探》，《生态环境学报》2011 年第 10 期，第 1551~1557 页。

［125］谢欣露、郑艳：《城市居民气候灾害风险及适应性认知分析——基于上海社会调查问卷》，《城市与环境研究》2014 年第 1 期，第 80~91 页。

［126］赵守栋、王京凡、何新、刘阳、王晓敏、田育红：《城市化对气候变化的影响及其反馈机制研究》，《北京师范大学学报》（自然科学版）2014 年第 1 期，第 66~72 页。

［127］吴蓉、孙怡、杨元建、谢五三、陶寅、张浩、石涛：《城市化对安徽省极端气温事件的影响》，《气候变化研究进展》2016 年第 6 期，第 527~537 页。

［128］张明顺、王义臣：《北京市高温热浪脆弱性评价》，《城市与环境研究》2015 年第 1 期，第 16~33 页。

［129］郭建平：《气候变化对中国农业生产的影响研究进展》，《应用气象学报》2015 年第 1 期，第 1~11 页。

［130］钱凤魁、王文涛、刘燕华：《农业领域应对气候变化的适应措施与对

策》，《中国人口.资源与环境》2014 年第 5 期，第 19 ~ 24 页。

[131] 史文娇、陶福禄：《非洲农业产量对气候变化响应与适应研究进展》，《中国农业科学》2014 年第 16 期，第 3157 ~ 3166 页。

[132] 侯麟科、仇焕广、汪阳洁、孙来祥：《气候变化对我国农业生产的影响——基于多投入多产出生产函数的分析》，《农业技术经济》2015年第 3 期，第 4 ~ 14 页。

[133] 陈兆波、董文、霍治国、张正斌、陈霞、李茂松、杨晓光、陈银基：《中国农业应对气候变化关键技术研究进展及发展方向》，《中国农业科学》2013 年第 15 期，第 3097 ~ 3104 页。

[134] 李祎君、王春乙、赵蓓、刘文军：《气候变化对中国农业气象灾害与病虫害的影响》，《农业工程学报》2010 年第 S1 期，第 263 ~ 271 页。

[135] 汤绪、杨续超、田展、Gnter Fischer、潘婕：《气候变化对中国农业气候资源的影响》，《资源科学》2011 年第 10 期，第 1962 ~ 1968 页。

[136] 吴普特、赵西宁：《气候变化对中国农业用水和粮食生产的影响》，《农业工程学报》2010 年第 2 期，第 1 ~ 6 页。

[137] 姚凤梅、秦鹏程、张佳华、林而达、BOKEN Vijendra：《基于模型模拟气候变化对农业影响评估的不确定性及处理方法》，《科学通报》2011 年第 8 期，第 547 ~ 555 页。

[138] 史培军、王静爱、谢云、王平、周武光：《最近 15 年来中国气候变化、农业自然灾害与粮食生产的初步研究》，《自然资源学报》1997年第 3 期，第 2 ~ 8 页。

[139] 冯晓龙、刘明月、霍学喜、陈宗兴：《农户气候变化适应性决策对农业产出的影响效应——以陕西苹果种植户为例》，《中国农村经济》2017 年第 3 期，第 31 ~ 45 页。

[140] 翟石艳、秦耀辰、宋根鑫：《气候变化背景下农业适应性研究进展》，《河南大学学报（自然科学版）》2017 年第 2 期，第 127 ~ 136 页。

[141] 阿多、赵文吉、宫兆宁、张敏、范云豹：《1981—2013 华北平原气候时空变化及其对植被覆盖度的影响》，《生态学报》2017 年第 2 期，第 576 ~ 592 页。

[142] 祁新华、杨颖、金星星、刘冠秋、李达谋、潘丹琳、齐熙：《农户对气候变化的感知与生计适应——基于中部与东部村庄的调查对比》，

《生态学报》2017 年第 1 期，第 286 ~ 293 页。

[143] 胡实、莫兴国、林忠辉：《冬小麦种植区域的可能变化对黄淮海地区农业水资源盈亏的影响》，《地理研究》2017 年第 5 期，第 861 ~ 871 页。

[144] 曾小艳、郭兴旭：《极端天气、粮食产量波动与农业天气风险管理》，《江苏农业科学》2017 年第 11 期，第 306 ~ 309 页。

[145] 尹朝静、李谷成、范丽霞、高雪：《气候变化、科技存量与农业生产率增长》，《中国农村经济》2016 年第 5 期，第 16 ~ 28 页。

[146] 张露、张俊飚、童庆蒙：《农业对气候变化响应研究的进展与前瞻：以水稻为例》，《中国农业大学学报》2016 年第 8 期，第 150 ~ 158 页。

[147] 联合国政府间气候变化专门委员会（IPCC）第五次评估报告第一工作组报告《气候变化 2013：自然物理基础》及决策者摘要。

[148] 科技部、环境保护部、气象局关于印发《"十三五"应对气候变化科技创新专项规划》，2017 年 5 月 18 日。

[149] 彭俊杰：《产业链视角下我国粮食安全战略再认识》，《中州学刊》2017 年第 4 期，第 50 ~ 55 页。

[150] 彭俊杰：《1978—2015 年河南省粮食生产变化态势及影响因素分析》，《黄河科技大学学报》2017 年第 3 期，第 90 ~ 96 页。

[151] 方精云、朱江玲、王少鹏、岳超、沈海花：《全球变暖、碳排放及不确定性》，《中国科学：地球科学》2011 年第 10 期，第 1385 ~ 1395 页。

[152] 马文森、胡瑶庆：《发展气候智能型、农业生态学导向型、营养敏感型农业保障粮食与营养安全》，《中国粮食经济》2017 年第 1 期，第 28 ~ 29 页。

[153] 黄俊辉、李放、赵光：《农村社会养老服务需求评估——基于江苏 1051 名农村老人的问卷调查》，《中国农村观察》2014 年第 4 期，第 29 ~ 41 页。

[154] 周蕾、谢勇、李放：《农民工城镇化的分层路径：基于意愿与能力匹配的研究》，《中国农村经济》2012 年第 9 期，第 50 ~ 60 页。

图书在版编目（CIP）数据

气候变化与我国粮食主产区粮食安全研究／彭俊杰
著． —— 北京：社会科学文献出版社，2018.11
（中原学术文库·青年丛书）
ISBN 978 - 7 - 5201 - 3900 - 7

Ⅰ．①气…　Ⅱ．①彭…　Ⅲ．①气候变化 - 影响 - 粮食
产区 - 粮食安全 - 研究 - 中国　Ⅳ．①F326.11

中国版本图书馆 CIP 数据核字（2018）第 252533 号

中原学术文库·青年丛书
气候变化与我国粮食主产区粮食安全研究

著　　者／彭俊杰

出　版　人／谢寿光
项目统筹／任文武
责任编辑／连凌云

出　　　版／社会科学文献出版社·区域发展出版中心（010）59367143
　　　　　　地址：北京市北三环中路甲 29 号院华龙大厦　邮编：100029
　　　　　　网址：www. ssap. com. cn
发　　　行／市场营销中心（010）59367081　59367083
印　　　装／三河市尚艺印装有限公司

规　　　格／开　本：787mm × 1092mm　1/16
　　　　　　印　张：13.75　字　数：225 千字
版　　　次／2018 年 11 月第 1 版　2018 年 11 月第 1 次印刷
书　　　号／ISBN 978 - 7 - 5201 - 3900 - 7
定　　　价／68.00 元